Die Rezeption des römischen Rechts im Urteil
der deutschen Rechtswissenschaft

Rechtshistorische Reihe

Bd./Vol. 8

PETER LANG
Frankfurt am Main · Bern · Las Vegas

Peter Bender

Die Rezeption des römischen Rechts im Urteil der deutschen Rechtswissenschaft

PETER LANG
Frankfurt am Main · Bern · Las Vegas

CIP-Kurztitelaufnahme der Deutschen Bibliothek

Bender, Peter

Die Rezeption des römischen Rechts im Urteil der deutschen Rechtswissenschaft / Peter Bender. – Frankfurt am Main, Bern, Las Vegas: Lang, 1979.
(Rechtshistorische Reihe; Bd. 8)
ISBN 3-8204-6354-2

‚Die vorliegende Arbeit wurde zur Aufnahme in die Reihe von Prof. Dr. Thieme empfohlen'

ISBN 3-8204-6354-2

Druck: Fotokop Wilhelm Weihert KG, Darmstadt
Titelsatz: Fotosatz Aragall GmbH, Wolfsgangstraße 92, Frankfurt am Main

INHALTSVERZEICHNIS

VORWORT

Das Verdienst am Erscheinen dieser 1955 abgeschlossenen und damals nur in wenigen Exemplaren vervielfältigten Freiburger Dissertation kommt in erster Linie den Herausgebern dieser Schriftenreihe zu, die den einstigen Doktorvater und den Verfasser hierzu ermutigt haben.

An zweiter Stelle zu nennen sind jene Gelehrte, welche dieser Arbeit durch ihre Zitate zu ungewöhnlicher Publizität verholfen haben, allen voran Franz Wieacker, Privatrechtsgeschichte der Neuzeit, 2. Auflage 1967 S 141 Anm. 56 sowie Helmut Coing, Handbuch der Quellen und Literatur der neueren europäischen Privatrechtsgeschichte, Band I, 1973, Einleitung S 34. Aber auch die Freiburger Wissenschaftliche Gesellschaft, die durch eine großzügige Spende den Druck ermöglichte, sei dankbar erwähnt.

Trotz alledem geschieht die unveränderte Veröffentlichung nicht ganz ohne Bedenken. Es war dem heute in anderen Bereichen des Rechts und im praktischen Rechtsleben erfolgreich tätigen Verfasser nicht zuzumuten, seine Dissertation zu überarbeiten. Seit ihrer Fertigstellung sind dank dem so stark angewachsenen Interesse an der neueren Privatrechtsgeschichte und an der Geschichte der Rechtswissenschaft manche vorzügliche neue Werke erschienen über gewisse hier behandelte Rechtsdenker, Zeitabschnitte oder Themen.

Gleichwohl kann sich, wie ich meine, diese Arbeit auch jetzt noch sehen lassen und, wenn der Zugang zu ihr nun erleichtert wird, der neueren Privatrechtsgeschichte manchen Dienst tun. Es gibt keine andere Monographie über diesen wichtigen Gegenstand. Eine Menge von Auffassungen und Lehren sind darin übersichtlich dargestellt, die man sonst nirgends beisammen findet. Mit vergessenen Autoren und Schriften werden wir bekannt gemacht. Für eine Aufgabe, die sicherlich zu den lehrreichsten der Geschichte unserer Wissenschaft gehört, ist uns hier eine wertvolle Lösung geboten worden.

Freiburg i.Br., im Februar 1979.

Hans Thieme

HINWEIS AUF LITERATUR UND ZITIERWEISE

Häufig benutzte Literatur, die nur mit dem Autorennamen angegeben ist:

DAHM	Deutsches Recht, 2.Aufl. 1951
KOSCHAKER	Europa und das römische Recht, 2.Aufl. 1953
SCHWERIN-THIEME	Grundzüge der deutschen Rechtsgeschichte, 4.Aufl. 1950
STINTZING-LANDSBERG	Geschichte der deutschen Rechtswisschenschaft 1880-1910, dazu Notenbände, zitiert mit dem Namen des Verfassers des jeweiligen Bandes
STOBBE	Geschichte der deutschen Rechtsquellen 1860, 1864
WESENBERG	Neuere deutsche Privatrechtsgeschichte, 1954
WIEACKER	Privatrechtsgeschichte der Neuzeit, 1952
WOLF	Große Rechtsdenker der deutschen Geistesgeschichte, 3.Aufl. 1951

Die übrige benutzte Literatur wird fortlaufend im Anmerkungsteil angeführt. Wird auf eine dort genannte Schrift später noch einmal Bezug genommen, so ist neben dem Namen des Autors die Nr. derjenigen Fußnote angegeben, in der die betreffende Schrift voll zitiert wird. Beispiel: 483) Windscheid (Zit.472) S 21, 22 = die fragliche Schrift von Windscheid ist unter Anm. 472 voll zitiert.

Einleitung

DIE AUFGABE; GRUNDSÄTZLICHES ZU IHRER BEHANDLUNG, INSBESONDERE DIE FRAGE DER PERIODISIERUNG

Die Rezeption des römischen Rechts in Deutschland, seit Conring als ein historischer Vorgang erkannt, der nicht nur für das Rechtsleben, sondern für die ganze politische und gesellschaftliche Struktur unseres Volkes einen folgenschweren Wendepunkt bedeutete, hat naturgemäß seit jeher auf die rechtsgeschichtliche Forschung einen starken Anreiz ausgeübt. Dabei hat sich, wie bei allen historischen Vorgängen, der allgemeine menschliche Erkenntnistrieb nicht damit begnügt, historische Tatsachen zusammenzutragen, sondern hat sich gerade im Falle der Rezeption immer wieder bemüht, dieser gegenüber auch eine wertende Stellung einzunehmen, den historischen Vorgang also von bestimmten Gesichtspunkten aus zu kritisieren, und das um so mehr, je klarer die geschichtliche Bedeutung der Rezeption erkannt wurde. Werturteile in kaum zu übersehender Fülle stehen daher in bunter Reihe nebeneinander.

Die vorliegende Arbeit will eine Sichtung dieser Urteile versuchen, will sie zueinander in Beziehung setzen und erkunden, aus welchen Bedingungen heraus sie entstanden sind. Daß dieses Beginnen bei der Fülle des Stoffes die Vollständigkeit eines Kataloges nicht erreichen kann, liegt auf der Hand. Andererseits hofft diese Abhandlung aber auch mehr geben zu können als einen bloßen Katalog, indem sie zu klären sucht, warum man in einer gewissen Zeitepoche auf bestimmte Weise über die Rezeption geurteilt hat; so mag sie auch für solche Autoren repräsentativ sein, deren Meinungen übergangen wurden.

Tritt man mit solchen Gesichtspunkten dem Thema gegenüber, so ist die systematische Einteilung dieser Arbeit schon vorgezeichnet. Nicht kann etwa eine Gegenüberstellung der Urteile von Romanisten und Germanisten zum Ziele führen, da einerseits eine Trennung beider Schulen im hier interessierenden Zeitraum gar nicht immer besteht und andererseits von einem Gegensatz beider nur in einer gewissen Periode die Rede sein kann, so daß man im Laufe längerer Zeitabschnitte innerhalb der einzelnen Schulen größere Widersprüche finden würde als bei einer Konfrontierung beider.

Ebenso wenig erfolgversprechend, ja sogar sehr oberflächlich wäre es, etwa immer diejenigen in Gruppen zusammenzufassen, die in ihrem Urteil über die Rezeption zum gleichen Ergebnis gelangt sind. Denn geht man von der Frage nach dem eigentlichen Grund des so verschiedenen Ausfallens der einzelnen Werturteile aus, so zeigt sich, wie wenig gerade die Frage des römischen Rechts isoliert betrachtet werden kann, wie wenig man ihre Beziehung zur allgemeinen und kulturellen Entwicklung außer

Acht lassen darf (1). Nur bei Berücksichtigung der jeweiligen methodischen Grundhaltung des europäischen Denkens, durch die die Rechtswissenschaft von ihrem Beginn an bestimmt worden ist, sowie darüber hinaus der politischen und geistigen Situation einer Epoche wird man verstehen können, warum zu einem gewissen Zeitpunkt gerade in dieser Weise und mit diesem Ergebnis über die Rezeption geurteilt wurde. Die Einteilung muß also eine solche nach geistesgeschichtlichen Zeitabschnitten sein; es muß in das bunte Bild der jeweiligen Epoche ihr Urteil über die Rezeption eingezeichnet werden (2). Hierbei werden wir beobachten, wie es in Farbe und Gestaltung in das Gesamtbild paßt, und damit auch das Urteil über die Rezeption als einen Ausfluß der Grundsituation der jeweiligen Epoche erkennen.

Damit ist schon angedeutet, daß ein wirklich abschließendes und endgültiges Gesamturteil über die Rezeption nie gefunden werden kann. Denn dieses ist, wie Wieacker (3) zeigt, ein Teil unserer ganzen Rechts- und damit Lebensauffassung. Als solcher ist es einer ständigen dynamischen Fortentwicklung unterworfen, und es ist vielleicht das bemerkenswerteste Ergebnis der Literärgeschichte der Rezeption, daß Werturteile der jüngsten Zeit diese Einschränkung immer mehr anerkennen (4). Selbstverständlich soll damit dem unablässigen Ringen der Forscher um ein Gesamturteil über die Rezeption ein bleibender Wert nicht abgesprochen werden, haben sie doch unser Wissen um den Rezeptionsvorgang und seine Auswirkungen ungeheuer erweitert und ein umfangreiches Tatsachenmaterial zusammengetragen. Insoweit aber, als sie subjektive Werturteile fällen - mögen diese noch so sehr sine ira et studio erfolgen - tragen sie den Stempel der Gesamtauffassung ihrer Epoche und können so zwar neue Aspekte und Wertungsmöglichkeiten eröffnen, darüber hinaus aber eine bleibende Gültigkeit nicht beanspruchen.

Eine Darstellung im geschichtlichen Zusammenhang setzt die Bildung von Perioden voraus. Die Gefahr einer Anlehnung an Wendepunkte der politischen Gestaltung wird hier immer akut sein (5); politisch bedeutsame Jahreszahlen können jedoch dem Rechtshistoriker, zumal bei der Privatrechtsgeschichte, nur Anhaltspunkte bieten. Aber auch einer für Zwecke der allgemeinen oder der Privatrechtsgeschichte geschaffenen Einteilung wie der bei Schwerin-Thieme (6), Wesenberg (7) oder Wieacker (8) wird eine Darstellung, die die Legende der Rezeption zum Gegenstand hat, nicht unbedingt folgen können. Im übrigen will, wenn jetzt eine Periodisierung für die Bedürfnisse dieser Arbeit versucht wird, diese nur im Sinne der schon von Savigny geäußerten und zuletzt wieder von Meinecke so eindringlich betonten Wahrheit verstanden werden, daß zwischen jeder geschichtlichen Periode und der vorhergehenden ein innerer Zusammenhang besteht und eine Einteilung daher nie ganz ohne Willkür vorgenommen werden kann (9).

1. An der Daseinsberechtigung eines Kapitels über den unmittelbaren Widerhall der Rezeption könnte man gerechtermaßen zweifeln; denn wenn auch schon eine ganze Reihe von Urteilen meist noch recht verworrener Natur über das im Eindringen begriffene fremde Recht aus allen Schichten

des Volkes zu vernehmen ist, so muß diesen doch unter der Herrschaft der Lotharlegende (9a) notwendig noch der innere Tatbestand fehlen. Wer den wahren Geltungsgrund des römischen Rechts in Deutschland, die Tatsache seiner Rezeption noch nicht kennt, kann ihre Literärgeschichte nicht eröffnen. Gleichwohl erscheint es untragbar, bei einem Thema aus der Geschichte des römischen Rechts in Deutschland deren wichtigstes Kapitel außer Acht zu lassen. Eine Darlegung der Bedingungen, unter denen das römische Recht seine Herrschaft in Deutschland antrat, erscheint im Gegenteil für unser Thema als nützlich, nicht so sehr um die Verdienste Conrings in desto hellerem Lichte erstrahlen zu lassen, als vielmehr, weil die Auffassung der Zeitgenossen des Rezeptionszeitalters für die Urteile nachfolgender Generationen bis in die unmittelbare Gegenwart hinein von höchster Bedeutung war (10).

2. Demgegenüber enthält der Usus modernus den echten Beginn der Legende der Rezeption, nachdem durch Conring die gesetzliche Rezeption überwunden und damit der Weg zu einer wirklich unbefangenen Stellungnahme freigemacht worden war. Auch die von nun an mehr und mehr zur Anerkennung gelangende Gleichberechtigung von römischem und deutschem Recht - mag die Bedeutung des letzteren vorerst auch noch eine sehr geringe sein - ist für unser Thema von Bedeutung. Diese Tatsachen rechtfertigen die Anbringung einer Zäsur zwischen dem 16. und 17. Jahrhundert, auch wenn man sonst mit Wieacker (11) der Auffassung sein sollte, den Usus modernus als Festigung der deutschen Gemeinrechtswissenschaft noch zum Rezeptionszeitalter zu rechnen, indem eine "Aufnahme" erst mit der Assimilation, mit der Verwandlung in Eigenes abgeschlossen sein könne.

3. Die Sonderstellung der Aufklärung innerhalb der Geistesgeschichte ermöglicht es verhältnismäßig leicht, sie als geschlossenen Komplex zu erfassen.

Auch die Urteile der Naturrechtler über die Rezeption heben sich, bei aller äußeren Verschiedenheit, verhältnismäßig deutlich durch eine gemeinsame Grundtendenz von denen benachbarter Epochen ab. So erscheint das Naturrecht auch innerhalb der Literärgeschichte der Rezeption ohne große Willkür als besonderer Abschnitt.

4. Das Kapitel über die Historische Schule ist für unser Thema vielleicht das interessanteste; nie ist das römische Recht so wie damals gleichzeitig in den Himmel gehoben und verdammt worden. Der damals ausbrechende Meinungsstreit zwischen Romanisten und Germanisten ist das bis heute die Literärgeschichte der Rezeption hauptsächlich bestimmende Element geblieben. Auch der größte Teil der heute zur Beurteilung der Rezeption gebrauchten Argumente stammt aus dieser Zeit, so daß dieser Abschnitt zugleich auch als der für unser Thema fruchtbarste gelten muß.

5. Die jetzt folgende Entwicklung in Abschnitte zu gliedern, erscheint schwierig, aber in Anbetracht der Fülle des Stoffes kaum zu vermeiden. Geht man jedoch aus von der seit der Historischen Schule bestehenden

Polarität von Romanisten und Germanisten als dem die Entwicklung unseres Themas jetzt bestimmenden Element, so werden in erster Linie Änderungen in diesem Verhältnis als Ansätze zu neuen Entwicklungsphasen in Betracht kommen. Überblickt man größere Zeitabschnitte, so kann man in der Gründung der gemeinsamen Zeitschrift für Rechtsgeschichte (1861) einen Punkt sehen, an dem die bisher divergierende Tendenz der beiden Richtungen sich langsam wieder in eine Annäherung umzuwandeln beginnt und so auch unter den Urteilen über die Rezeption der Anteil der leidenschaftlich-feindseligen einen allmählichen Rückgang erfährt (12). Es lassen sich daher die Äußerungen aus dem letzten Drittel des 19. und dem ersten Drittel des 20. Jahrhunderts mit gewissem Recht in einer weiteren Gruppe zusammenfassen und von denen der Historischen Schule und der ersten Germanistentage trennen.

6. Eine klar abgrenzbare Sonderstellung wiederum nehmen die Urteile des Nationalsozialismus ein. Dabei können jedoch in diesem Kapitel nur solche Stellungnahmen erscheinen, die typisch nationalsozialistischem Denken entspringen. Bei weitem nicht für alles, ja sogar nur für einen verhältnismäßig kleinen Teil dessen, was in den Jahren 1933-1945 über die Rezeption geschrieben wurde, trifft dieses zu; für viele sonstige Äußerungen aus dieser Zeit aber kann ein Abschnitt, der gerade die Stellung des Nationalsozialismus zum römischen Recht und zur Rezeption darstellen will, nicht der richtige Ort sein. Sie gehören nach ihrem geistigen Standort vielmehr in das vorhergehende oder folgende Kapitel. Wenn gleichwohl einige von ihnen im Abschnitt über den Nationalsozialismus erscheinen, so handelt es sich hierbei um Äußerungen, die als unmittelbare Erwiderungen auf die damals gegen das römische Recht vorgetragenen Anfeindungen oder als sonstige typische Reaktionen der bedrohten Romanistik auf Maßnahmen des Dritten Reichs in so engem Zusammenhang mit den nationalsozialistischen Urteilen stehen, daß ein wirklichkeitsgetreues Bild der damaligen Lage des römischen Rechts und der Romanistik ohne sie nicht gezeichnet werden könnte.

Im übrigen will dieses Kapitel, wie schon der von den übrigen abweichende Aufbau zeigt, lediglich von nationalsozialistischem Geist geprägte Äußerungen erfassen, ohne damit auch deren Autoren ebenso als Repräsentanten des Nationalsozialismus bezeichnen zu wollen, wie etwa ein Thomasius als typischer Vertreter der Aufklärung und der Naturrechtsschule erscheint. Denn einmal verbietet es die im Vergleich mit anderen Epochen sehr kurze Dauer dieses Zeitabschnittes in manchem Falle, eine Persönlichkeit, die dafür eingetreten ist, mit Geltung für ihr ganzes Leben als Vertreter dieses Systems zu klassifizieren (12a). Zum anderen wird sich nachweisen lassen, daß der überwiegende Teil der Autoren, die sich in den Jahren etwa von 1933-1935 zunächst vor den Wagen des Nationalsozialismus spannen ließen, diesem in der Folgezeit mehr und mehr die Gefolgschaft versagte (12b). Es darf daher das Gewicht der im 6. Kapitel wiederzugebenden Äußerungen insoweit nicht überschätzt werden, als sie wohl für den Nationalsozialismus und dessen Betrachtungsweise der Rezeption repräsentativ sind, jedoch in vielen Fällen kein zuverlässiges und abschließendes Gesamtbild der Persönlichkeit des Autors geben.

7. Im Schlußabschnitt endlich wird der gegenwärtige Stand der Meinungen darzustellen sein.

In nicht wenigen Fällen war es gerade bei bedeutenden Gelehrten nicht möglich, direkte Werturteile zu gewinnen; die Erkenntnis der Vergänglichkeit eines Werturteils mag just Denker von Rang bewogen haben, sich solcher zu enthalten. Hier waren bisweilen indirekte Schlüsse möglich, etwa aus der Art und Weise der Beschreibung des Rezeptionsvorganges oder aus Urteilen über gewisse Qualitäten des römischen Rechts. Denn wer von diesem eine hohe Meinung hat, wird vielfach geneigt sein, auch die Rezeption gut zu heißen. Letzterem Schluß gegenüber ist allerdings große Vorsicht am Platz, wie sich an zahlreichen Beispielen zeigt, so etwa bei Windscheid, der sicher ein Freund des römischen Rechts war, seine Rezeption in Deutschland aber ablehnte (13).

In Ausnahmefällen sind auch Urteile von Nichtjuristen berücksichtigt worden. Hierbei handelt es sich einmal um Persönlichkeiten, die als Führer bedeutender geistiger Bewegungen auf das ganze Leben ihrer Zeit und damit letztlich auch auf die Literärgeschichte der Rezeption einen bedeutenden Einfluß ausübten (13a), oder um Gelehrte - in erster Linie Historiker -, die sich auch mit Fragen der Rezeption befaßt haben und hierbei zu besonders bemerkenswerten Ergebnissen gelangt sind (13b).

1. Kapitel

DER UNMITTELBARE WIDERHALL DER REZEPTION

Die folgenden Ausführungen gehen von der Rezeption als vollendeter Tatsache aus. Ohne sich also mit der Frage nach den Ursachen der Rezeption oder nach dem Rezeptionsvorgang als solchem zu befassen (14), setzen sie in dem Zeitpunkte ein, da die Rezeption, wenn auch noch nicht überall abgeschlossen (15), so doch schon allenthalben so weit von statten gegangen war, daß die Tatsache eines Nebeneinander von lateinischen und deutschen, geschriebenen und ungeschriebenen Rechtssätzen und Rechtsmethoden den Zeitgenossen klar geworden war. Demgemäß und dem allgemeinen menschlichen Wertungsbedürfnis Rechnung tragend, war hier, wenn auch die Zeitgenossen die Tragweite der Umschichtung des Rechtes und des gesellschaftlichen Lebens kaum voll erkennen konnten, eine erste Stellungnahme zu dieser neuartigen Rechtssituation wohl zu erwarten. Bevor wir jedoch unser Augenmerk auf einzelne Äußerungen richten, müssen wir uns zunächst der geistesgeschichtlichen Situation dieser Epoche kurz erinnern, wollen wir nicht nur einen zusammenhanglosen Katalog erhalten.

Charakteristisch ist für die Rechtswissenschaft des 16. Jahrhunderts das Ineinanderfließen von mittelalterlichen und neuzeitlichen Ideen. Hatte das Geistesleben, durch den Humanismus stürmisch gefördert, schon auf fast allen Zweigen der Kunst und der Wissenschaften die Schwelle zur Neuzeit überschritten, so wuchsen in der konservativen Rechtswissenschaft neue Ideen und Betrachtungsweisen nicht mit der gleichen zügigen Schnelligkeit empor wie die Quadern der Renaissancebauten, vielmehr konnte sich die Jurisprudenz noch verhältnismäßig lange von traditionellen Vorstellungen nicht frei machen. Sie ist daher zu Beginn des 16. Jahrhunderts noch ebenso sehr mittelalterlich-universalem Denken verhaftet, wie sie seit Zasius mehr und mehr unter den Einfluß der Humanisten gerät. Von diesem Nebeneinander beider Denkformen muß unsere Darstellung ausgehen.

Mittelalterliches Denken weist gegenüber dem modernen erhebliche Unterschiede auf: es ist christlich-universal und autoritär gebunden. Die europäischen Nationen waren damals zwar schon vorhanden oder wenigstens im Werden begriffen, aber der Gegensatz zwischen Christentum und Heidentum, Abendland und Morgenland erschien weit wichtiger als etwa der zwischen Deutschen und Franzosen. "Was die Geister beherrschte, das waren universelle Ideen: das Christentum, die Idee eines abendländischen Imperiums und, noch weiter gehend, einer einheitlichen Bildung, die sich über das ganze Abendland erstreckte und in ihren wesentlichen Elementen in Rom wurzelte" (16). Ebenso dachte der mittelalterliche Mensch nicht kritisch-geschichtlich, sondern sein Denken beugte sich universellen Autoritäten, so insbesondere dem Christentum. Die Bibel war daher für jene Zeit ein autoritäres Buch; aus ihr leitete man alles ab; ihre Vorschriften und Beispiele waren Gegenwart, und diese Umstellung auf die Gegenwart war dem mittelalterlichen Denken möglich, weil es in seiner völligen Ungeschichtlichkeit die Vergangenheit mit zeitgenössischen Vorstellungen und Begriffen füllte.

Eine ähnlich beherrschende Idee ist aber auch die Vorstellung, daß die deutschen Kaiser des Mittelalters Nachfolger der römischen Cäsaren seien (17), die sich seit den Hohenstaufen immer mehr durchsetzt und in vielen äußeren Merkmalen manifestiert (18). Eine ausgesprochene Erscheinung historischer Kontinuität also (19), wie sie sich immer wiederholt hat, denn "nie ist das Leben auf einer tabula rasa neu begonnen worden ..., mindestens die Hälfte der Geschichte beruht auf Kontinuität" (20). Was speziell das römische Recht angeht, so mußte demnach die Überzeugung der unbedingten Autorität des justinianischen Rechts kraft der translatio imperii das Verhältnis der Zeitgenossen zur Rezeption bestimmen. War das Heilige Römische Reich Deutscher Nation eine Fortsetzung des alten römischen Reiches, so hatten die Gesetze Justinians als eines Vorfahren der deutschen Kaiser unmittelbare Geltung zu beanspruchen. Darauf fußte die Autorität des Corpus Juris, die einem Vergleich mit der Bibel standhält. Der Jurist konnte an seinen zahllosen, sich nicht selten widersprechenden Entscheidungen nicht rütteln (21); solchen Schwierigkeiten mußte er vielmehr mit einer bis zur Virtuosität gesteigerten Auslegungskunst begegnen. Nicht eine nüchterne Wertabwägung war also für die Rezeption maßgebend; nie haben die Völker Europas unter zwei Rechten frei wählen können (22). Es trifft insbesondere auch nicht zu, daß die Wirkung des römischen Rechts auf seinen inneren Qualitäten beruhe (23); diese Auffassung geht letztlich auf die Haltung des Humanismus gegenüber dem römischen Recht zurück (24).

Daß aus dieser Haltung heraus eine Kritik an der Rezeption nicht entstehen konnte, wird ohne weiteres einleuchten, ja sie ließ nicht einmal in das Bewußtsein der Zeitgenossen treten, daß die Rezeption eines fremden Rechtes im Gange war; um so mehr, als diese sich über einen verhältnismäßig langen Zeitraum erstreckte, örtlich recht verschiedenartig und von auffälligen staatlichen Willkürakten nicht begleitet war. Gänzlich fernliegen mußte gar erst eine nationale Abwehrstimmung. Die autoritäre Romidee schloß es aus, daß ein Deutscher in den Gesetzen "unserer kaiserlichen Vorfahren am Reich" (25) fremdes, gar undeutsches Recht hätte sehen können.

Zu diesem der mittelalterlichen Auffassung entsprechenden Autoritätsglauben und universalen Denken steht, ein echtes Kind der beginnenden Neuzeit, der Humanismus als neue geistige Bewegung in scharfem Gegensatz. Zwar ebenso wie das römische Recht jenseits der Alpen geboren, aber in viel stärkerem Maße als dieses seit seinem Auftreten in Deutschland mit nationalen Wesenszügen vermischt, erreichte er gerade im frühen 16. Jahrhundert den Höhepunkt seiner Wirksamkeit. Mit großem Elan ging hier eine Emanzipation des deutschen Geistes vor sich, und nicht zuletzt aus diesem Grunde konnte Ulrich v. Hutten begeistert ausrufen: "O Wissenschaft, o Jahrhundert! Es ist eine Lust zu leben!"

Als die befreiende Tat des Humanismus empfinden wir die Verwirklichung der modernen Persönlichkeit, des Menschen, der sich zum mindesten in geistigen Dingen fremder Autorität nicht beugt, sondern das Maß aller Dinge in sich selber findet (26). So hat der Humanismus auch den Grund für den modernen Wissenschaftsbegriff gelegt, für eine Wissenschaft, die nicht mit vorgegebenen Wahrheiten arbeitet, sondern die Wahrheit erst zu erforschen hat, und zwar mit allen Mitteln, in deren Gebrauch sie nicht beschränkt werden darf (27).

Ebenso wie der Humanismus dem autoritären Denken den Kampf ansagte, so zerbrach er auch die mittelalterlichen universalen Vorstellungen, und zwar in solchem Maße, daß wir bei einigen Humanisten erstmalig nationale Worte vernehmen. Wohl durch die Neuentdeckung deutscher Rechtsaltertümer, ja der germanischen Vergangenheit überhaupt wesentlich beflügelt, ließ er zumal im elsässischen Humanistenkreis patriotische Begeisterung entstehen (28).

Mit der Zeit machte der Humanismus auch auf die Jurisprudenz seinen Einfluß geltend. Freilich rückte sie erst verhältnismäßig spät in den Gesichtskreis der Humanisten (29), ist sie doch immer die konservativste von allen Wissenschaften gewesen. Es war vielmehr so, daß der Humanismus der Rechtswissenschaft mit noch größerer Feindseligkeit und Verachtung entgegentrat, als den übrigen scholastischen Disziplinen (30). Das Ansehen und der Einfluß, in deren Besitz die Juristen sich befanden und die sie trotz aller Hohlheit ihres Bildungsstandes zu behaupten wußten, reizten zum Angriff. Das damals beliebte Schlagwort "Accursianum absynthium bibere" für das juristische Studium mag an dieser Stelle genügen (31). Sicher übte der Humanismus schließlich einen erheblichen Einfluß auf die Rechtswissenschaft aus, war doch für die Humanisten das bisher unantastbare Corpus Juris nichts anderes als eine Manifestation römisch-antiken Geistes, deren wahren Sinn es zu erforschen galt (32). Aber trotz aller Verdienste etwa eines Ulrich Zasius blieb die deutsche Rechtswissenschaft ohne eigene schöpferische Kraft; es war in der Folgezeit kein Jurist da, der sich mit den ausländischen Gelehrten Cujacius oder Donellus hätte messen können (33). So blieb der dauernde Erfolg des Humanismus in Deutschland gering (34).

Eine Umorientierung des Rechtsdenkens mußte auch eine neue Betrachtung des römischen Rechts begünstigen. Allerdings setzte kein so radikaler Umschwung ein, wie man dies erwarten sollte. Insoweit als die Autorität des römischen Rechts auf der Lehre von der Translatio Imperii beruhte, zerbröckelte sie freilich unter den kritischen Augen der Humanisten. Dafür aber erscheint als neuer und gewichtiger Faktor auf Seiten des römischen Rechts in Deutschland ein bisher unbekanntes Element: In Humanistenkreisen herrschte weithin die Überzeugung, daß das römische Recht durch seine inneren Qualitäten dem deutschen überlegen sei. Also ein Wertvergleich, wie er niemals deutschem mittelalterlichen Denken hätte entspringen können. Allerdings ist der Humanismus ebenso wenig wie das römische Recht ein Produkt deutschen Geistes. Er ist aus Italien übernommen und daher zunächst noch ganz durch die Anfänge des italienischen Nationalgefühls bestimmt, das damals durch die neue Berührung mit der als eigene Vergangenheit empfundenen Antike entstand (35). Im Vergleich zur antiken Kultur mußten auch die ausländischen Rechte primitiv und roh erscheinen. Bei Petrarca z.B. ist im Grunde jeder Ausländer ein Barbar, der typische Barbar aber ist der Deutsche (36), eine Auffassung, die nicht zuletzt auch durch die Gegensätze zum deutschen Kaisertum Nahrung erhalten mochte. So konnte sich ein großer Teil der deutschen Humanisten nie von der Vorstellung unbedingter Überlegenheit der Antike freimachen, schöpften sie aus ihr doch selbst ihre Kraft. Daher waren dem Humanismus hinsichtlich einer unbefangenen Stellungnahme zum römischen Recht Grenzen gesetzt, die in seinem eigenen Wesen begründet lagen. Förderten Humanisten auch in eifrigem Bemühen viel halbverschüttetes deutsches Rechtsgut zu Tage, so setzten sie diese deutschen Rechtsquellen doch mehr neben das römische Recht, als daß sie dieses selbst angriffen.

Noch weniger als der Humanismus war die andere große, die Neuzeit einleitende Bewegung des 16. Jahrhunderts, nämlich die Reformation, geeignet, neue Ansätze für eine Kritik am römischen Recht zu erbringen. Zwar hatte Luther zunächst am geltenden Recht eindringlich Kritik geübt, vor allem auch die Selbstsicherheit und Rechthaberei der zeitgenössischen Juristen verdammt (37). Unter den Eindrücken des Bauernaufstandes von 1525 nahm er jedoch von seinen Plänen einer tiefgehenden Rechtsreform Abstand; im Gegenteil schätzte er später das positive Recht recht hoch ein (38).

Wenn also jetzt im besonderen Teil das Augenmerk auf einzelne Stellungnahmen zum Wert oder Unwert der Rezeption gerichtet werden soll, so wird uns ein verhältnismäßig dürftiger Ausfall dieser Untersuchung nicht mehr überraschen. In der Tat kann der größte Teil der damaligen, sich mit Fragen des römischen Rechts und seiner jüngst erfolgten Übernahme beschäftigenden Literatur für die folgenden Darlegungen unbedenklich ausgeschieden werden. Es handelt sich um jene für die damalige Zeit so charakteristischen Druckerzeugnisse, die man seit Stintzing (39) unter dem Stichwort "Populärliteratur" zusammenzufassen pflegt. Ein nicht geringer Teil entbehrt schon des Charakters einer rechtswissenschaftlichen Leistung und muß nach der Themastellung schon deshalb unberücksichtigt bleiben; ganz allgemein aber fehlte den Autoren eine kritische Einstellung zum römischen Recht völlig. Es entsprach ja in der Tat keineswegs ihrer Absicht, sich auf wissenschaftlicher Basis mit dem römischen Recht auseinanderzusetzen, sondern sie wollten mit diesen Büchern lediglich eine rasche Verbreitung von Kenntnissen über das römische Recht erreichen, es leicht verständlich darstellen (40). Sie sind von recht unterschiedlichem Niveau; als bedeutendste ragen heraus der Klagspiegel des elsässischen Humanisten Sebastian Brant (1516), eine "recht unordentliche Sammlung von Pandektenstellen, Klageerfordernissen und Formeln" (41), sowie Ulrich Tenglers Laienspiegel, ein stattlicher Quartband mit doch immerhin recht genauen Quellenbelegen. Eine andere Gruppe bezweckt die Romanisierung einheimischer Rechtsquellen; hier ist beispielsweise die

Glossierung des Sachsenspiegels durch Melchior Kling (1542) zu erwähnen. Schließlich erschienen, "Rezept- Kräuter- und Traumbüchern vergleichbar" (42), allerlei Formelbücher, Muster für Geschäfts- und Klageformulare, Anleitungen zur Anfertigung von Urkunden und dergleichen mehr. Alle diese Bücher wollten nützen; grundsätzliche Erwägungen enthielten sie nicht, Versuche, geschichtliche Entwicklungen aufzuklären, lagen ihnen fern (43).

Ließ sich also auf dem Gebiet der Populärliteratur, obgleich sie zu einem großen Teil aus der Feder von Humanisten stammte, aus Gründen, die in ihrer Zweckbestimmung zu suchen sind, nichts für unser Thema finden, so zeitigte die durch den Humanismus als Entdecker der altdeutschen Rechtsquellen entstandene nationale Strömung doch einige für eine Literärgeschichte der Rezeption verwertbare Ergebnisse. Denn es zeigt sich die eigenartige Erscheinung, daß die Humanisten maßlose Verachtung wie für alles Ungelehrte und daher Primitiv-Rohe, so auch für das einheimische Recht (44) neben eine begeisterte Forschung nach deutschen Rechtsaltertümern setzen konnten, ohne den hierin liegenden Widerspruch offenbar zu empfinden (45). "Die gleichen Leute, die ihre Bewunderung der Antike bis zur lächerlichen Gespreiztheit trieben und es sich schuldig glaubten, ihre guten deutschen Namen in lateinische und griechische zu verwandeln, konnten sich nicht genug tun in überschwenglicher Verherrlichung der alten Germanen" (46).

So beobachten wir denn auch eine erfreuliche Regsamkeit auf dem Gebiete der Quellenforschung, der Herausgabe geschichtlicher Zeugnisse und ihrer darstellenden Verarbeitung. Örtliche Gelegenheitsfunde genügen nicht mehr, sondern es setzen planmäßige Arbeiten ein, die vor allem mit den Namen Beatus Rhenanus, Peutinger, Konrad Celtis und den großen Veröffentlichungen der alemannischen und bayerischen Volksrechte und der Gesetze der Merowinger durch Sichard (47) (1530) und Herold (1557) verbunden sind. Im ganzen ist trotz einiger, wenn auch nicht gerade seltener Fälle, in denen "dreiste Naivität mittelalterlicher Geschichtsfälschung sich mit dem täuschenden Glanz humanistischer Finderfreude schmückt" (48), die Bedeutung dieser ersten Forschungen für die deutsche Rechtsgeschichte kaum zu überschätzen (49).

1. Ansätze einer nationalen Abwehrstimmung zeigen sich noch am sichtbarsten bei dem elsässischen Humanisten J a k o b W i m p f e l i n g, der den Kampf des deutschen mit dem fremden Recht schon recht deutlich empfunden hat. Zwar war Wimpfelings Lebensarbeit hauptsächlich politischen und pädagogischen Fragen gewidmet (50), jedoch hat er in seinen letzten Schriften sich auch mit den Zuständen an den Rechtsfakultäten und im praktischen Rechtsleben auseinandergesetzt. Wenn ihm auch die Tatsache der Rezeption verborgen bleiben mußte und er das neue Recht und die neuen Rechtsmethoden nicht als fremde erkennen konnte, so hat er doch - soweit ersichtlich, als erster - gefühlt, daß der gegenwärtige Rechtszustand in einigen Beziehungen, die für ihn von besonderer Wichtigkeit waren, gegenüber dem früherer Zeiten einen Rückschritt bedeutete. So schreibt er

bereits zu Eingang des 16. Jahrhunderts, daß durch die Advokaten die Gerichtshändel unzählig und die Prozesse überaus kostspielig geworden seien und oft gar kein Ende mehr fänden; hierbei weist Wimpfeling bereits auf eine drastische Verurteilung des Juristenstandes aus dem Volksmunde hin (50a). Schon ein Jahr später greift Wimpfeling den gleichen Gedanken in einer ausführlicheren Darstellung wieder auf. In seiner letzten Schrift findet der Siebzigjährige recht bittere Worte für die Männer, die in seiner Zeit zur Pflege des Rechts berufen waren (50b): "Die Rechtsgelehrten an den Universitäten wollen nur allzu häufig kein anderes Recht anerkennen, als das in ihren Büchern stehende. Volksrecht und Gewohnheitsrecht, wie es seit Jahrhunderten bestanden hat, gilt ihrem Dünkel für gar nichts, und unerträglich erscheint in ihren Augen, daß Ungelehrte in Stadt und Land teilnehmen an den Gerichten und nach altem Herkommen, nach Billigkeit und Rechtsgefühl das Urteil finden (50c) ... Alle, die es ehrlich meinen mit dem Recht, finden sich jetzt in schlechter Gesellschaft durch die zahllose Menge ehrloser Menschen, welchen das Rechtstudium und die Betreibung von Rechtshändeln nur ein Mittel ist, um ihren Beutel zu füllen, und die darum überall Prozesse erregen und den gewöhnlichen Mann aussaugen bis aufs Blut ... Es gibt Professoren des Rechts, die sich nicht entblöden, ihre Zuhörer auf die künstlichen Wege aufmerksam zu machen, wie sie vermittelst des Rechts zu Geld und Gut gelangen können ... Wer sollte nicht Freude darüber empfinden, daß Ritter und Bürger und Bauern, treu ergeben dem alten Recht und den alten Gewohnheiten, sich mannhaft wehren gegen alle diejenigen, welche ihnen diese Rechte und Gewohnheiten mit Lug und Trug und sophistischen Künsten aller Art rauben wollen und sie zu unterdrücken und auszubeuten versuchen? Es ist ein Kampf, der das Leben des Volkes im Innersten ergreift, der aber, fürchte ich, bei der Machtlosigkeit der obersten kaiserlichen Gewalt ... zu Gunsten der fürstlichen Gewalthaber und ihrer Werkzeuge, der Juristen, sich entscheiden wird". Bereits aus dieser Stelle erhellt, daß Wimpfeling - wiederum als erster - den Gedanken faßte, daß ein Zusammenhang zwischen der Umbildung des Rechtslebens und der staatlichen Ordnung seiner Zeit bestehen könne und damit recht eigentlich den Grund legte für die später so eingehend erörterte Frage der Beziehungen zwischen Rezeption und Absolutismus. Jedoch spricht Wimpfeling den gleichen Gedanken an der selben Stelle auch noch klarer aus: "Ihr (der Juristen) Einfluß ist umso verderblicher, weil sie ... der tyrannischen Fürstenmacht sich dienstbar zu machen beflissen sind, indem sie den Fürsten Anweisung geben, sich über die Rechte und Freiheiten der Landesangehörigen hinwegzusetzen und durch immer neue Steuern sich zu bereichern. Denn mächtiger noch als im Gericht sind sie im Rat der Fürsten, wo sie schon viel länger im Geheimen wirken und alles umkehren und verwirren, was durch die Weisheit der Vorfahren geordnet worden und zu Recht bestand ... Nach der verabscheuungswürdigen Lehre der neuen Rechtsgelehrten soll der Fürst im Lande alles sein, das Volk aber nichts ..." (50d)

2. Aus ähnlichen Motiven hat auch Th. Freigius hauptsächlich über das Eindringen des fremden Rechts auf den Universitäten Klage geführt.

In der Vorrede zu einem seiner Hauptwerke gibt er eine satirische Beschreibung des Studiums der fremden Rechte und fährt dann fort (51): "Das mancher viel Zeit verzehre in jenigen rechten zu studieren, welches inn täglicher gerichtlicher übung offt gantz und gar nicht gebraucht werde, vnd offt in jhm selbs widerwertige gesatz innhelt, so zum theil auch durch Bäbstliche recht vnnd Fürsten satzung, vnnd fürnemlich durch jedes Lands breuch vnd gewonheit vmbgekert vnd entkrefftiget wirt ... Vnnd das seind großwichtigen, entheblichen, trugenlichen vrsachen die vns treiben auß vnserem geliebten Vatterland der Teutschen Nation den frembden außländischen schuolen nach zuolauffen, da heißt es dann billich: Accipimus pecuniam, & Mittimus (Asinum in Germaniam) &c. Das ich geschweige außländischer groben sitten anerbung, welcher unser geliebt Vatterland mit geitz, vnzucht, vntreuw, pracht, hoffart, vnd allerley vnthaten leider schier vberschwemmet ..."

3. Vor allen hat der große Jurist Oldendorp gewisse durch die Rezeption hervorgerufene Mißstände bemerkt und hierüber Klage geführt. Zwar rühmt er die Verdienste Melanchthons, Cantiunculas und anderer um die Bereinigung des Corpus Juris (52): "Quis non legit Budaei, Alciati, ac Zasii monumenta, quibus innumeros commentatorum errores bona fide nobis indicarunt", doch muß er leider feststellen, daß die zeitgenössische Rechtspraxis sich wenig darum kümmert (53): "Novissimis vero hisce diebus multo pestilentius errarunt commentatores, qui relicto aequitatis studio, illas ipsas Romanorum leges, et praescripta juris adeo multiplicarunt, et alternacionibus obscurant, ut neque principium, neque exitum invenias aequitatis ... Paucitas itaque legum et certitudo longe utilissima est". Zum gleichen Thema schreibt er wenig später (54): "Audis hac voces: Falsitas rei et volumina corrumpantur? Est ne magna hominum insania, quae falsitatem recipit pro veritate? Sed, quando ita volumus decipi, non fit nobis injuria". Für die Mißstände in der zeitgenössischen Rechtspflege, insbesondere das Treiben der Advokaten vor den Gerichten - also eine der hervorstechendsten unmittelbaren Auswirkungen der Rezeption - fand Oldendorp besonders bittere Worte (55): "Forma igitur judiciorum, qua nunc utimur, neque ordo est neque processus, sed magis confusio. Et nullum est in toto jure exemplum, quo probari possit. Nam quid est aliud, quam caluminosa caeremoniarum atque scriptorum altercatio extra omnem causae cognitionem? Adeo, ut judex ipse non habeat saepe in manu, officium suum exercere in litibus: imo cogitur ad sedentariam audiendi operam, donec omnes istae caeremoniarum praestigiae peragantur. Quodcirco formularii solent dicere: Malum esse advocatum, qui patiatur intra decem annos litem contestari cum tutore aut curatore". Auch auf den nächsten Seiten der Schrift finden sich fortwährend Klagen über den Zustand der Rechtspflege, die wohl scharfsinnig, aber nicht der Billigkeit gemäß entscheide (56) "... argute ac summo jure, sed inutiliter: quia non secundum aequitatem". Die Folge sei, daß das Faustrecht überhand nehme.

4. Ebenso beklagt Ulrich v. Hutten, dessen vaterländischer Sinn stets gerühmt worden ist (57), den durch die Rezeption geschaffenen

Rechtszustand, der vor dem Eindringen fremder Rechtssätze und Rechtsmethoden seiner Ansicht nach besser gewesen sei (58): "Quasi non melior fuerit Germaniae status, antequam isti (bartolistae) invaderunt tot voluminibus instructi, tunc, cum plus valerent hic boni mores quam usquam scripti leges". Gegenüber den praktischen Juristen, insbesondere den Advokaten äußert v. Hutten unverhohlene Feindschaft; sie müssen sich in seinem "Gesprächbüchlein" alles nur denkbar Schlechte nachsagen lassen (59): "... verum hos (jurisconsultes) pejores etjam judicabimus, quod indoctissimi cum sint, docti tamen putantur vulgo ... Igitur sub quibus tyrannis miserius viveretur, si bello victa esset Germania, quam sub iniquissimis nunc agimus justitiae dispensatoribus? ... Mihi profecto sic videtur, melius longe gubernatam fuisse Germaniam tunc cum in armis jus positum erat, quam nunc isti regnant publice docti jureconsulti ..." Dem stellt er die alten Sachsen an der Ostsee gegenüber, die ohne Zögern Recht gesprochen hätten, während jetzt hierzu 36 Doktoren 20 Jahre benötigten (60).

Man wird ohne Übertreibung sagen können, daß die Abneigung der zitierten Autoren gegen das römische Recht und den durch seine Rezeption geschaffenen Rechtszustand noch um ein vielfaches heftiger gewesen wäre und daß noch eine beträchtliche Zahl anderer Rechtsgelehrter sich ihnen angeschlossen hätte, wenn man damals schon gewußt hätte, daß das rezipierte Recht nicht das eines deutschen Kaisers, sondern ein im höchsten Grade fremdes war, das mit dem deutschen Recht nicht das mindeste zu tun hatte. Daß sich unter der Herrschaft der Lotharlegende überhaupt ein kleines Häuflein von Gegnern der Rezeption bilden konnte, ist sehr beachtlich und stellt dem wachsamen Rechtsgefühl und dem Mut dieser Männer das beste Zeugnis aus.

Es kann indessen nicht überraschen, wenn eine wesentlich größere Anzahl von Stellungnahmen die Einführung des römischen Rechts preist, sofern man überhaupt Anlaß dazu sah, diese ohnehin anerkannte Ansicht von der unbedingten Überlegenheit des römischen Rechts besonders hervorzuheben. Entscheidend war, daß, wie schon gezeigt wurde (61), Humanismus und Reformation als die tragenden geistigen Bewegungen des 16. Jahrhunderts sich für das römische Recht aussprachen. Die entgegengesetzte, aus bestem Patriotismus entstandene Ansicht einiger weniger Humanisten konnte sich demgegenüber nicht durchsetzen; das tragische Lebensschicksal Ulrich v. Huttens mag auch für seine Auffassung vom römischen Recht symbolisch sein.

5. Von großer Wirkung war dagegen das Urteil Melanchthons, der zwar auch gelegentlich Mißstände in der zeitgenössischen Rechtspflege zugab, diese jedoch als zeitbedingt und vorübergehend ansah; in jedem Falle schätzte er das römische Recht sehr hoch ein und stellte das Rechtsprechen nach dem geschriebenen Gesetz hoch über das nach unkontrollierbaren Gewohnheiten (62). Die Einführung des römischen Rechts durch Kaiser Lothar erhält daher Melanchthons Lob (63): "Laudanda est igitur prudentia summorum virorum, qui postquam Imperatoris Lotharii tempore rursus ex bibliothecis prolatae sunt humanae leges, et in forum, ac curiam revo-

catae, statim addere commentarios coeperunt ... Singulari beneficio dei arbitror tunc restitutum esse jus Romanum". In der ersten seiner Reden "De legibus" äußert er sich ähnlich (64): "Exponam quam prudenter a majoribus factum sit, quod Romanas leges potissimum delegerunt, quas in constituendis civitatibus tamquam filum sequerentur, easque summa cura a nobis studioque conservandas esse, ostendam"; ebenso am Schluß dieser Rede: (65) "Quare majorum nostrorum prudentiam laudo, quod Romanas potissimum leges delegerunt, quas in jure dicendo sequerentur" (66).

Es muß indessen auffallen, wie häufig Melanchthon Kundgebungen der Freude über die Rezeption des römischen Rechts mit dem Hinweis auf die schrecklichen Folgen verbindet, denen sich die Welt bei Verlust des römischen Rechts gegenübersehen würde. In der ersten der Reden "De dignitate legum (1538) stellt er fest: "Recte igitur Romano jure utimur" und fährt anschließend fort (67): "Convenit agere gratias Deo, quod tale jus imperio reddiderit. Neque enim sine Dei consilio accidit, quod cum post inclinationem Romani imperii amissus esset usus harum legum, et successissent barbarici ritus judiciorum, tamen annis post Justinianum quingentis, revocatae sunt in forum et in scholas Romanae leges. Haec restitutio multos mores barbaricos correxit ..." Diese barbarischen Sitten, die das römische Recht beseitigt habe, würden aber bei einer Preisgabe des römischen Rechts sofort wieder hervorbrechen und damit ein allgemeines Chaos entstehen (68): "Nam mihi aspicienti legum libros, et cognita pericula Germaniae, saepe totum corpus corhorrescit, cum reputo quanta incommoda secutura sint, si Germania propter bella amitteret hanc eruditam juris et hoc curae ornamentum ... Non igitur deterreamur periculis, non frangamur animis ... nec possessionem studii nostri deseramus. Itaque Deus flectat animos principum ac potentum ad hujus doctrinae conservationem, magnopere decet optare bonos et prudentes. Nam hac remota, nec dici potest quanta in aulis tyrannis, in judiciis barbaries, denique confusio in tota civili vita secutura esset, quam ut Deus prohibeat, ex animo petamus ... Crescent tyrannides, erunt omnes literae in majore contemptum, ecclesiae magis neglegentur, denique multiplex barbaries sequetur. Quare primum Deum, ut pacem nobis concedat, deinde ut haec studiae tueatur, oremus ..." Aus der verhältnismäßig großen Zahl solcher Ausführungen (69) dürfte zu schließen sein, daß die rezeptionsfeindliche Stimmung der breiten Volksschichten wie auch einiger weniger Humanisten Melanchthon und andere Vertreter der neuen Rechte doch bis zu einem gewissen Grade beunruhigte.

6. Stark vom Urteil Melanchthons inspiriert ist die mehr volkstümliche Wiedergabe der Lotharlegende und das Lob der Glossatoren, Kommentatoren, ja der Juristen überhaupt, wie sie Carion in seiner Chronik von 1533 gibt (70): "Lotharius wird sehr gelobt nicht allein von wegen seiner Kriege, dadurch er Teutschland und Italien zu Frieden bracht hat, sondern auch daß er die Religion und Recht sehr lieb gehabt hat. Zu seiner Zeit ist ein gelehrter Mann genannt Wernerus, den Accursius oft nennet Irnerium, im Reich Italia gewesen bei der Fürstin Mechtildis, der hat die

Römische Recht Bücher in Bibliotheken gefunden, und wieder an das Licht bracht. Die hat Lotharius befohlen in Schulen zu lesen, und wiederum danach zu sprechen in Kaiserlichen Gerichten. Also ist dieser edel Schatz wieder herfür kommen, daraus viel Gutes gefolget, nämlich, daß man wiederum ein vernünftig Recht in ganz Europa hatte. Denn es richten sich doch alle Land und Recht nach diesem Römischen Recht, dieweil man befindet, daß es der Ehrbarkeit so ganz gemäß ist. So ist auch sonst viel Gutes daraus kommen. Denn man findet keine bessere Lehre von guten Sitten denn diese. Item es hat die lateinische Sprache mit sich wieder herfür bracht, und sind bald die Studia Juris angefangen und nach einander viel großer Jurisconsulti worden, die das Recht erkläret und wieder in Brauch gebracht haben. Und wundert mich sehr, daß man dennoch solchen Verstand hat erlangen mögen, so doch die Sprache, Historien, dazu alle alten römischen Sitten ganz gefallen waren. Derhalben zu achten, daß die ersten Jurisconsulti nicht allein fleißige Leute gewesen, und sehr studiert haben, sondern auch das es hohe, weise und geübte Leute in Regimenten gewesen sind. Denn ohne solche Übungen wäre nicht möglich gewesen, das Römische Recht zu verstehen. Und sind darum die selbigen Doctores nicht geringer zu achten, denn die alten Jurisconsulti Servius, Ulpianus etc."

7. In ähnlicher Weise wie Melanchthon zeichnet Fuchsberger in einer Institutionenübersetzung von 1535 ein schreckliches Bild von einem Leben ohne römisches Recht (71): Nach Aufgabe des römischen und Rückkehr zum deutschen Recht würde hervortreten "die erst viehisch Wildheit, darin die Menschen einsam in den Wäldern sich mit Eicheln speisten, ein jeder stärkere den schwächeren bezwang" (72).

8. Nicht weniger schlimm sind die Folgen, die Nicolaus Vigelius für den Fall eines Verlustes des römischen Rechts voraussagt (73). Er behauptet nichts geringeres, als daß in diesem Falle das Reich sich auflösen und den Türken anheimfallen würde (74): "Et sane si Romanae Jurisprudentiae in viris armatae militiae nulla spes sita est, malunt Eloquentiae, quam jurisprudentiae partes tueri ... De imperio romano actum est, ac Mahometicae Jurisprudentiae ad accidentis regna occupanda iter apertum". In einer wenig später erschienenen Schrift behauptet er bereits, daß das nicht mit genügendem Ernst betriebene Rechtsstudium und das hartnäckige Festhalten der Germanen an ihren überlieferten Sitten für alle möglichen Mißstände verantwortlich sei, wie sich schon aus der Überschrift ergibt: "Wahrhaftig Ursach, warum das alt Römische Reich zertrennet, und nunmehr in Türken und Christen zerteilt, auch warum Gott den Türken verhängt, daß sie der Christen Adel und Ritterschaft vertilgen und ausrotten, zu treuer Warnung dem Adel und der Ritterschaft beschrieben und in Druck verfertigt durch den hochgelehrten und weitberühmten doctorem Nicolaum Vigelium 1587". Auch an anderer Stelle wendet er sich gegen den verderblichen Einfluß der nach seiner Ansicht erst neu entstandenen (75) deutschen Rechtssätze (76): "Subinde novas ferre constitutiones, a Romano jure alienas, novasque consuetudines pati inolescere, nihil aliud est, quam vincula Imperii Romani dissolvere et formam ejus mutare".

9. Der Verehrung des römischen stand eine erschreckende Verachtung des deutschen Rechts gegenüber, welches, wie bereits gezeigt wurde, nicht einmal als solches anerkannt, sondern als "eingeschlichener Rechtsmißbrauch" abgetan wurde, der sich nur infolge der allgemeinen Verwilderung des Rechtslebens, wie sie durch den zeitweiligen Verlust des römischen Rechts eingetreten sei, habe bilden können. Daher konnten die Bürger der Bergstadt Freiberg auf kein Verständnis hoffen, als sie bei der Publikation der Constitutiones Saxonicae (1572) sich um die Erhaltung ihres alten Ehegüterrechts bemühten, wie überhaupt die mehr oder minder stark romanisierende Tendenz bei Reformationen oder Neuredaktionen von Stadt- und Landrechten die Rezeption sehr gefördert hat. In der Verhandlung zu Dresden erklärte der kurfürstlich-sächsische Rat Dr. Cracau den Freibergern (77), es müsse alles wieder abgeschafft werden, was grob unvernünftig und wider die Natur sei; Sachsen solle endlich ein einheitliches Recht haben. Über das alte Recht der Freiberger äußerte er: "Ein grob unvernünftig Recht wider die Natur, welches auch die Katzen nicht täten ... Grobe viehische, unmenschliche, unbillige Rechte, so auch wider die Natur sind". Wie wenig Cracau tatsächlich über das deutsche Recht wußte, zeigt seine Äußerung an gleicher Stelle, wonach dieses viehische Recht aus Böhmen stamme (78).

10. Für die überwiegend widerstandslose, ja wohlwollende Aufnahme, die das römische Recht damit in Deutschland fand, war nicht zuletzt entscheidend, daß schließlich auch Luther sich für das römische Recht aussprach. Zwar hatte er zunächst am römischen Recht und der zeitgenössischen Rechtspflege Kritik geübt (79) und sich über das römische Recht geäußert (80): "Die weitläufigen und ferngesuchten Rechte sind nur Beschwerung der Leute und mehr Hindernis denn Förderung der Sachen ... Wollt Gott, daß wie ein jeglich Land seine eigen Art und Gaben hat, also auch mit eigenen kurzen Rechten geregiert werden, wie sie geregiert sein gewesen, ehe solch Recht sein erfunden". Vor allem die Juristen, deren Selbstsicherheit und Rechthaberei ihn abstießen, waren nicht seine Freunde, wie er auch das bereits im Volke umlaufende Wort "Juristen - böse Christen" aufgriff (81). Allerdings dürfte diese Feindschaft, wie auch Wieacker (82) zeigt, zum guten Teil weniger die Doktoren des römischen, als die Luther oft unbequemen Fachleute des kanonischen Rechts betreffen, was Luther auch ausdrücklich in einer seiner Tischreden sagte (83): "O ihr Juristen, ich könnte euch wohl leiden, wenn ihr nur mit den kaiserlichen und nicht mit den päpstlichen Rechten umginget. Aber da ihr Doktoren beider Rechte seid, so verteidigt ihr mehr den Papst und seine Canones, als die weltlichen Gesetze und den Kaiser", wie Luther auch in anderem Zusammenhang erklärte (84): "Die guten und frommen Juristen verwerfe oder verdamme ich nicht". Erfährt damit Luthers Stellungnahme gegen gewisse Auswirkungen der Rezeption schon eine deutliche Abschwächung, so hat er sich später auch offen für das römische Recht ausgesprochen. Es waren insbesondere die schlimmen Eindrücke des Bauernkrieges 1525, die Luther von seinen ursprünglichen Plänen einer durchgreifenden Rechtsreform Abstand nehmen und den Wert des positiven Rechts wieder höher ein-

schätzen ließen (85). Jetzt wollte er das rezipierte römische Recht, trotz gewisser Mängel, ungeschmälert erhalten sehen (86): "Ich wollt die kaiserlichen Rechte auch nicht gemenget oder geändert haben ... ehe man im deutschen Lande eine neue Weise des Rechts anrichtet, so wäre dieses dreimal verheeret". So fand Luther schließlich auch lobende Worte für das römische Recht (87): "Das kaiserliche Recht, nach welchem das römische Reich noch heutigen Tages geregiert und bis an den jüngsten Tag bleiben wird, ist ja nichts anderes denn heidnische Weisheit, welches die Römer, ehe denn Roma von Christen oder Gotte selber etwas gehöret hat, gesetzet und geordnet haben. Sie sind dazu mit hoher Vernunft begabt gewesen ... Es werden keine mehr leben, die solche Weisheit im weltlichen Regiment gehabt haben."

So blieben die führenden Geister des Rezeptionszeitalters ohne Verständnis für die ungeheuere Rechtumwandlung, die sich vor ihren Augen abspielte. Sie blieben außerstande, "die ungeheuere Rechtskrise der Rezeption in Deutschland" zu sehen (88), und wir können im allgemeinen nicht bemerken, daß sie aus dem Lobpreis des alten vaterländischen Rechtes, wie er in Humanistenkreisen so oft zu vernehmen war, die naheliegenden Folgerungen für das zeitgenössische Rechtsleben gezogen hätten. Zwar darf man annehmen, daß es für Ulrich v. Hutten durchaus ein Ausdruck seines ehrlichen Willens war, nicht nur "ein Reflex italienischer Humanistenphrasen", wie Wieacker (89) sagt, wenn er das alte Sachsenrecht der bartolistischen Sklaverei gegenüberstellte, aber es ist nicht zu verkennen, daß es nicht gelehrte Kreise waren, in denen eine echtere Erkenntnis der Rezeptionsfrage entstand, wie sie am treffendsten in der vielzitierten Beschwerde der bayerischen Ritterschaft (90) von 1499 oder, wenn auch in verworrener Einkleidung, in der Zehngeboteforderung der aufständischen Bauern (91) laut wurde. Aber diesem Begehren gegenüber nahmen die großen geistigen Bewegungen dieser Zeit, Humanismus und Reformation, für das römische Recht Stellung: Luther mit der ruhigen Überzeugung von der größeren praktischen Trefflichkeit des römischen Rechts, Melanchthon mit der schwärmerischen Überschwenglichkeit des Freundes der Antike (92).

Das Bild bliebe demnach unvollständig, würde nicht wenigstens kurz der rezeptionsfeindlichen Volksstimmung im 16. Jahrhundert gedacht werden. Bekannt und gern zitiert sind etwa die knorrigen Trutzworte der eidgenössischen Schöffen zu Frauenfeld im Thurgau (93), oder die zahlreichen damals entstandenen Sprichwörter über Jus und Juristen, die dem Sinne nach noch heute im Volke Kurswert haben. "Ein ehrlicher Mann von Adel scheute sich, seine Sache in die Hände eines Doktors zu stellen und das Schicksal seines Streites von Meistern des neuen Rechtes zu erwarten" (94). Estor (95) weiß von Mißhandlungen an Juristen zu berichten, denen man die Zunge herausgeschnitten und den Mund zugenäht habe. Mag in diesem Falle auch die Phantasie des Autors durch Tacitus etwas zu lebhaft angeregt worden sein, so ist doch Tatsache, daß der Jurist als Doktor und Prokurator in zeitgenössischen Flugblättern, Holzschnitten und Bänkelsängerliedern sehr schlecht wegkommt, daß er in Sebastian Brants Narrenschiff ebenso gehört wie in Murners Narrenbeschwörung (96) und daß schließlich das Bauernmanifest von 1526 die gänzliche Abschaffung aller Juristen fordert (97).

Freilich ist es nicht zu verkennen, daß diese Äußerungen wie auch zum nicht geringen Teil die der oben zitierten Rechtsgelehrten sich weniger gegen das neue Recht richten, als vielmehr gegen seine Jünger. Das ist nicht verwunderlich, denn den Vorgang der Rezeption konnte man zum mindesten im Volke unmöglich erkennen (98), man spürte und mißbilligte nur seine Wirkungen, die sich in der Entfremdung der Justiz von dem Volksbewußtsein oder der Schlechterstellung bestimmter Berufsgruppen äußerte. Als greifbare Exponenten dieser Entwicklung waren in erster Linie die Doktoren da; gegen diese richteten sich also zunächst die Angriffe.

Von einer Erkenntnis der Hintergründe dieser Rechtsumbildung, der sie sich dunkel bewußt wurden, waren indessen das Volk wie auch die Gelehrten weit entfernt. Unter der Herrschaft eines völlig falschen Geschichtsbildes, das wir als Ausfluß des Rechtsdenkens dieser Epoche erkannt hatten, war an eine Erschütterung der Lotharlegende zunächst noch nicht zu denken, so zahlreiche und wichtige Voraussetzungen der Humanismus des 16. Jahrhunderts hierfür auch erbrachte. Aber für den Beginn der Literärgeschichte der Rezeption genügte es nicht, daß ein Conring geboren wurde; auch das Rechtsdenken mußte sich ändern. Am Beispiel Oldendorps sahen wir, wie infolge des Unverständnisses der Zeitgenossen die Worte eines großen Rechtsdenkers, der die Mängel des Corpus Juris und des durch seine Rezeption geschaffenen Rechtszustandes bereits deutlich erkannte und dem es auch an Mut nicht fehlte, seine Überzeugung entgegen der herrschenden Ansicht zu vertreten, im großen und ganzen ungehört verklangen. Wäre Conring ein Zeitgenosse des Zasius gewesen, nie hätte er die wahre Erkenntnis der Rezeption finden können.

2. Kapitel

DIE REZEPTION IM URTEIL DES USUS MODERNUS

Die jetzt folgende Epoche, in der Ausläufer des Rezeptionszeitalters und erste Ansätze naturrechtlichen Denkens sich mannigfach überschneiden und den zukunftsreichen Beginn einer später steil nach oben führenden, mit vielen glänzenden Namen verknüpften Rechtsentwicklung bilden, ist bisher nur wenig untersucht und wohl kaum in der ihr zukommenden Weise gewürdigt worden (99). In vielem also noch ein weißer Fleck auf der Landkarte der Rechtsgeschichte, ist sie äußerlich durch ununterbrochene Kriegszüge, Seuchen und Religionsverfolgungen gekennzeichnet. Die geistesgeschichtlichen Voraussetzungen hatten sich völlig geändert. Das abendländische Rechtsbewußtsein war spätestens mit den Ereignissen des 30-jährigen Krieges untergegangen, der einigende Glanz der Kaiserwürde fast völlig erloschen. Die Auflösung des Reiches in Territorien näherte sich ihrem Höhepunkt, und neben den politischen wurden auch geistige Schlagbäume errichtet. Die wahrhaft europäische Gesinnung des ausgehenden Mittelalters war längst zu Grabe getragen.

Unter diesen Voraussetzungen auch auf dem Gebiete der Rechtswissenschaft eine geistige Wüste zu erwarten, liegt nahe, und das mag vielleicht, zusammen mit dem ihre bescheidenen Anfänge überstrahlenden Glanz späterer Perioden, der eigentliche Grund für die bisher so wenig intensive Beschäftigung mit dieser Epoche sein.

Die Situation der Rechtswissenschaft weist zu dieser Zeit charakteristische Unterschiede gegenüber dem 16. Jahrhundert auf, die gerade für unser Thema von Bedeutung sind und daher schon oben (100) die Anbringung einer Zäsur um die Wende vom 16. zum 17. Jahrhundert als gerechtfertigt erscheinen ließen.

Wir hatten schon gesehen (101), wie bereits bald ein Jahrhundert früher unter dem Einfluß der Humanisten der blinde Autoritätsglaube an die Unantastbarkeit auch der unverständigsten Glosse einer gewissen kritischen Einstellung Platz gemacht hatte, die "unter dem Schlinggewächs der Barbarei (der Postglossatoren) den guten alten Stamm des römischen Rechts"(102) zu Tage zu fördern suchte. Diese von echter Wissenschaftlichkeit getragenen Bestrebungen, bei denen Zasius und Oldendorp als Rufer im Streit erschienen, konnten zwar jenen mittelalterlichen Autoritätsglauben zerbrechen, aber für eine Kritik am römischen Recht selbst und seiner Rezeption waren ihnen Grenzen gesetzt (103).

Noch andere Umstände kamen hinzu, die schließlich den Mißerfolg des Humanismus herbeiführten und seine Vertreter außer Stande setzten, aus eigener Kraft die Literärgeschichte der Rezeption zu eröffnen. Ein solcher war in erster Linie das mangelnde Verständnis der Humanisten für die

Bedürfnisse der juristischen Praxis. Während einerseits die gegen Postglossatoren und halbgelehrte Rechtspraktiker losgelassenen Beschimpfungen nicht selten jedes durch Würde und gute Sitten gebotene Maß überstiegen (104), liefen sich andererseits viele Humanisten bald in philologischen Spitzfindigkeiten fest. Mit ihrem enzyklopädischen Wissen und ihrem an Cicero geschliffenen Latein waren sie im Begriff, das Rechtsstudium zum Privileg einer kleinen Gelehrtengruppe zu machen. Daß umgekehrt die Humanisten bei den Praktikern des Usus modernus nicht gerade beliebt sind, wird man verstehen (105). "Es ist nicht zu bestreiten, daß die Wissenschaft des Rechts (damals) zum Teil in einer erträumten Welt lebte" (106). So konnte der Humanismus selbst sein Nahziel, die Überwindung des mos Italicus, nirgends ganz erreichen, am wenigsten in Italien (107).

Der entscheidende Anstoß mußte demnach aus einer ganz anderen Richtung kommen. Er kam aus der juristischen Praxis, die nie wieder einen so starken Einfluß auf die Rechtswissenschaft ausgeübt hat wie damals und die bezeichnenderweise ihrer Epoche auch den Namen gegeben hat (108). Ihr war vor allem die wenig dankbare Aufgabe gestellt, das durch den oft wahllosen Rezeptionsvorgang entstandene Konglomerat von römischem und deutschem Recht den Forderungen des Tages nutzbar zu machen. Den Humanisten verwandt insofern, als ein autoritätenfeindliches, wissenschaftliches Denken auch ihre Arbeiten beherrschte, konnten diesen Männern mit ihrem nüchtern-kritischen Sinn Mängel des römischen Rechts nicht verborgen bleiben.

Unter diesen Voraussetzungen lag es nahe, auch noch die letzten geistigen Grundlagen der schwindenden Autorität des römischen Rechts zu beseitigen und damit den Weg für eine wissenschaftliche Erforschung des römischen Rechts und seines wahren Geltungsgrundes in Deutschland freizumachen.

Dem vielseitigen Politiker, Diplomaten, Mediziner und Juristen Hermann Conring (1606-1681) kommt das Verdienst zu, die lotharische Legende widerlegt und damit die Grundlage der Geltung des römischen Rechts in Deutschland erschüttert zu haben. Allerdings hatte man an dieser schon fast ins Sagenhafte übergegangenen Legende seit Beginn des 17. Jahrhunderts nur noch ziemlich mühsam festgehalten, und so hatte sich der Widerspruch gegen die bisher ohne Prüfung übernommene, dogmenartig herrschende Meinung über die verbindliche Kraft des Corpus Juris schon seit geraumer Zeit von verschiedenen Seiten erhoben. Nachdem wohl als erster Tobias Paurmeister in seinem Tractatus de jurisdictione (1608) die Anwendbarkeit des römischen jus publicum auf die deutschen Verhältnisse bestritten hatte, heißt es wenig später in den Donauwörthischen Informationen von Sebastian Faber und Ludwig Müller (1611), daß "ipsa rei publicae Germanicae forma nicht aus den lateinischen Rechten, ... sondern vielmehr aus des Reichs löblichem Herkommen und daher rührenden alten Verfassungen u.s.w. zu nehmen" sei (109). Viele weitere Umstände zehrten noch an der Autorität des römischen Rechts; so hatte etwa Althusius in der Vorrede zu seiner Jurisprudentia Romana die Mängel des Institutionensystems in eingehender und treffender Weise dargelegt und selbst eine durchaus abweichende Gliederung des Stoffes durchgeführt (110), auch erinnerte man sich wieder mehr an Oldendorp, der neben seiner bereits gezeigten heftigen Kritik auch eine ganze Anzahl durchdachter Verbesserungsvorschläge zur Beseitigung von Übelständen, unter denen nach seiner Ansicht besonders der juristische Unterricht litt, vorgelegt hatte (111). Schließlich hatten die schon von den Humanisten des frühen 16. Jahrhunderts eingeleiteten Forschungen nach deutschen Rechtsaltertümern Fortschritte gemacht und ein beachtliches Niveau erreicht. Neben den Untersuchungen von Goldast und Freher hat vor allem Friedrich Lindenbrogs Codex legum antiquarum (1613) Bedeutung erlangt (112), blieb er doch bis ins 19. Jahrhundert hinein die wichtigste Quelle der Volksrechte und der Formeln. Als daher Conring in seiner Ausgabe der Germania (1635) die Behauptung aufstellte, das deutsche Reich sei durch gar keine Verpflichtung an das römische Recht gebunden, war zumal auf dem Gebiete des Staatsrechts, auf dem eine nennenswerte Rezeption in der Tat auch nicht erfolgt war, schon vieles vorbereitet (113). Geschmälert wird aber hierdurch die Größe und Originalität der Leistung Conrings in keiner Weise.

Den entscheidenden Anstoß gab jedoch erst Conrings Hauptwerk "De origine juris Germanici", das in einem Zeitpunkt erschien, da Conring sich erst verhältnismäßig kurze Zeit mit der Jurisprudenz beschäftigt hatte. Die nicht mehr abreißenden Streitigkeiten über den Geltungsgrund des justinianischen Rechts in Deutschland, in die sein Freund Calixt verwickelt worden war (114), hatten Conrings Interesse auf rechtsgeschichtliche Fragen gelenkt. So ließ er am 1. März 1643 sein Werk "De origine juris Germanici liber unus" erscheinen. Die ungeheuere Wirkung, die von diesem Buche ausgehen sollte, hat er, entgegen v. Moeller (115), wohl kaum voraussehen können. In einem kunstvollen Aufbau (116) führt Conring den Leser in den ersten 19 Kapiteln durch die Geschichte des Rechts der deutschen Völker vom 5. bis zum 12. Jahrhundert. Mit dem 20. Kapitel setzen seine großen Thesen ein. Er zeigt zunächst, daß das römische Recht in Italien und Gallien nie ganz aus dem Gebrauch verdrängt worden war (117). Nicht nur zweifelhaft, sondern unwahr sei es, daß die justinianischen Gesetze auf Geheiß Kaiser Lothar II in die Rechtsschulen eingeführt worden seien (Kap. 21), ebenso wenig seien sie auf sein Geheiß bei den Gerichten in Italien zum ausschließlichen Gebrauch eingeführt worden (Kap. 22). Tatsächlich sei dagegen das römische Recht von Irnerius, vielleicht auf Zureden der Gräfin Mathilde, in wissenschaftlichem Interesse neu belebt worden. Sein vortrefflicher Inhalt habe ihm Bewunderung erworben, das Neue an seiner Weisheit habe seine Anziehungskraft gesteigert. So habe sich in den romanischen Ländern, wo es ja nie ganz außer Gebrauch gekommen war, von selbst eine Steigerung seines Gebrauches ergeben (Kap. 23). Auch in Deutschland sei das römische Recht nicht auf kaiserlichen Befehl eingeführt worden. Vor dem 15. Jahrhundert sei es in Deutschland kaum bekannt, jedenfalls nicht im Gebrauch gewesen (Kap. 24). An den deutschen Gerichten sei überhaupt von der Zeit der Karolinger bis zum 13. Jahrhundert nur nach ungeschriebenem Recht geurteilt worden (Kap. 25). Dann sei das päpstliche Recht nach Deutschland gekommen, und es seien auch in Deutschland Gesetze erlassen, Stadtrechte, Schwabenspiegel und Sachsenspiegel aufgezeichnet worden (Kap. 26-31). Mit dem 16. Jahrhundert beginne der Einfluß der Doktoren in Rat und Gericht, ungleich an den einzelnen Orten, immer sichtbarer zu werden (Kap. 32). Das römische Recht sei nun an den neugegründeten Universitäten gelehrt und dem Reichskammergericht zur Anwendung vorgeschrieben worden; an den übrigen Gerichten sei es durch stillschweigende Gewohnheit in Gebrauch gekommen. Daneben habe sich aber auch viel altes deutsches Recht erhalten, und die Reichsstände hätten die Befugnis, neues, dem römischen widersprechendes Recht einzuführen, nicht verloren. Daher sei das römische Recht niemals und nirgends in allen Stücken rezipiert, sondern nach freiem Ermessen der einzelnen Stände des Reiches; diese seien daher befugt, es auch wieder ganz abzuschaffen. Deutschland sei nicht an das römische Recht gebunden, weder nach göttlicher Ordnung, noch weil es etwa ein Bestandteil des römischen Reiches sei (Kap. 33). Im letzten Kapitel folgt eine Darstellung des gegenwärtigen Rechtszustandes, und dann beschäftigt sich Conring mit der Frage einer Reform des Rechts. Er ist der Ansicht, daß die neuen Gesetze kurz, klar und in deutscher Sprache geschrieben sein müßten.

Anfängliche heftige Anfeindungen verhältnismäßig schnell überwindend (118), schuf diese Schrift ein völlig neues Rechtsbewußtsein. Die Rezeption wurde jetzt als ein historischer, daher durch eigenes Wollen beeinflußbarer und umkehrbarer Vorgang angesehen. Damit begann ein neues und freieres Verhältnis zu den Quellen des gemeinen Rechts. Aus einem in seiner Ganzheit verbindlichen Gesetzbuch wurde das Corpus Juris zur bloßen Gewohnheit (119).

Eine solche Situation mußte eine kritische Stellungnahme über den Wert oder Unwert der soeben erkannten Rezeption nahe legen. Aber dem nüchternen Sinn der Praktiker, die diese Bewegung trugen, waren solche grundsätzlichen Erwägungen fremd. Ihre Untersuchungen wollten in erster Linie nützen; wissenschaftliche glänzende Leistungen wurden ohnehin durch Kriegsnöte, Glaubensverfolgungen und territoriale Enge hintangehalten.

Immerhin zeigen sich Ansätze, die ihren nicht zu unterschätzenden Wert dadurch erhalten, daß mit ihnen zum ersten Male ein Urteil in voller und richtiger Erkenntnis des historischen Rezeptionsvorganges abgegeben wird. Frei sowohl vom mittelalterlichen Autoritätenglauben wie von der humanistischen Vorstellung der unbedingten Überlegenheit der Antike, enthalten diese Urteile einen echten Beginn der Literärgeschichte der Rezeption.

1. An erster Stelle erscheint natürlich Hermann Conring selbst als berufener Sprecher. Sein Urteil über die Rezeption ist außerordentlich massvoll; es läßt sich überhaupt nur indirekt feststellen, nämlich an seinen Werturteilen über das römische und deutsche Recht sowie an seinen Reformvorschlägen.

In der Vorrede zu seinem Hauptwerk (120) ist ein Zusatz "De juris publici Justinianei in Germania autoritate" abgedruckt, der einen Angriff Tabors wiedergibt: "Haud quaquam temere aut perperam fecerimus, si fontem boni et aequi plane divinum, Juris Romani, etjam in hac parte (nämlich im Staatsrecht) adeamus". Diese hohen Eigenschaften des römischen Rechts bestreitet Conring nicht, sondern nur seine Geltung: "Scilicet ita sese res habet. Justinianeae leges magnae apud prudentes omnes sunt existimationis; vim tamen (im Staatsrecht) non habent". Dann aber fährt er fort: "In Hebraeis legibus multa longe sapientius et aequius instituta invenire: nec tamen illa Germaniam obstringere arbitramur" (121). Er ist also von den Qualitäten des römischen Rechts durchaus überzeugt, ohne es jedoch für das beste Recht zu halten; die Gleichung römisches Recht = ratio scripta liegt offenbar noch fern. Jedenfalls aber fällt kein Wort des Tadels über den so ausführlich untersuchten Rezeptionsvorgang (122); die in Italien beginnende Beschäftigung mit dem römischen Recht wird auf dessen vorzügliche Eigenschaften zurückgeführt (123): "... insignem illam aequitatis et prudentiae novam opinionem". Auf der anderen Seite will Conring aber auch die deutschen Rechtsquellen in der ihnen zukommenden Weise gewürdigt sehen: (124): "Nefas autem foret, si secundum solas Romanas leges vivendum esset". Bei seinen Reformvorschlägen im letzten Kapitel denkt er keineswegs an eine Beseitigung des rezipierten römischen Rechts (125): "Ex Romanis et Canonicis legibus, ex responsis doctorum, ex consuetudinibus et juribus statuariis, in singulis regionibus in compendium contrahatur populari lingua, omnibus et inutilibus et antiquitatis et obscurioribus resectis ..." Aus Gründen, auf die unten noch näher einzugehen sein wird (126), muß an dieser Stelle noch auf die scharfe Ablehnung des kanonischen Rechts durch Conring, den überzeugten Protestanten, hingewiesen werden (127): "Certe plus longe mali ab illo (pontificio) jure est enatum quam boni".

Es zeigt sich also eine gleichmäßig zurückhaltende Stellungnahme Conrings sowohl dem römischen als auch dem deutschen Recht gegenüber. Als wesentlich erscheint jedoch die Tatsache, daß Conring in seinen Reformvorschlägen nicht an eine Abschaffung des römischen Rechts denkt, sondern es wiederverwenden will. Daraus läßt sich schließen, daß Conring der Rezeption des römischen Rechts in Deutschland überwiegend positiv gegenüberstand; wenn er überhaupt etwas an ihr auszusetzten hatte, so konnte sich dies nur noch auf die Art und Weise ihrer Durchführung bezogen haben. Als Grundtendenz der Ansicht Conrings dürfte sich feststellen lassen, daß er als echter Vertreter des Usus modernus (vor allem seine Reformvorschläge weisen ihn als solchen aus) die Tatsache der Rezeption respektierte und daher bemüht war, sich mit ihr in einer für die Allgemeinheit förderlichen Weise auseinanderzusetzen. Für eine Darstellung tiefgründiger Werturteile hatte er keine Zeit.

2. Eine ähnliche Grundstimmung läßt sich auch bei den übrigen führenden Köpfen des Usus modernus beobachten. Dabei hat sich wohl noch am meisten Johann Schilter (1632-1705) für eine stärkere Beachtung der deutschen Rechtsquellen eingesetzt (128). Daß er sich, wie alle Autoren der führenden Lehrbücher des Usus modernus, hinsichtlich des Geltungs-

grundes des römischen Rechts in Deutschland Conring anschließt, erfahren wir gleich zu Anfang seines Hauptwerkes (129), wo er einen an ihn gerichteten Brief Conrings abdruckt, in dem es heißt (130): "Ego sane plurimum mihi simul gratulor, meas de jure Germanico sententias Te quoque approbatorem invenisse ..." Schilter selbst schreibt in der Vorrede zu diesem Werk: "Haec cum animo meo diligentius perpendens, interdum doleo vicem Germaniae, interdum irascor his, qui quod prudentes omnium seculorum, omniumque gentium incolarunt, noluerint attendere, hoc unicum agentes, ut jus patrium atque nativum abrogaretur, et peregrinum acciperetur: vicissim laetor, tum quod peregrinas quaerentes leges in Romanas inciderint, perfectius jurisprudentiae exemplae exhibentes, tum quod nec illae in totum receptae, nec hoc, nostrum, in universum abolitum". Eine sehr geschmeidige Stellungnahme also, die zwar das Rezipieren fremder Rechte allgemein verurteilt, sich auch über die erhalten gebliebenen Reste des deutschen Rechts freut, aber speziell die Rezeption des römischen Rechts in Deutschland dann doch wieder begrüßt. Gleichwohl muß Schilter damals schon als recht "germanistisch" empfunden worden sein; bereits die Zeitgenossen hatten offenbar erkannt, daß Schilter, mochte er auch die Rezeption in complexu zugeben, doch immer bemüht war, zu deutschrechtlich begründeten Ergebnissen zu gelangen. Diese Ergebnisse hatte wohl Christian Thomasius im Auge, wenn er bei der Herausgabe einer späteren Auflage von Schilters Praxis schreibt (131): "Etenim etsi in hypothesi ... a nobis dissentiret (132), in multis tamen conclusionibus fovet nobiscum unam eandemque sententiam".

Gleichwohl ist Schilter aber auch mindestens ebenso sehr ein Freund des römischen Rechts. Das geht aus einer Äußerung hervor, mit der er das römische Recht gegen Angriffe in Schutz nimmt, über deren Urheber er das abfällige Urteil findet (133): "Cum artem juris Romani numquam penetrarint, id tamen operose agunt, ut eandem exagitent, reformant, supprimant, prudentiam a justitia et utile a justo separent".

3. Zu den bedeutenderen Lehrern und Praktikern des Usus modernus zählt auch Georg Adam Struve (1619-1692), der als eine die Folgezeit sehr beeinflussende Persönlichkeit durchaus neben Carpzow gestellt werden kann (134). Sein Institutionenlehrbuch, "der kleine Struv" (135), blieb bis ins 19. Jahrhundert hinein das beliebteste seiner Art. Wichtiger ist für uns eines seiner größeren Werke (136), in dem er in einer eingangs durchgeführten Untersuchung über den Geltungsgrund des römischen Rechts in Deutschland auf Conring verweist unter ausdrücklicher Ablehnung von Tabor (137). Jedoch ein Werturteil findet sich hier ebenso wenig wie bei der anschließend dargestellten (138) Rezeption des kanonischen Rechts. Wohl aber hebt er die Eigenschaften des römischen Rechts lobend hervor ("acerrimo judicio summa prudentia et experientia"); wegen dieser Eigenschaften sei es in Deutschland rezipiert worden (139). Aber auch das deutsche Recht erhält seinen Platz; das römische sei nur "jus commune deficientibus specialibus et particularibus constitutum" (140). Struve weist damit offenbar eine starke Verwandtschaft zu Conring auf; ebenso wie dieser stand er der Rezeption

zwar nicht ablehnend, aber auch nicht mit überschwenglicher Begeisterung gegenüber.

4. Einer der letzten, bereits an der Schwelle zum Naturrecht stehenden Gelehrten des Usus modernus war Samuel Stryk (1668-1715), dessen Hauptwerk seiner Epoche den Namen verliehen hat. In seinem Usus Modernus Pandectarum stellt er in der Einleitung die Rezeptionsgeschichte des römischen Rechts mit bisher noch nicht erreichter Ausführlichkeit dar (141), dabei schließt er sich der Auffassung von Conring an (142). Die Lotharlegende war zu diesem Zeitpunkt offenbar schon völlig überwunden, er tut sie kurz ab (143): "Non repetam illam controversiam ..." Vom römischen Recht hat er eine hohe Meinung, an einer Stelle erscheint es als (144) "lex Romana, ... quae est omnium humanarum legum mater". Immerhin gedenkt er auch kurz der deutschen Rechtsquellen (145): "Non tamen ita, omnino solis legibus Romanis vivendum esset in Germania". Im ganzen aber war Stryk der eifrigste "Romanist" unter den Gelehrten des Usus modernus. Er widmet der Verherrlichung des römischen Rechts einen besonderen Abschnitt in seinem Usus Modernus Pandectarum, den er selbst mit "Encomium juris Romani" überschreibt, und in dem er u.a. ausführt (146): "Atqui vero quid gloriosius imperio nostro ejusque legibus esse poterit, quam quod insigni aequitate nitantur et magna veneratione ab omnibus Europae populis receptae? Subjiciam magni Grotii judicium de jure nostro civile, quod (Epist. ad Gallos 156) sequentibus exprimit: (es folgt ein längeres Zitat, u.a.): Quicquid a Decemvirorum tempora ad Justiniani usque temporibus viri, maximo judicio et sanctitate morum et eruditione praesiti, ad firmandam illam civilem societatem reperire potuerunt, id omne in Digestis ... continetur. Tam evidens denique est ejus juris ... aequitas, ut, ad quos populos Romana arma pertingere numquam potuerunt, ut in Poloniam vicinasque gentes, justiniae suae vi triumphantes, pervenerint". Hier also zeigt sich eine starke Vorliebe für das römische Recht, die aber im Vergleich zu späteren Urteilen noch keineswegs als überheblich bezeichnet werden kann.

Die Urteile des Usus modernus erscheinen demnach im Gesamtergebnis durchaus als maßvoll, wie sie sich ja auch größtenteils nur auf indirektem Wege gewinnen ließen. Von Anhängern und Gegnern der Rezeption im später üblichen Sinne kann jedenfalls hier noch nicht die Rede sein (147). Auch hat man nicht den Eindruck, daß die Autoren ihren Urteilen größere Bedeutung beigemessen hätten, sie erfolgen mehr beiläufig im Rahmen einer größeren, praktischen Zwecken dienenden Darstellung. In der Tat mußten auch andere Fragen als wichtiger erscheinen. Um nur ein Beispiel zu nennen, so mußte sich die Praxis mit dem Ende der Lotharlegende auseinandersetzen. Wer mit Conring annahm, das römische Recht gelte in Deutschland nur Satz für Satz kraft tatsächlicher Übung, mußte jetzt für jeden Satz den historischen Nachweis der Rezeption fordern (148) und durfte auch die Beseitigung rezipierter Sätze durch derogierende Gewohnheit für möglich halten. Es setzte sich jedoch eine andere Auffassung durch (149), nach der sich die Rezeption durch Gebrauch und Übung nicht bloß auf Einzelheiten, sondern auf das Ganze bezog. Diese Ansicht war justizpolitisch sicherlich auch die glücklichere, wäre doch sonst das durch die Statutentheorie sorgfältig eingespielte, für die Einheit der Rechtssprechung fundamentale Verhältnis zwischen gemeinem und territorialem Recht in Verwirrung geraten. Jetzt hatte die Vermutung der Rezeption für sich, wer sich auf eine Stelle im Corpus Juris berief. Später bildete sich eine zweite, vereinfachende Regel heraus, die heute in der sprichwörtlichen Form bekannt ist: "Quicquid non agnoscit glossa non agnoscit curia" (150).

Schon zum Eingang dieses Kapitels wurde dargelegt, daß die Tätigkeit der Praktiker des Usus modernus noch nicht die ihr zukommende Würdigung erfahren hat. Es ist nicht Aufgabe dieser Arbeit, eine solche zu versuchen. Sicher ist aber, daß diese Praktiker die Fundamente schufen, auf denen eine spätere, glücklichere Rechtsentwicklung aufbauen konnte. Das gilt für die allgemeine Rechtslehre wie auch für die Legende der Rezeption, die hier ihren, wenn auch nicht stürmischen, Anfang nimmt. Am treffendsten scheint Wesenberg (151) die Arbeit dieser Männer gewürdigt zu haben, wenn er ihr folgende kurze Bemerkung widmet: "Die Bestrebungen der humanistischen Juristen wurden damit als ein rein antiquarisches, für die Beherrschung der Gegenwart unnützes Stoffsammeln, diejenigen des Naturrechts als vielleicht de lege ferenda interessant, de lege lata aber mehr Verwirrung stiftend, als die Erkenntnis fördernd, abgelehnt. Der Usus modernus war positivistisch, aber lebensnah und diente einem wirklichen Bedürfnis".

3. Kapitel

DIE REZEPTION AUS DER PERSPEKTIVE DER NATURRECHTLER

Unsere Untersuchung, die die Anfänge der Literärgeschichte der Rezeption bereits hinter sich gebracht hat, befindet sich jetzt etwa kurz vor der Schwelle zum 18. Jahrhundert und steht damit am Eingang der für die europäische Rechtsentwicklung so bedeutsamen Epoche des Naturrechts.

Der Gedanke des Naturrechts war an sich nicht neu: In der griechischen Philosophie wurzelnd und seitdem in Ausgestaltung und Bedeutung wechselnden Geschicken unterworfen, hatte er im Verlauf der Geschichte stets eine Rolle gespielt (152), besonders im Kirchenrecht (153). Neu ist dagegen seine nunmehr beginnende Abkehr vom Philosophisch-Theologischen und seine Nutzbarmachung als ein erlernbares System von Regeln. War das Naturrecht bei Grotius durchaus noch kein Gesetzbuch, aus dem man eine Entscheidung für den Einzelfall herausholen konnte, so gewinnt es diesen Charakter bei Christian Wolf (1679-1754), besonders im Privatrecht (154).

Freilich war es kein Zufall oder eine Professorenlaune, daß die Rechtsentwicklung diese Richtung nahm. Eine Epoche, die die größten Namen der mit Leibnitz und Newton ihren Höhepunkt erreichenden abendländischen Wissenschaftsgeschichte umschloß, mußte aus den Endeckungen der Philosophen, Naturwissenschaftler und Politiker einen neuen Glauben an die Kraft der menschlichen Ratio erwachsen lassen. Dem mathematischen Denken und dem naturwissenschaftlichen Experiment schienen keine Grenzen mehr gesetzt. Aber nicht nur die Natur, die Gesetzmäßigkeit des ganzen menschlichen Lebens schien sich jetzt zu enthüllen, die Vernunft auch die Grundsätze der sozialen Ordnung zu offenbaren (155). Die im einzelnen unterschiedlichen Auffassungen innerhalb der "Sammelbezeichnung Naturrecht" (156) interessieren hier nicht weiter (157), es genügt, sich darüber klar zu werden, daß jetzt als Quelle des Rechts nicht mehr die göttliche Ordnung oder die staatliche Satzung, sondern die Vernunft des Menschen zu betrachten ist. Nicht mehr sollen äußere Legalität und Autorität des Gesetzes entscheiden, sondern "das innere, den Menschen eingeborene Recht" (158), das dem positiven Recht überlegen und mit universellem Geltungsanspruch ausgestattet ist: "Haec disciplina non solos Christianos, sed universum mortalium genus spectat" (159).

Erscheinen schon diese Grundtendenzen als geborene Gegner eines Jahrhunderte alten, in der Lehre längst erstarrten und auch in der Praxis nur mühsam fortgebildeten Rechtssystems, so verlor das römische Recht, so wie es uns im 18. Jahrhundert begegnet, durch die vor allem gegen Ende der Naturrechtsepoche einsetzenden Kodifikationen stark an Boden, so daß wir bei Beginn des 19. Jahrhunderts im überwiegenden Teil Deutschlands das gemeine Recht nicht mehr in Kraft sehen. In der Tat wurden, je weiter die Rezeption zurücklag, desto mehr Schwierigkeiten in der Anwendung des Corpus Juris offenbar. Nicht nur drängten immer neue Lebensformen entsprechend der wirtschaftlichen und kulturellen Entwicklung zu rechtlicher Berücksichtigung, sondern es war inzwischen auch so vieles als ungebräuchlich erkannt worden, daß beträchtliche Lücken im Justinianeischen Gesetzgebungswerk entstanden waren. Ein allen Anforderungen genügendes, logisch geschlossenes System an die Stelle des in seinem exegetischen Verfahren jede Systematik fernhaltenden älteren gemeinen Rechts treten zu lassen, mußte als eine große, verlockende und der menschlichen Vernunft wahrhaft würdige Aufgabe erscheinen (160).

Führten also das Naturrecht und die aus ihm entspringenden Kodifikationen zu einem Schwinden des Einflusses und des Ansehens des römischen Rechts, so wurde diese Entwicklung durch die allgemeine politische Situation noch gefördert. Der Verfall der Reichsgewalt, schon für den Zeitraum des Usus modernus als Charakteristikum erkannt, ging unaufhaltsam weiter; die Staatsgewalt verlagerte sich mehr und mehr auf die Territorien und das Reich wurde zu einem "auf schwankender Konstruktion ruhenden Dach, in das die Stürme der Geschichte immer neue Löcher rissen, ohne daß jemand die Lust oder die Kraft gehabt hätte, sie zu reparieren" (161). Unter diesen Umständen mußte das römische Recht als Reichsrecht und demgemäß sein Studium an Bedeutung verlieren. Beobachtet Koschaker (162) im 18. Jahrhundert in Europa allgemein einen Zustand der Stagnation des römischen Rechts, so mußte sich diese in Deutschland besonders empfindlich bemerkbar machen. Zu weit geht es freilich, wenn Savigny (163) und Jhering (164) aus diesem Grunde der Epoche des späten Naturrechts ganz allgemein Geschmack- und Geistlosigkeit, Sprachmengerei und Autoritätenglauben nachsagen (165).

Für die Legende der Rezeption liegt die Bedeutung des Naturrechts in erster Linie darin, daß jetzt, da man römisches und Naturrecht gegenüberstellen konnte, erstmalig eine echte Vergleichsmöglichkeit besteht. Das deutsche Recht, durch die Jahrhunderte lange Anwendung des Fremdrechts vielerorts fast gänzlich verschüttet, in der Rechtspraxis auch nach Conring nur unzulänglich bekannt und in der Rechtslehre bis auf Thomasius gar ignoriert (166), ließ sich gegenüber dem Koloß des römischen Rechts kaum als eine genügend feste Vergleichsbasis verwenden. Dagegen bot sich jetzt das Naturrecht dazu an, besonders in der zweiten Hälfte des 18. Jahrhunderts, als es schon zu einem lückenlosen, für die Kodifikationen richtungsweisenden System ausgebaut war. Wenn Christian Wolf gar bei der Behandlung praktischer Fälle der römisch-rechtlichen Lösung öfter die naturrechtliche gegenüberzustellen pflegte (167), so mußte die Bereitschaft zu einem Wertvergleich und zur Kritik am römischen Recht und seiner Rezeption geradezu herausgefordert werden. "Bisher war man gewöhnt gewesen, in den Gedanken des fremden Rechts, welche als die allein wahren und möglichen erschienen, weiter zu arbeiten; jetzt beginnt man, in teilweiser Emanzipation von dem positiven Recht der Römer das Rechtssystem zu entwickeln, und dem römischen Recht entgegengesetzte Grundsätze zu verteidigen" (168).

Gleichzeitig ist eine kräftige Aufwärtsentwicklung der germanistischen Forschung zu beobachten (169). Es erscheinen erstmalig größere Darstellungen des deutschen Privatrechts, z.B. diejenigen von Heineccius, Runde und Danz. "Zwar beseitigte die naturrechtliche Invasion vieles bis dahin vom fremden Recht unversehrt gebliebens mittelalterliches deutsches Recht, aber zugleich unendlich viel rezipiertes römisches Recht. Und was sie als Ersatz brachte, das war gerade in seinem fruchtbarsten Kern von germanischem Fleisch und Blut" (170). Es ist indessen verständlich, daß von dieser Seite her noch keine bedeutende Kritik an der Rezeption zu vernehmen ist.

Daß also von Naturrechtlern, vor allem in der zweiten Generation der "Analytiker" (171) Kritik, ja manchmal heftige Kritik an der Rezeption geübt wurde, wird nach dem Gesagten nicht mehr überraschen. Allerdings darf diese Beobachtung im Verein mit der Tatsache, daß die Situation für das römische Recht allgemein nicht günstig war, nicht zu dem Schluß verleiten, daß das 18. Jahrhundert das römische Recht rundweg abgelehnt habe. Im Gegenteil sind, wie sich gleich zeigen wird, nicht wenige Naturrechtler sogar als ausgesprochene Freunde des römischen Rechts anzusehen.

1. So etwa war die Stellungnahme des G r o t i u s , - "kein Romanist, aber ein tiefer Kenner des römischen Rechts und der Antike" (172) -, eine so durchaus wohlwollende, daß Samuel Stryk für sein "Encomium juris Romani" ihn ausführlich zitiert; dieses Urteil ist bereits oben wiedergegeben worden (173). Freilich dürfte dieses günstige Urteil Grotius' mehr auf seine innige Berührung mit der antiken Kultur überhaupt, als auf eingehende Beschäftigung mit dem römischen Privatrecht zurückzuführen sein. Denn wie er auch seine 1599 begonnene Anwaltpraxis, die ihn nicht sonderlich befriedigte, bald wieder aufgab (174), so war auch seine Beschäftigung mit dem römischen Privatrecht eine mehr peripherische. So zeigt bereits der Titel seines einzigen, dieser Materie gewidmeten Werkes (175), daß er hiermit nicht mehr als eine Huldigung an den juristischen Geist der Römer darbringen wollte (176), wie er auch seine Reimvorrede mit den bescheidenen Worten abschließt: "... nos flores, munera parva, damus". Noch weniger hat sich Grotius mit dem deutschen Recht befaßt. Zwar hatte Grotius im Juli 1639 seiner "Inleidinge" eine Reihe auf den Sachsenspiegel und andere germanische Rechtsquellen hinweisenden Zusätze angefügt, indessen kann, wie Thieme (177) bemerkt, hierin eine Wendung des Autors zum germanischen Recht nicht erblickt werden. Indessen ist sicher, daß Grotius trotz seiner Verehrung für das römische Recht von dem blinden Eifer der Rezeptionsjuristen weit entfernt war und auch das römische Recht nur nach Vernunft und Billigkeit anwandte (178). Vor allem hat Grotius die Bedeutung der ungeschriebenen Gewohnheiten wieder stärker betont. Es heißt einmal bei ihm (179): "Leges optimae sunt, si breves, faciles, paucae numero, moribus populi et publico bono commodae". Diesen stellt er die "leges tyrannidae nec moribus et utilitatibus publicis

accomodae" gegenüber. Dann fährt er fort (180): "Mores haud dubie plus possunt quam leges, et legibus vim dant aut adimunt".

2. Ebenfalls zur ersten Generation der Naturrechtler ist Samuel Pufendorf (1632-1694) zu zählen, der, dem Einfluß von Machiavelli und Bodin in eigenständiger Denkungsart nicht erliegend, als der eigentliche Begründer der Naturrechtsschule in Deutschland angesehen werden kann (181). Vorzugsweise für Philosophie und Staatsrecht interessiert, befaßte er sich freilich zunächst mit Gebieten, auf denen eine nennenswerte Rezeption nicht erfolgt war; demgemäß ergriff er auch nur selten die Gelegenheit, sich mit Fragen des römischen Rechts auseinanderzusetzen. In seinen Hauptwerken (182) findet sich jedenfalls keine Stellungnahme zur Rezeption. Wohl war er ein gründlicher Kenner des römischen Rechts, dem er fast überall folgt, wenn er auch gelegentlich deutsche Rechtsquellen erwähnt (183). Offenbar war er aber alles andere als ein Gegner des ersteren; so bemerkt Mascow, der 1744 Pufendorfs Jus naturae et gentium mit Noten herausgab (184): "Neque mirari nos debet, quod civilia magis quam naturalia sequi videtur. Selegit enim de jure civili ea placita, quae rationem habent naturalem, eoque juris studiosis gratiorem praestit operam, quam si regulis metaphysicis et ab usu vitae civilis alienis usus essent". Diese Sätze sind, wie wir noch sehen werden, für die Auffassung der Naturrechtler allgemein typisch.

3. Mögen unter den führenden Geistern des deutschen Naturrechts Pufendorf als der bedeutendste Vertreter und eigentliche Begründer der Naturrechtsschule in Deutschland und Svarez als der hauptsächliche Schöpfer des ALR den nachhaltigsten Einfluß auf die fernere Rechtsentwicklung ausgeübt haben, so muß doch für die Zwecke unserer Darstellung Christian Thomasius (1655-1728) den ersten Platz einnehmen, denn selten hat man aus berufenem Munde so eindringliche Kritik an der Rezeption gehört wie von ihm (185). Seine umstrittene Bedeutung als Philosoph (186) kann hier dahin gestellt bleiben; sicher ist jedenfalls, daß sich seine Vorurteilslosigkeit, sein Individualismus sowie seine "zuweilen an das Geschmacklose und Triviale grenzende Freigeisterei" (187) nicht mit der Annahme vertrug, daß in Deutschland fremdes Recht unbedingt herrschen und entscheiden sollte, um so mehr, als er es teilweise im Widerspruch mit dem nationalen und dem Naturrecht fand. Ebenso ermahnte er eindringlich, deutsches Recht in deutscher Sprache zu lehren (188); er gab die erste wissenschaftliche Monatsschrift in deutscher Sprache heraus (189), regte eine große Anzahl deutschrechtlicher Dissertationen an (190) und veranlaßte eine Neuausgabe des Sachsenspiegels, der schon seit über 100 Jahren nicht mehr gedruckt und ebenso wie der Schwabenspiegel bereits recht schwierig zu erhalten war (191).

Gegen das römische Recht ging Thomasius, besonders in seinen späteren Jahren, mit äußerst scharfen Worten vor; er versuchte, seine innere Mangelhaftigkeit und geringe Anwendbarkeit in Deutschland zu erweisen (192). Es fehlte nicht an drastischen Verurteilungen des römischen Rechts. So äußerte er (193): "Die mosaischen Gesetze sind die besten, und dermaßen gut, daß das verhungerte Corpus Juris sich vor ihnen verkriechen müßte"(194). An anderer Stelle meinte er (195), "daß beynahe kein abgeschmackter und einfältiger Buch sey als des Justiniani Institutiones". Nicht weniger kräftig verurteilte Thomasius das römische Recht und seine Rezeption in den Anmerkungen zum Testament des Melchior von Osse (1717). Hier schreibt er (196): "Ob es in Deutschland besser um das Recht und die Gerechtigkeit gestanden, ehe die geschriebenen Rechte, sowohl das päpstliche wie das römische und deren Gebrauch darinnen eingeführt worden? Dieses bejahe ich, auch wider die Autoren, weil das Recht sowohl an sich selber in schlichten und leicht zu begreifenden Regeln bestanden, auch der Prozeß nicht so verwirret war, und alle Fürsten, Bürger und Bauern, wenn sie gleich nicht lateinisch verstunden, ja wohl weder lesen noch schreiben konnten, sowohl das Recht als den Prozeß innehatten; dagegen wurde durch den Mischmasch der geschriebenen päpstlichen und kaiserlichen Rechte mit den deutschen Gewohnheiten ein verwirrtes ungewisses Recht sowohl als auch ein langwieriger Prozeß eingeführt. Und obwohl nicht zu leugnen, daß etliche Gewohnheiten derer Deutschen eine Ausbesserung nötig hatten, so steht doch kein Zweifel, daß durch die Einführung derer päpstlichen und kaiserlichen Rechte diese Verbesserung so gar nicht geschehen ... daß das alte deutsche Faust- und Kolbenrecht für fast erträglicher zu achten, als die heutigen ewigwährenden unsterblichen Prozesse". Als ein Hauptübel der Rezeption sieht er die Entstehung des gelehrten Juristenstandes an (197): "Diese Gelehrtheit hat aber nicht allein dem Justizwesen nichts geholfen, sondern sie ist vielmehr eine von den vornehmsten Ursachen, wodurch die schleunige Administrierung unparteiischer Justiz, ohne welche keine Regimentsart glücklich sein kann, ist gehindert worden, und daraus langwierige und unendliche Prozesse entstanden sind. Ja solange diese Gelehrtheit noch an den Höfen herrscht, ist keine Hoffnung vorhanden, daß dieses Unwesen könnte gebessert werden". Weiter heißt es (198): "Das Justinianische Recht hat mit dem deutschen eine ebensolche Verwandtschaft wie das türkische oder chinesische". Schließlich bemängelt Thomasius, daß die Humanisten als Hauptträger der Rezeption größtenteils Franzosen oder Italiener waren (199).

Auch da, wo Thomasius lateinisch schreibt, geht er nicht minder scharf gegen das römische Recht vor. So beklagt er, nachdem er den großen Unterschied zwischen der römischen und der deutschen Rechtsauffassung hervorgehoben hat (200), schädliche Folgen der Rezeption (201): "Quamvis multiplicatio litium, usurpato hoc jure, simul ex eo appareat ..." Ebenso beklagt er die Verdrängung des deutschen Rechts (202): "Neque tamen diffitendum, legistas cum semel obtinuissent receptionem juris Romani in Cameram, tamquam juris subsidiarii, non contentos fuisse hac tolerantia, sed etjam intendisse, ut jus Romanum tamquam jus ordinarium reciperetur, et mores Germaniae pedetentim supprimerentur. Hinc obtinuerunt, ut in ordinatione Camerali Augustana de 1500, § 18, jus repraesentationis Collateralium in successione ab intestato approbaretur, et contrariae Germanorum consuetudines abrogarentur" (es folgen noch zwei weitere Beispiele). Auch hier bestreitet Thomasius die Geltung des größten Teils des rezipierten Rechts (203): "Et tamen hoc juris Romani progressu evidente, ausus sum saepius asserere, juris Justinianei et Pandectarum inprimis vix decimam vel vigesimam partem esse in usu in foris Germaniae". Wie in vielen seiner Schriften, so erhebt er auch hier zum Schluß die dringende Forderung, das einheimische Recht zu studieren (204): "Non debebant negligi a studiosis juris principia philosophiae moralis et prudentiae civilis, minime vero omnium jura patria" (205). An gleicher Stelle empfiehlt er aber auch das Studium des römischen Rechts als notwendig und nützlich.

Mit diesem Kampf gegen das römische Recht fand Thomasius im Laufe der Zeit einen recht beachtlichen Anklang; auf sein Wirken war es in erster Linie zurückzuführen, wenn wenig später gelehrte Romanisten den Untergang ihrer Wissenschaft abzusehen meinten, mindestens insoweit, als ihr praktische Tragweite zukam (206). Es existiert ein zeitgenössischer Holzschnitt (207), auf dem in allegorisch-symbolischer Darstellung Thomasius zu sehen ist. In der Hand hält er ein Exemplar seiner "Cautelae circa praecognita jurisprudentiae", während er seinen Fuß auf einen zu Boden geworfenen Folianten mit der Aufschrift "Corpus Juris" setzt. Im Hintergrund öffnet sich der von ihm erschlossene Weg zum Tempel der Weisheit. Die verfallene Burg der "Scholastic" liegt, von Dornen überwuchert, zur Seite. Sie ist nur noch über eine "Eselsbrücke" zu erreichen.

So heftig diese Angriffe des Thomasius gegen das römische Recht und die Rezeption sind, so wäre es doch in wesentlichen Stücken unrichtig, wollte man aus diesem Grunde Thomasius von germanistischer Seite als Vorläufer im Kampf gegen das Fremdrecht in Anspruch nehmen (208). Mit Recht weist Erik Wolf darauf hin (209), daß seine Angriffe stark auch gegen die Kanonisten und deren Rechtslehre zielen, die er als Lutheraner entschieden ablehnt; auch hier zeigt sich wieder eine Übereinstimmung mit Conring (210). Dabei hat er nicht immer genau zwischen dem kanonischen und dem justinianeischen römischen Recht unterschieden; auch das letztere ist ihm als instrumentum regni papalis verhaßt (211): "Der Papst hat den Juristen das Corpus Juris mit dem Jure Canonico in die Hand gegeben, weil solches des Papstes Autorität zu etablieren gemacht ist, wie auch seine Gewalt und Macht zu sekundieren". Auch in seinen Anmerkungen zu Osses Testament schreibt Thomasius (213): "... wie diese verdammte Weitläufigkeit der Prozesse größtenteils dem päpstlichen Recht zuzuschreiben ist", um auch bei der Erörterung der im folgenden beschriebenen schädlichen Auswirkungen der Rezeption das päpstliche und das römische Recht durcheinander als die Schuldigen zu bezeichnen (214). Jedenfalls ist er als Praktiker immer von der Geltung des römischen Rechts in Deutschland ausgegangen (215). Wenn er sich in vielen Fällen auch über eine unpraktische und spitzfindige Auslegung der Digesten erregt hat, so suchte er dabei doch selbst auf die Quellen zurückzugehen, um so eine verbesserte Methode der Textinterpretation zu finden. Wir sehen neben heftigen Verurteilungen der "Irrtümer und Fehler" der Justinianischen Kodifikation auch Aussprüche von ihm, die Justinian und seine Helfer "tüchtig" und "löblich nennen (216).

Diese Überlegungen können aber das sehr temperamentvolle Auftreten des Thomasius gegen das römische Recht ohne Zweifel noch nicht befriedigend klären. Was dieses anbetrifft, so vereinfacht Koschaker (217) wohl etwas zu sehr, wenn er, die bedeutenderen deutschen Juristen des Usus modernus bis zum späten Naturrecht, also etwa von Conring bis Nettelbladt zusammenfassend, behauptet, diese seien durchaus keine Gegner des römischen Rechts gewesen, und Ausnahmen nur in den Fällen zuläßt, in denen Naturrechtler Abweichungen des römischen vom Naturrecht zu sehen glaubten. Diese Ansicht vermag nicht zu klären, weshalb Thomasius, wie sich aus den Quellen zeigen ließ, das römische Recht kaum als wider die Natur gerichtet, sondern fast stets mit Hinweis auf das bessere und volksverbundene deutsche Recht angreift, ebenso wenig sein Eintreten für das deutsche Recht und die Erforschung der deutschen Rechtsgeschichte, schließlich sein Bemühen um die Erhaltung und Förderung deutscher Sprache und deutscher Art, wo immer sich eine Gelegenheit dazu bot. War Thomasius also doch ein Germanist? Diese Frage muß, im Ergebnis übereinstimmend mit Koschaker, verneint werden. Thomasius trat mit dem Verstand, nicht mit dem Herzen für das deutsche Recht ein. Er fand es unnatürlich, fremde Sprachen zu sprechen, fremdes Wesen nachzuahmen, fremde Rechte zu rezipieren, wenn nicht überzeugende Vernunftgründe dafür sprachen. Hätte gewiß Jakob Grimm auch dann zum deutschen Recht gehalten, wenn dieses anerkanntermaßen schlechter gewesen wäre als das römische, weil es ihm Herzenssache war, so wird man das von Thomasius nicht sagen können. Diese innere Beziehung zum deutschen Recht erscheint aber als Charakteristikum des Germanisten unerläßlich. Als Ergebnis kann festgehalten werden, daß die Formel Koschakers "Thomasius lehnte das römische Recht nicht ab, weil es fremd, sondern nur insoweit, als es nicht naturrechtlich war" präziser und quellengetreuer lauten müßte: Er lehnte das römische Recht ab, soweit es nach seiner Meinung ebenso gute deutsche Rechtssätze gab.

4. Von den Schülern des Thomasius ragt Christian Wolf (1679-1754) heraus, "vielleicht der repräsentativste Gelehrte des deutschen Naturrechts" (218), der von Hause ein Mathematiker war und diesen Ursprung nirgends verleugnet. Von der Mathematik aus gelangte er zunächst zur Erkenntnistheorie, Logik, Politik und Moral, während er zur Rechtswissenschaft erst auf der Höhe seines Lebens fortschritt (219). Durch sein vielgerühmtes deduktives System glaubte er das jus certum herbeiführen zu können (220).

In seiner hier interessierenden Eigenschaft als Naturrechtslehrer hat Christian Wolf das römische Recht mehr als Philosoph gesehen, als daß er es wie ein praktischer Jurist behandelte; überhaupt hat er nur gelegentlich und zumeist privatissime Vorlesungen über positives Recht gehalten (221). Daher sind bei ihm Äußerungen über das römische Recht, das damals in der Praxis eine wichtigere Position einnahm als an den Universitäten, bei weitem nicht so häufig wie etwa bei Thomasius. Immerhin war er wohl kein prinzipieller Gegner des römischen Rechts, wenn er auch nicht selten

Differenzen zwischen diesem und dem Naturrecht bemerkte (222). Aus einer die Verdienste Christian Wolfs rühmenden Abhandlung seines Schülers Nettelbladt (223) von 1755 geht hervor, daß Wolf z.B. in mehreren Vorlesungsstunden die Unterschiede zwischen dem römischen und dem Naturrecht in der Reihenfolge der Institutionen auseinandersetzte. Auch hat er in verschiedenen Abhandlungen das kanonische und römische Recht, "allerdings lediglich von der Höhe des philosophischen Pythiasessels herab" (224) gegen unbillige Angriffe in Schutz genommen. Schließlich schreibt er im Vorwort zum zweiten Band seines Jus Naturae methodo scientifica pertractum (1740-1748): "Multi conquerentur de legibus romanis absurde apud nos receptis, quod ab nostris moribus abhorreant: Quod etsi verum sit de iis legibus, quae rationem sufficientem in statu rei publicae Romanae agnoscunt, adeoque Romanorum propriae recte dicuntur, earum tamen a ceteris differentiam hactenus non satis ostenderunt juris Romani interpretes. Neque enim loquimur nisi experta, qui ejus rei periculum fecimus, cum in lectionibus publicis differentias juris naturalis ac Romani secundum ordinem Institutionum explicaremus. Nullus dubito fore, ut mentem meam plenius perciperent, si vel unum titulum Institutionum hoc modo evolverimus instituti vero praesentis ratio id minime permittit!"

So erscheint Christian Wolf nicht nur als gründlicher Kenner (225) des römischen Rechts, sondern er stand diesem und damit wohl auch seiner Rezeption sicher nicht ablehnend, ja sogar eher freundlich gegenüber. Allerdings ist das Gewicht dieses Urteils - sofern man überhaupt von einem solchen sprechen will - verhältnismäßig gering. Denn zu einer tieferen Auseinandersetzung mit der Rezeption konnte Christian Wolf schon deshalb nicht gelangen, weil ihm das deutsche Recht und seine Quellen fast gänzlich unbekannt geblieben waren (226). Ebenso wie Leibniz sah er das deutsche Recht als das einer überwundenen Kulturstufe an und ließ es daher außerhalb seiner Studien.

5. Neue und den Farbenreichtum der bisher gebrachten Urteile über die Rezeption bedeutend erweiternde Argumente werden von den beiden Cocceji in die Diskussion eingeführt; dabei wird uns insbesondere Samuel von Cocceji (1679-1755) näher beschäftigen. Kernpunkt seiner Auffassung vom Naturrecht ist, daß die Vernunft sich im römischen Recht zeige, und daß, wenn es auch einige äußere Mängel habe, in seinen Grundzügen jedoch das Prinzip des Naturrechts wiederzufinden sei (227). Sein Hauptwerk zeigt diese Auffassung schon durch den Titel an (228). In diesem Werk erscheinen Naturrecht und römisches Recht ständig zusammen (229), sie sind für Cocceji ein und dasselbe. An Grotius, der doch auch schon ein großer Freund des römischen Rechts war (230), tadelt er, daß dieser nicht auch noch einen Schritt weiter ging und römisches und Naturrecht für identisch erklärte (231): "Quam infeliciter id summus vir peregerit, ex ipso tractatu (de jure belli ac pacis) apparet. Praecipuam enim juris Romani partem non ex jure naturae demonstravit ..." Seine eigene Meinung drückt er an folgender Stelle besonders treffend aus (232): "Dum enim fontes juris naturalis explicamus, principia simul juris Romani

proponimus". Im gleichen Sinne fährt er fort (233): "Ex processu hujus operis constabit, quam suaviter conclusiones juris Romani cum ratione naturali conveniant. Apparebit, inquam, nullam in legibus Romanis, quantenus in Pandectarum libris continentur, superesse iniquitatem, et ea, quae mera arbitria populi Romani, vel Praetoris, vel Senatus hactenus visa sunt, lucem ex aequitate naturali accipere." Wenig später heißt es dann noch einmal (234): "Haec principia generalia, hos fontes legum Romanorum, i.e. rationes naturae, quae in corpore illo dispersae sunt, praesenti opere proposuimus, adeoque jura Romana ex suis principiis, i.e. ex ratione naturali deduximus, eoque probavimus, jus Romanum vere ex principiis juris naturalis et gentium collectum esse".

Diese Auffassung Coccejis hat sein ganzes Lebenswerk bestimmt, insbesondere seine umfangreichen Vorarbeiten für eine preußische Kodifikation (235), deren schließlicher Mißerfolg nicht zuletzt auf die einseitige Bevorzugung des römischen Rechts zurückzuführen sein dürfte. Zwar versicherte Cocceji im Mai 1746 bei der Einreichung seines Reformplanes dem König (236): "Hauptsächlich muß das römische und lateinische Recht abgeschafft, und auf dem preußischen Fuß ein Teutsches Landrecht verfertiget werden, welches bloß sich auf die natürliche Vernunft und die Landesverfassungen gründen muß, und welches ich in einem Jahr liefern will". Indessen was Cocceji unter einem vernünftigen Recht verstand, sagte er dem König nicht. Das zeigte sich dafür drei Jahre später bei der Veröffentlichung seines Projektes eines Corpus Juris Fridericiani um so deutlicher. Hier macht er zwar einige Einschränkungen (237): Das römische Recht sei immer streitig und ungewiß gewesen, daher sei auch durch die Rezeption die Rechtsunsicherheit zunächst nur noch vermehrt worden, indem Deutschland jetzt zwei jura incerta gehabt habe. Jetzt aber sei es in eine natürliche Ordnung und in ein richtiges System gebracht worden (238). Dann aber fährt er fort (239): "Nun kann nicht geleugnet werden, daß in diesem Buch (Corpus Juris) ein unsäglicher Schatz enthalten, weil in der Tat aller Vorrat, welcher zu einem Universal-Recht erfordert wird, darin begriffen ist; und welcher in desto größerem Wert zu halten, weil die alten JCti die ihnen vorgelegten casus, da ihnen keine General-Principia vorgeschrieben waren, aus der natürlichen Vernunft dedicieren müssen; daher wohl gesagt werden kann, daß das ganze Recht der Natur, so viel es die bürgerliche Societät angeht, in dieser Compilation begriffen sei" (240). Das deutsche Recht dagegen schätzt er nicht, besonders verwirft er die neuerliche Wiederbelebung der deutschen Rechtsgeschichte, die durch das Naturrecht beachtliche Fortschritte gemacht hatte, weil dadurch die Rechtsunsicherheit nur vermehrt werde. So führt er aus (241), seine Kodifikation solle insbesondere auch die Kollision zwischen römischem und deutschem Recht beseitigen, "welches insonderheit einige neuere doctores, um die Ungewißheit der Rechte zu vermehren, privata autoritate bei den Haaren wiederhervorgezogen haben" (242). Daß dieser Entwurf bis in die Jetztzeit hinein scharfen Tadel erfahren hat, kann nicht verwundern. "Wenn König Friedrich von jedem Gesetzgeber die Übereinstimmung mit dem Volksgeist (242a) forderte, so leuchtet aus dem Corpus Juris Fridericianum doch nur Coccejis eigener Geist hervor, denn das Naturrecht, wie er es gelehrt hat, wurzelt durchaus im römischen Recht und bleibt in dessen enger Sphäre festgebannt" (243).

Ungeachtet der Tatsache, daß das einzige direkte Werturteil Coccejis über die Rezeption, das wir bemerken konnten, ein ungünstiges ist, indem sie nämlich die Rechtsunsicherheit vermehrt habe, ergibt sich doch aus den übrigen Äußerungen Coccejis zweifelsfrei, das er die Rezeption begrüßt haben muß, gab es doch davor seiner Ansicht nach in Deutschland keine auch noch so bescheidene Rechtskultur.

Erscheinen Cocceji und Thomasius in ihrer Auffassung vom römischen Recht auf den ersten Blick als Antipoden, so sind es doch - nach einem bekannten Wort - solche, die sich mit den Füßen berühren. Denn wie schon Trendelenburg (244) richtig beobachtet hat und sich auch aus den Quellen ohne große Mühe erkennen ließ, bevorzugt Cocceji das römische Recht nicht, weil es römisch ist, sondern weil es nach seiner Ansicht mit dem Naturrecht übereinstimmte, während das deutsche Recht zu unsicher sei. Die Verwirklichung des Naturrechts auf Erden war aber allen Naturrechtlern das höchste Ziel. Hielt nun Thomasius das deutsche Recht für das einfachere, billigere und natürlichere, so dachte Cocceji das Gleiche über das römische Recht. Beiden fehlt eine innere Beziehung zu einem der beiden Rechte. So liegt beiden Urteilen die gleiche Betrachtungsweise zu grunde. Wenn daher Landsberg Cocceji "Undeutschheit" (245) vorwirft, so ist das zwar im äußeren Ergebnis richtig, geht aber am Kern der Sache vorbei. Ebenso wenig, wie Thomasius als Germanist im heutigen Sinne gelten kann, dürfen wir Cocceji als einen Romanisten bezeichnen.

6. Wie wenig man, bei aller Verschiedenheit der Auffassungen, bei den Rechtsgelehrten des Naturrechts von Romanisten und Germanisten sprechen kann, zeigt auch das Beispiel von J. G. Heineccius (1681-1741), der ebenso wie Brunnquell und v.Selchow in gleicher Weise sich mit dem römischen und dem deutschen Recht befaßte, wenn auch bei ihm die Anzahl der romanistischen Arbeiten überwiegt (246). Er stellte vor allem rechtsgeschichtliche Untersuchungen an; seine Elementa juris Germanici sind wohl die erste, wenn auch modernen Systembedürfnis nicht mehr entsprechende (247) Darstellung des deutschen Privatrechts als solchen. Verständnis für die Lage des deutschen Rechts zeigt er, wenn er in der Vorrede zu diesem Werk schreibt (248): "(animadverti) ... regnare in foris nostris Romanam jurisprudentiam, sed ita regnare, ut nondum violarit hospitii jura, vel plane in exilium egerit jus patrium, sed utrumque jus locum suum ... habere". Mehrfach trat Heineccius für einen vernünftigen Ausgleich zwischen römischem und deutschem Recht ein und tadelte die, die in einseitiger Weise nur das eine Recht gelten lassen wollten (249): "Illi ergo omnes ingenii vires atque elonquentiae opes consumunt in laudando jure Romano, quod solum justum, sanctum, et juris vocabulo dignum indicant, et prae quo omne jus Germanicum magnopere sordere contendunt. Hi tantumdem ac multo plus diligentiae ad exagitandas Romanorum leges, patriamque jurisprudentiam collaudandam, conferunt". Ein

direktes Werturteil über die Rezeption vermißt man jedoch auch bei Heineccius, besonders in seiner Historia juris civilis ac Germanici. Er gibt dort zwar eine ausführliche Darstellung der Rezeption und hebt die Verdienste von Conring sehr hervor (250) - schreibt ihn allerdings auch über weite Strecken ab -, aber ein Werturteil fehlt - vielleicht, weil Conring auch kein solches Urteil fällte. Indessen lassen sich aus seinen Äußerungen über die Qualitäten des römischen und des deutschen Rechts auch in diesem Falle recht eindeutige Schlüsse ziehen. So schreibt er etwa über das römische Recht (251): "Nullum umquam post hominum memoriam opus augustius, nullum praestantius, et quod universo generi humano magis usui fuerit, in lucem prodiisse arbitramur, quam incomparabilem illum Romanae jurisprudentiae thesaurum, qui CORPUS JURIS nomine a tot saeculis manibus tritus, in foris aeque ac scholis summam autoritatem est consequutus". Es folgen noch weitere Lobsprüche über das römische Recht (bis S VII); u.a. die berühmte Äußerung des Grotius (252). Schließlich reihen sich, teils in Hexametern, teils in Prosa Angriffe auf Verächter des römischen Rechts an. Für das deutsche Recht hat Heineccius, soweit ersichtlich, sich nicht in gleicher Weise eingesetzt, im Gegenteil etwa über den Sachsenspiegel geäußert (253): "Multi hujus speculi naevi sunt, multae nugae ac naeniae, maxime ubi philosophatur auctor aut historicum agit aut jus publicum Germanicum exponere conatur".

Damit ist Heineccius in die stattliche Reihe der Naturrechtler einzuordnen, die dem römischen Recht und der Rezeption wohlwollend gegenüberstehen.

7. Heftige Verurteilungen des römischen Recht, die uns an Thomasius erinnern, hören wir dagegen bei H. Chr. v. Senckenberg (1704-1768). Hierbei ist zu bemerken, daß Senckenberg ein besonders gründlicher Kenner der deutschen Rechtquellen war (254), zum mindesten für die damalige Zeit, in der man im allgemeinen mehr geneigt war, aus Kompendien zusammenzuschreiben, als daß man sich mit den Quellen befaßte. Es verlangt daher einige Beachtung, wenn Senckenberg sein Urteil über die Rezeption in die kurzen Worte faßt (255): "Quae receptio (juris Romani) plurima Germaniae creavit mala". Im einzelnen verurteilt Senckenberg zunächst die Juristen des Rezeptionszeitalters, wobei er Zasius allerdings lobend ausnimmt (256): "Cathedrae unice jam occupaverant Juris Consulti Romano jure imbuti, nihil illis sanctum, nihil utile Reipublicae, nisi quod ex jure Romano ... hauriretur". Leider sei aber dieses Übel nicht nur auf den Schulen verbreitet gewesen, sondern habe auch auf die Praxis übergegriffen, die nun mit der größten Hartnäckigkeit daran festhalte: "non alio Jure, in foris, uti licere". Durch Besetzung der Ämter mit Rechtsgelehrten würden die heimischen Rechtssätze vollends zum Untergang verurteilt: "Hinc etjam judicandi munus, fere non, nisi jurium peritis, patriae morum vero, ex contemtu aut inscitia ignaris, concreditum ..." Auch ist Senckenberg der Ansicht, daß durch die Rezeption die Rechtssicherheit nicht gefördert worden, im Gegenteil ein ungeheueres Anschwellen der Prozesse und eine völlige Verwirrung eingetreten sei. Er nimmt sodann Bezug auf eine schon lange Zeit zurückliegende Schilderung des

Rodericus Zamorensis, eines spanischen Geographen, der sich bewundernd über das friedliche Zusammenleben der alten Deutschen ohne Gesetze geäußert hatte und fährt dann fort (257): "Videret (Rodericus, si hodie rediret) Germaniam Juris librorum tum exterorum tum indigenorum farragine abrutam; Disputationes ingentes de juribus ipsis eorumque valore; deprehenderet ubique eorum satis, qui Jura pervertere allaborarent, ita ut turbarum nec modus sit nec finis". Danach führt Senckenberg aus, daß das römische Sklavenrecht die Verschlechterung der Lage des Bauernstandes in einzelnen Gebieten herbeigeführt habe (258). Bei der nun folgenden eingehenden Darstellung der Rezeptionsgeschichte betont er besonders die Subsidiarität des fremden Rechts und sucht dessen geringe Anwendbarkeit in Deutschland zu erweisen, wobei das römische Recht sich ständig schlechte Eigenschaften nachsagen lassen muß, während es über das deutsche Recht heißt (259): "Erant haec (veteres leges) moribus nostris, et formae Reipublicae commodae, probae, certae, aequae ac bonae". In einer anderen Schrift (260) weist er - soweit ersichtlich, als erster - auf den heftigen Widerstand hin, den das Volk im 16. Jahrhundert gegen die Anwendung des fremden Rechts geleistet habe (261): "Es ist wohl kein Volk in der Welt gewesen, welches die römischen Gebräuche, Gesetze und Rechtshandlungen mehr gehasset, als das deutsche". Leider aber hätten sich diese Gefühle allmählich verloren (262): "Ja, wie es so in der Welt gehet, daß die Gewohnheit alles ändert: so hat sich auch der Haß gegen das römische Recht durch das einmal aufgelegte Joch derer Römischen Rechtsgebräuche nach und nach mehr verloren, und ein jeder endlich an dem Recht zu glauben angefangen, was ihm selbst beliebet". Wie indessen auch Thomasius das römische Recht trotz aller Anfeindungen zum Studium dringend empfohlen und nie geäußert hat, daß man das fremde Recht entfernen müsse, so scheut sich auch Senckenberg, diesen letzten Schritt zu tun und nimmt zu dieser Frage wie folgt Stellung (263): "Id vero secum pensans, facile inveniet, me eorum sectae adjicere calculum, qui Romanis debitum locum relinquunt, ita tamen, ut verae juris nostri rationi non obsint ..."

8. Wieder eine eindeutig positive Stellungnahme zur Rezeption vernehmen wir bei J.G. Darjes (1714-1791), dem Lehrer von C.G. Svarez. Zwar sollte man annehmen, daß der von diesem Gelehrten besonders vertretene Gedanke der korporativen Teilnahme des Volkes in seinen Ständen an der Staatsverwaltung seinen Blick stärker auf die deutsche Rechtsüberlieferung hätte lenken sollen (264), wie er in der Tat auch bei seinen Plänen für ein gemeines römisch-deutsches Zivilrecht an eine weitgehende Bewahrung deutschrechtlichen Gedankengutes und an eine stärkere Verschmelzung des Partikularrechts mit dem gemeinen Recht wohl gedacht hat (265). Indessen zeigt ein Blick in die Quellen, daß er überweigend ein Freund des römischen Rechts war.

Zunächst ist allerdings das römische Recht für ihn mit dem Naturrecht nicht identisch; mit dieser extremen Auffassung stand Cocceji wohl allein da. Denn in ähnlicher Weise wie Christian Wolf erörtert Darjes in seinen Institutiones Jurisprudentiae Privatae Romano-Germanicae (1740) eingangs die Frage "Quid sit diversitas inter jus naturae et positivum?", wobei er unter jus positivum das römische Recht versteht. Bei einer Darlegung des Nutzens einer systematischen Darstellungsweise der Rechtsmaterie schreibt er über das römische Recht (266): "Systematica illa pertractio sola docet, non auctoritatibus, sed rationibus, non crudelitate, sed judicio in id inquirere, quod justum est, et quomodo juris Romani praecepta ad Germanorum statum adcomodari queant. Hunc in finem ... in jure privato Romanorum, quo, mea quidem sententia, nullum umquam sol vidit illustrius, systematica methodo adornando feci periculum". Im gleichen Buch findet sich auch eine ausführliche Darstellung der Rezeption, die auf die überlegenen Qualitäten des römischen Rechts zurückgeführt wird (267): "... concedes, jura domestica fuisse admodum brevia, moribusque agrestibus accomoda, nec non particularia. Perpendes porro, jura peregrina plerisque casibus et quidem aequitati convenienter decidendis suffecisse, moribusque melioribus attemperata fuisse; et intelleges, facile fieri potuisse, ut cives ab antiqua patriae suae consuetudine sensim desuefieri coeperint". Schließlich heißt es (268): "Minime tamen ex dictis ut inferas velim, me amore Juris Justianianei ita fascinatum esse, ut mihi, que Germanis propriis sunt, mores surdeant; sed me esse in ea opinione: quod in corpore juris Justinianei sint praecepta praeclara, justa, aequitatique maxime convenientia, quae relictis legibus, quorum rationes Romanis propriae ad civitatem nostram majori cum commodo quam antiquae Germanorum consuetudines adcommodari possunt".

Bei dieser Stellungnahme von Darjes, die mit dem Schlußsatz, daß es sich heute unter dem römischen Recht besser leben lasse als nach den alten deutschen Gewohnheiten, recht bestimmt und eindeutig ausfällt, ist wiederum die rein vernunftmäßige, nationale Gesichtspunkte völlig außerhalb der Diskussion lassende Bevorzugung des römischen Rechts gut zu erkennen.

9. Während sonst die Gelehrten des Naturrechts das Bestreben zeigten, römisches und deutsches Recht zu einem usus juris Romano-Germanicus zu verschmelzen, trat gegen Ende der Naturrechtsepoche J. S. Pütter (1725-1807) für eine klare Unterscheidung beider Stoffgebiete und eine Darstellung des reinen römischen Rechts ein (269); ebenso betonte er den Wert einer "lauteren, einheimischen Rechtsgelehrsamkeit", die "von den päpstlichen und römischen Rechten unvermischt geblieben" (270). Es wird daher einleuchten, daß Pütter, wenn er auch an sich kein Gegner des römischen Rechts war, doch an der Art und Weise der Rezeption und einiger ihrer Folgen heftige Kritik übte. So schreibt er (271) von dem "irrigen Wahn" der Verbindlichkeit des römischen Rechts, "dessen Irrtum jetzt niemand mißkennet, dessen Folgen aber einmal zu einer solchen Kraft Rechtens gediehen, daß nunmehro ohne die größte Zerrüttung nicht wohl davon zurückzukommen ist". Weiter heißt es (272), in manchen Fällen sei es "für ein Glück zu achten, daß die im Grunde auf einem Irrwahne beruhende Aufnahme eines fremden Rechts doch ein solches Recht getroffen, das an sich wegen seiner Vollständigkeit und Gründlichkeit ungemeine Vorzüge hat". Ist damit die Meinung Pütters vom römischen Recht an sich keine ungünstige, so tadelt er doch die Art und Weise der Rezeption (273):

"Und so seltsam es auch manchem teutschen Biedermann vorkommen mochte, daß seine Geschäfte und Rechtshändel jetzt nach einem lateinischen Gesetzbuche, das zu Constantinopel seine Kraft erlangt hatte, geschlichtet werden sollten; so kannten doch diejenigen, die das Recht als Gelehrte studiert hatten ... gar kein ander Recht, als was in den beiden Gesetzbüchern enthalten war". Als bedauernswerte Folgen der Rezeption sieht Pütter Mißstände in der Staatsverfassung, so z.B. Sukzessionsstreitigkeiten an (274): "In so weit mußte sehr oft nur das leidige Faustrecht noch dem römischen Recht und den darauf gebauten irrigen Rechtssprüchen das Gegengewicht halten, indem am Ende fast alle Successionsstreitigkeiten mehr durch Kriege als durch Rechtssprüche ihre Erledigung erhielten" (es folgen Beispiele). In anderem Zusammenhang äußert er denselben Gedanken (275): "Am nachteiligsten für die Aufnahme der fürstlichen Häuser schien jetzt der Gebrauch zu sein, den man je länger je mehr von dem Römischen Rechte machte, womit unter anderm die demselben unbekannten Grundsätze von Unveräußerlichkeit geerbter Güter und vom Vorzuge des Mannesstammes vor den Töchtern, als die Hauptstütze des unerschütterlichen Glanzes unserer hohen Häuser, schon merklich wankend gemacht wurden". Auch für den beklagenswerten Zustand der beiden höchsten Reichsgerichte gibt Pütter der Rezeption die Schuld. Zwar fehlten nicht gute Gesetze (276), im Gegenteil seien die einschlägigen Gesetze (Reichskammergerichtsordnung u.a.) vortrefflich (277). Aber diese Gesetze würden nicht befolgt, weil sie einfach nicht bekannt seien, und hierfür sei der durch die Herrschaft der fremden Rechte herbeigeführte Zustand der Universitäten verantwortlich (278): "Die Ursache dieser Unwissenheit kann wohl an keinem anderen Orte als da gesucht werden, wo überhaupt der Grund zu den einem Teutschen Rechtsgelehrten nötigen Wissenschaften gelegt wird. Es ist bekannt, daß unsere teutschen Akademien ohnedem vor nicht gar langer Zeit überall vom Teutschen Recht so zu sagen gar nichts gewußt, sondern lauter fremde Rechte: Römische, Päpstliche oder Langobardische Rechte abgehandelt ... Was Wunder also, daß unsere Väter von Universitäten nichts als fremde welsche Rechtsgelehrsamkeit mitgebracht, und daß sie in ihrem Vaterland Fremdlinge geblieben". Es folgt noch weitere Kritik am Lehrbetrieb der Universitäten, die das deutsche Recht unangemessen zurücksetzten (279): "Man sieht diese (fremden Rechte) immer mehr als das Hauptwerk, und alles Teutsche nur noch als Nebensache an ... Absonderlich leidet darunter kein Teil der Teutschen Rechtsgelehrsamkeit so sehr, als derjenige, der von der Teutschen Gerichtsverfassung, von der in unseren Reichsgesetzen gegründeten Art in Gerichten zu verfahren, und hauptsächlich von beiden höchsten Reichsgerichten, deren Verfassung und Prozessen handelt".

Das Urteil Pütters zeigt damit bereits starke Anklänge an spätere germanistische Äußerungen; es fällt besonders die ständige Gegenüberstellung des "Teutschen" mit dem römischen Recht auf, das bei Pütter bereits als "fremdes", ja "welsches" Recht erscheint. Hiermit greift Pütter auf Bezeichnungen vor, die einige Jahrzehnte später für die Romantik typisch wurden. Indessen fällt das Auftreten Pütters, der bereits zur Generation von Savignys Lehrern gehörte (280), in den Ausgang der Naturrechtsepoche, deren Grenzen zur Historischen Schule sehr fließend sind (281); auch hatte Pütter als Staatsrechtler an der durch die Kriege Friedrichs des Großen hervorgetretenen starken Wiederbelebung des deutschen Nationalbewußtseins mit Anteil genommen. So erscheint es nicht zu kühn, Pütter - wenigstens hinsichtlich seiner Stellung in der Legende der Rezeption - als Vorläufer und Wegbereiter der Germanisten des 19. Jahrhunderts zu bezeichnen.

10. Das Lebenswerk von Carl Gottlieb Svarez (1746-1798) ist oft als ein Damm gegen die Romanisierung des deutschen Rechtslebens gerühmt worden, entzog es doch in der Tat einen großen Teil Deutschlands dem Einfluß des Corpus Juris und brachte darüber hinaus in seinem Geltungsbereich zahlreiche deutschrechtliche Institute wieder zu Ehren (282). Das ist um so bemerkenswerter, als Carmer und Svarez zur Grundlage ihrer Kodifikation bewußt das römische Recht wählten. Da es ihnen bei ihrer Kodifikation im starken Maße auch um die Überwindung des begrifflichen, vom Leben abgewandten Denkens der späteren Pandektistik ging, sie darüber hinaus die Jurisprudenz "ins Volk stellen" (283) wollten, hielt sich die Übernahme römischer Rechtssätze in verhältnismäßig engen Grenzen; sie wurden überhaupt nur insoweit in Betracht gezogen, als sie in Preußen rezipiert worden waren. Der Gedanke der Volkstümlichkeit sollte die Gesetze tragen, wie es auch ausdrücklich im Publikationspatent heißt. Inwieweit den Untertanen tatsächlich "das Landrecht so wichtig wie die Bibelübersetzung wurde" (284), muß hier dahingestellt bleiben (285).

Nach dem Gesagten könnte ein Schluß auf eine kritische, ja sogar feindliche Einstellung Svarez' gegenüber dem römischen Recht und seiner Rezeption naheliegen; ein solcher trifft aber nicht zu. Es ist eine eigenartige Erscheinung, daß der Mann, der die Erhaltung des deutschen Rechtsgutes so entscheidend förderte, mit der aufstrebenden germanistischen Forschung keinen Kontakt fand. Ohne jede deutschrechtliche Schule und in der Meinung, daß es sich hier nur um eine imaginäre Fiktion eines zweiten gemeinen Rechts handele, konnte er z.B. an Reitemeier schreiben (286), daß er "das ganze jus Germanicum in dem Sinne, wie man es gewöhnlich nimmt, für ein Unding halte". Es kam ihm in seiner Kodifikation sicher nicht darauf an, deutschrechtliche gegen römische Institute auszuspielen (287). Immerhin stand er dem römischen Recht auch nicht unkritisch gegenüber. Mit dem Naturrecht ist es für ihn jedenfalls nicht identisch, heißt es doch im Publikationspatent, daß man sich bemüht habe, "vornehmlich das römische Recht von den in einigen Teilen desselben herrschenden Subtilitäten und ängstlichen Förmlichkeiten zu reinigen, und die Gesetzgebung über diese Dinge auf die einfachen Grundsätze der Vernunft und der natürlichen Billigkeit zurückzuführen ..." Aufschlußreich sind die von Svarez vor dem Kronprinzen, später Friedrich Wilhelm III, gehaltenen Vorträge, in denen sich seine rechts- und staatsphilosophischen Anschauungen widerspiegeln (288). Hier äußert er über die Rezeption (289): "Die aufgenommenen fremden Rechte, welche von Nationen mit ganz verschiedenem Charakter, Erziehung, Sitte, Denkart und bürgerlicher Verfassung gegeben wurden, stimmen mit den deutschen Sitten und Verfassungen in vielen Fällen gar nicht überein. Daraus entsteht Verwirrung und Zerrüttung in den Verhältnissen der bürgerlichen Gesellschaft, und der National-Charakter erhält eine schiefe Richtung. Die Sprache, in welcher diese fremden Rechte abgefaßt sind, ist dem bei weitem größten Teil derjenigen, welche ihre Handlungen danach richten sollen, ganz fremd und unverständlich". Die Anwendung des römischen Rechts werde zudem durch viele "den Römern unbekannte Geschäfte und Verhältnisse" (290) erschwert. Man solle aber nicht die täglichen Geschäfte des Lebens "nach den von Deutschlands Verfassung so sehr verschiedenen Leisten des römischen Rechts modeln" (291). Im Gesetzbuche Justinians findet er neben dem "Geist freier Republikaner" auch den "schwerfälligen und unterdrückenden Geist eines groben orientalischen Despotismus" (292). An gleicher Stelle findet sich auch noch ein weiterer Tadel über die sprachliche Fremdheit des Rechtes, das nur der zehnte Teil des Volkes lesen, vielleicht nur der hundertste verstehen könne, ferner Hinweise auf Unordnungen und Widersprüche im römischen Recht; vor allzu scharfer Kritik nimmt er es jedoch in Schutz. Aus diesen Gründen habe er auch den Entwurf Coccejis, der wenig mehr als eine Übersetzung der römischen Gesetze enthalte, abgelehnt, wie Svarez überhaupt an den zeitgenössischen Kodifikationen auszusetzen hat (293): "Die Concipienten derselben besitzen selten hinlängliche philosophische Kenntnisse, aber desto mehr Vorliebe für das römische Recht".

Die eigenartige Stellung von Svarez zum römischen und deutschen Recht scheint wieder ein typischer Fall naturrechtlichen Denkens zu sein. Wer ein einfach zu begreifendes, volkstümliches Recht schaffen wollte, mußte einerseits in starkem Maße auf deutsches Rechtsgut zurückgreifen, während er andererseits sich der Erkenntnis nicht verschließen konnte, daß das römische Recht einige Eigenschaften aufwies, die der Erreichung dieses Ziels durchaus im Wege standen. Damit mußte nicht notwendig eine gefühlsmäßige Beziehung zum deutschen Recht verbunden sein, wie Svarez es ja auch weit von sich wies, für das deutsche Recht um seiner selbst willen einzutreten.

So dürfte Svarez die Rezeption insoweit begrüßt haben, als durch sie eine rationale und modernen Bedürfnissen Rechnung tragende Rechtstechnik in Deutschland eingeführt wurde, wie er diese auch zur Grundlage seiner Kodifikation wählte. Daß demgegenüber die Rezeption auch eine Entfremdung des Rechtslebens aus dem Volksbewußtsein mit sich brachte, sowie daß die durch die Rezeption eingeführten materiellrechtlichen Veränderungen in vielen Fällen keine Verbesserung darstellten, hat Svarez schon deutlich gefühlt; gerade hier gedachte er mit seiner Kodifikation Besserung zu bringen. Seine Stellung zur Rezeption hält sich somit etwa auf einer Mittellinie, wobei man mit großer Vorsicht noch hinzufügen könnte, daß seine Verwandtschaft zu Thomasius größer zu sein scheint als zu Cocceji.

Mit Svarez sind wir bis zum Ende des 18. Jahrhunderts gelangt und stehen damit an den Übergängen zur Historischen Schule. Dabei ist wohl der stärkste Eindruck dieses Zeitabschnittes der, daß jetzt endlich eine erfreulich lebhafte Auseinandersetzung mit dem römischen Recht beginnt; die Gründe hierfür wurden bereits eingangs zu diesem Kapitel (294) gezeigt. Wenn dabei gelegentlich eine bisher unbekannte Heftigkeit zu beobachten war, so darf diese einmal in ihrem Gewicht nicht zu hoch angesetzt werden, andererseits kommt es darauf an, ihre Beweggründe richtig zu erkennen. Zum ersten lassen die sprachlichen Härten eine Parallele zum frühhumanistischen Grobianismus unverkennbar zu Tage treten; in dieser Weise pflegen nur zu oft Jünger neuer Ideen und Methoden sich über überwundene Standpunkte auszulassen. Bei Thomasius zeigt es sich zudem, daß zwischen römischem und kanonischem Recht nicht immer klar unterschieden wurde, so daß protestantischem Religionseifer entstammende, an sich gegen den Papst und den römisch-katholischen Klerus gerichtete Angriffe auch das römische Recht in Mitleidenschaft zogen.

Zum zweiten ist Koschaker (295) generell zuzustimmen, wenn er für die Stellung der Naturrechtslehre zu Fragen des römischen Rechts vernunftmäßige Überlegungen, nicht romantisch-nationale Empfindungen als maßgebend bezeichnet. Diese Grundtendenz führte hinsichtlich der Qualitäten des römischen Rechts zu einem Vergleich mit dem Naturrecht, während für die Beurteilung der Rezeption allgemein der Inbegriff vernünftigen Verhaltens als Vergleichsbasis dient. Das führte bei Thomasius zu einer scheinbar nationalen Beurteilung der Rezeption. Indessen konnte gezeigt werden, daß diese Auffassung von Thomasius, dessen Denken wohl noch stärker als das der meisten führenden Geister der Aufklärung von der Vernunft bestimmt war - sah er doch keine Bedenken, die Bigamie naturrechtlich für zulässig zu halten (295a) -, letzten Endes auch nur einer vernunftgemäßen Betrachtungsweise entsprang. Dabei berührt es dieses Ergebnis nicht, wenn wir am Ausgang der Naturrechtsepoche, entsprechend den fließenden Grenzen zwischen Naturrecht und Historischer Schule, einen Gelehrten antrafen, dessen Argumentation Anklänge an spätere germanistische Urteile zeigt.

Daß die germanistische Forschung besonders in der zweiten Hälfte des 18. Jahrhunderts bedeutende Fortschritte machte, wurde schon eingangs angedeutet; trotz aller Mängel beginnt jetzt jene Entwicklung, die geradewegs auf Eichhorn und Jakob Grimm zuführt. Aber diese Tatsache für sich reichte noch nicht aus, um für jene Germanistik eine Ablehnung des römischen Rechts im Sinne des späteren Gegensatzes von Germanisten und Romanisten zu behaupten; vielmehr hätte unter der Herrschaft des Naturrechts die Germanistik ihren heutigen wissenschaftlichen Stand erreichen können, ohne daß jemand auf den Gedanken gekommen wäre, das deutsche Recht um seiner selbst willen über das römische zu stellen.

Wenn also nach Ausgang der Naturrechtsepoche der Gegensatz von deutschem und römischen Recht das die Literärgeschichte der Rezeption bestimmende Element wird, so ist dafür nicht die Tatsache verantwortlich, daß die Germanistik zu Beginn des 19. Jahrhunderts einen Stand erreicht hatte, auf dem sie sich mit dem römischen Recht annähernd messen konnte, sondern der Umstand, daß man sich jetzt über den Wert von einheimischem und fremdem Recht Gedanken zu machen beginnt, eine Änderung des Rechtsdenkens also, die dem Anbruch einer neuen geistesgeschichtlichen Periode entsprach. So konnte nach Ausgang des Naturrechts das deutsche Recht die für die Wissenschaft zeitweise immerhin fruchtbare Antipodenstellung zum römischen Recht einnehmen.

4. Kapitel

DIE REZEPTION IM LOBPREIS DER HISTORISCHEN SCHULE UND UNTER DEM TADEL DER GERMANISTEN

Wohl selten hat sich in der Geistesgeschichte und damit in der Geschichte der Rechtswissenschaft ein so einschneidender Wandel vollzogen wie in den geschichtsschweren Jahren um die Wende vom 18. zum 19. Jahrhundert. Dabei muß es Erstaunen hervorrufen, mit welcher Schnelligkeit etwa auf dem Gebiete der Rechtswissenschaft der Übergang vom Naturrecht zu der diesem, wenigstens auf den ersten Blick, in schärfstem Gegensatz gegenübertretenden Historischen Schule erfolgt (296). 1803 erscheint Savignys "Recht des Besitzes", 1810 erfolgt seine Berufung auf die soeben gegründete Universität Berlin, 1814 veröffentlicht er den ersten Band seiner "Geschichte des römischen Rechts im Mittelalter" und seine berühmte Schrift "Vom Berufe unserer Zeit für Gesetzgebung und Rechtswissenschaft". Mit der im nächsten Jahre erfolgenden Gründung der Zeitschrift für geschichtliche Rechtswissenschaft ist der Bau des Fundamentes der Historischen Schule bereits vollendet. Ebenso schnell verschwindet das Naturrecht von den deutschen Universitäten, obgleich die Historische Schule dieses weniger bekämpfte, als daß sie es totschwieg (297).

Dabei war eine Zeit des offenbaren Niederganges des römischen Rechts vorausgegangen. Die Ursachen hierfür lagen, wie bereits dargestellt, im Niedergang des Reiches und in dem Aufblühen des Naturrechts, das die besten Köpfe anzog. Ja, diese Faktoren wirkten bei Beginn des 19. Jahrhunderts nicht nur fort, sie verstärkten sich eher noch: Das Heilige Römische Reich deutscher Nation war 1806 zusammengebrochen, das Reichskammergericht am 7. August 1806 aufgehoben worden. Der Deutsche Bund aber, ein lockerer Verband rivalisierender Territorien, war nicht ein Gebilde, das die Ideen des alten Reiches hätte weiter tragen können. Das römische Recht, das alte kaiserliche und das Reichsrecht waren in den größten Gebieten (Preußen, Österreich und den Rheinlanden) durch die gegen Ende des 18. Jahrhunderts einsetzenden Kodifikationen beseitigt.

Nicht genug mit diesem Wiederaufleben der Romanistik, das an sich schon bemerkenswert genug war: Die Rechtswissenschaft - und damit die Lehre vom römischen Recht, die in dieser Epoche ihr Wesen bestimmt - begann, sich den ersten Platz unter den Geisteswissenschaften zu erobern. Mochten in anderen Jahrhunderten die Theologie oder die Naturwissenschaften den Grundcharakter der Epoche bestimmt haben, jetzt waren Rechtsgelehrte die führenden Geister der Nation, "die Rechtswissenschaft machte selber Geschichte" (298).

Voraussetzung für diese überraschende Entwicklung war eine Wandlung der geistesgeschichtlichen Situation, die in ihrer Polarität gegenüber der Denkweise des Rationalismus für die Schroffheit der Kursänderung in der Rechtswissenschaft richtungweisend war (299). Man war, mit einem Wort, von der Allmacht zu den Grenzen der menschlichen Ratio gelangt. Die Entdeckung der Seele des Menschen war die befreiende Tat, die den Einblick in eine neue Welt des Irrationalen, des Gefühls und Empfindens, der Triebe und Leidenschaften öffnete und sich anschickte, die Überschätzung der menschlichen Ratio weit von sich zu weisen und wie eine Irrlehre des finsteren Mittelalters zu verbannen.

Zu dieser Entdeckung des Unbewußten und durch sie bedingt gesellte sich als weitere Entdeckung die des Volkes und seines eigenen spezifischen Wesens. Wie in Ansätzen schon die gesamtdeutsche Teilnahme an den Kriegen Friedrichs des Großen zeigt, sah der Deutsche nicht mehr so sehr das allen Menschen Gemeinsame, sondern die deutsche Volkseigenart und bemühte sich, ihr Werden geschichtlich zu verstehen (300).

In der Rechtswissenschaft erwuchs aus diesen Gedankengängen die Lehre vom Volksgeist, d.h. der Vorstellung, daß das Recht im Volksbewußtsein ruhe und hierin der Ursprung allen Rechtes liege. Sie beruht auf Sätzen, die zuerst von Romantikern und deren Vorläufern, wie Montesquieu, Burke, Möser und Herder gelehrt worden sind (301); der Ausdruck als solcher entstand erst verhältnismäßig spät (1828 durch Puchta).

Schließlich ist auch das geschichtliche Element erst durch die Romantik zu seiner eigentlichen Bedeutung emporgehoben worden; sie zieht den Trennungsstrich zwischen zusammenhanglosem Antiquitätensammeln und moderner Geschichtsschreibung (302). Allerdings zeigt sich auch gelegentlich eine gewisse Überbetonung der Geschichte; "Die ganze Welt ist kein System, sondern eine Geschichte", äußerte Schlegel (303), und Savigny machte seine Auffassung "Die ganze Rechtswissenschaft ist nichts weiter als Rechtsgeschichte" zu einem viel angegriffenen Grundsatz seiner Schule.

Auf diesen Grundlagen baute die Historische Schule auf; ihre Abhängigkeit von der allgemeinen romantischen Bewegung ist nicht zu bestreiten (304); Einflüsse zumal von Herder, Kant, Fichte, Schelling lassen sich erkennen. Allerdings steht auch ebenso fest, daß sie, zumal in der Gestalt ihres Führers Savigny, bald den Zusammenhang mit jener verlor, trotz Savignys enger verwandtschaftlicher und freundschaftlicher Beziehungen zu Romantikerkreisen und seines "Lippenbekenntnisses zum Volksgeist" (305).

Beherrschendes Element der Historischen Schule war mithin die Erkenntnis des Rechts aus dem dieses bestimmenden Verlauf der Historie. Im Gegensatz also zu der völligen Unberechenbarkeit einer aus der Willkür des Landesherrn fließenden Gesetzgebung, so wie sie in der Konsequenz der Auffassungen der Naturrechtler lag, betrachtete jene das Recht als das Erzeugnis eines kontinuierlichen Prozesses, ohne jähe Unterbrechungen und Richtungsänderungen, zu dem die einzelne Generation wenig beitragen kann (306). So konnte Thieme von einer "Herrschaft der Vergangenheit über die Gegenwart" (307) sprechen; noch schärfer formulierte Kantorowicz (308).

Diese Auffassung mußte einmal zu einer Vernachlässigung der Praxis führen, wie sie in diesem Maße einzig dasteht; letztere war für Savigny ein Gegenstand ohne wissenschaftliches Interesse, ja fast der Mißachtung: "Postglossatoren verhalten sich zu Glossatoren wie Praktiker zu Theoretikern" (309). Er setzte es durch, daß in Preußen nicht das ALR, sondern das römische Recht zur Grundlage der juristischen Ausbildung gemacht wurde und schloß Beiträge von nur praktischem Interesse für seine Zeitschrift aus (310). Noch schwerer dürfte es wiegen, daß infolge der Lehre Savignys von der unabänderlichen Zwangsläufigkeit der Rechtsentwicklung die Historische Schule wohl einen gegebenen Rechtszustand erklären, aber keinen Einfluß auf eine zukünftige Rechtsentwicklung nehmen zu können glaubte. So z.B. erklärte Savigny den Hörern seiner "Methodenlehre", daß jede Gesetzgebung nur das Resultat der früheren Gesetzgebung sei (311). Die Wendung, die Savigny mit seiner Schulgründung der Rechtswissenschaft gab, scheint damit nicht so sehr in der Neubelebung des römischen Rechts und der - freilich von ihm nicht gewollten (312) - Trennung von Germanisten und Romanisten, sondern weit stärker darin zu liegen, daß er das Recht als etwas Erlernbares, organisch mit Notwendigkeit Gewachsenes hinstellte, es nicht als etwas Seinsollendes an das Gewissen appellieren ließ (313). Wenn nach Savignys Ansicht jedes Gesetz so vollständig sein soll, daß der, der es anwendet, nichts hinzuzufügen braucht, Interpretationen vielmehr eine Art Revolution gegen die Gesetzgebung darstellen, so zeigt sich in diesem Punkte eine gerade Verbindungslinie zu Positivismus und Begriffsjurisprudenz (314).

Erscheint unter diesen Grundgedanken der Historischen Schule vom heutigen Standpunkt aus manches bedenklich, so ist doch ihnen allein noch keine Grundlage für eine Bevorzugung des römischen und eine Zurücksetzung des deutschen Rechts zu entnehmen. In der Tat beabsichtigten die Gründer und insbesondere auch Savigny, alle Rechte gleichmäßig zu erforschen (315); bald wurden auch noch außerdeutsche, insbesondere die skandinavischen Rechte, zu Untersuchungen mit herangezogen (316). Wenn also die Historische Schule heute als Hochburg der Romanistik gilt, so muß dem eine Entwicklung zu grunde gelegen haben, die nicht frei von logischen Inkonsequenzen sein kann; die Gründe hierfür dürften hauptsächlich in der Person Savignys liegen und werden unten (317) noch näher untersucht werden.

Schien es also so, als sollte mit der Gründung der Historischen Schule der Gegensatz zwischen romanistischer und germanistischer Rechtswissenschaft, wie er sich nach Wiederbelebung der einheimischen Rechte, wenn auch nur in geringem Umfang, zu entwickeln begann, in harmonischem Zusammenwirken verschwinden, so führte die Bevorzugung des römischen Rechts leider zu einer Vertiefung der bisher kaum nennenswerten Trennung und schließlich zu offenem Bruch (318). Schon bald hatte mancher echte Romantiker, so Achim v.Arnim, den falschen Ton aus Savignys Volksgeistlehre herausgehört. Germanisten, die zunächst von der Möglichkeit historischer Forschung angezogen wurden, erkannten etwa in den 20er Jahren, daß Savigny für ihr eigentliches Anliegen, die Wiedergeburt des deutschens Rechts, nichts übrig hatte (319). So wurde aus einer Trennung, die ursprünglich nichts weiter bedeutete als eine Arbeitsteilung, indem die jetzt erforderliche eingehende Quellenbeherrschung auf beiden Gebieten die Kräfte des einzelnen überstieg (320), jene verderbliche Entzweiung, die in anderen Ländern völlig unbekannt ist. Beflügelt wurde sie freilich auch von der allgemeinen nationalen Stimmung, die nach 1813 alle Schichten des Volkes erfaßt hatte und daher einem fremden und dazu noch "welschen" Recht von vornherein feindlich gesonnen war (321). Nach Beselers streitbarer Antrittsvorlesung in Basel 1835 gründeten 1839 Reyscher und Wilda die "Zeitschrift für deutsches Recht und deutsche Rechtswissenschaft". Das war die offene Kampfansage (322). "Es gibt keine Angleichung, es sind verschiedene Nationalitäten in Frage, welche feindselig einander gegenüberstehen, die Grundlagen sind verschieden ... Es ist ein Kriegszustand, und dieser wird früher oder später mit dem Sieg des einen oder anderen Teiles enden" (323). "Ich glaube, daß es nur Aufgabe der Wissenschaft sein kann, die Grenze zwischen beiden schärfer zu ziehen, wodurch die Verschiedenheit nur noch mehr zu Tage treten wird, aber daß es der Wissenschaft nie glücken wird, eine Versöhnung zu stande zu bringen zwischen zwei Dingen, die sich ewig feindselig gegenüberstehen werden" (324). Es folgten die Germanistentage zu Frankfurt 1846 und Lübeck 1847, zu denen auch einige Romanisten, "aber mehr als Angeklagte" (325), eingeladen waren. Die Methoden dieser "Kriegführung" waren nicht immer erfreulich und in der Geschichte der jungen germanistischen Rechtswissenschaft, ohne daß sonstige Verdienste angetastet werden sollen, bestimmt kein Ruhmesblatt. So ging diese Fehde in heftiger Weise vor sich, bis 1861 mit der Gründung der Zeitschrift für Rechtsgeschichte ein Burgfrieden und eine langsame Annäherung der beiden Richtungen eintrat (326). Seitdem glätteten sich die aufgeregten Wogen; der Streit glomm mehr gelegentlich in Einzelabhandlungen hier und da weiter. Geblieben ist freilich die zunftmäßige Abschließung der Germanisten und Romanisten als spezifisch deutsches und beklagenswertes Phänomen, wenn man auch gegenüber dem Pessimismus Koschakers (327) wohl sagen kann, daß sich gerade in der jüngsten Entwicklung jene Annäherung wieder in stärkerem Maße abzeichnet.

Damit liegt auf der Hand, daß die Beurteilung der Rezeption, die bisher eine verhältnismäßig geschlossene Entwicklung nahm, jetzt sehr schwankend und unterschiedlich ausfallen muß, besonders in den Jahren nach dem "Kriegsausbruch" zwischen Romanisten und Germanisten. Als wichtigster neuer Maßstab und zugleich Unterscheidungsmerkmal gegenüber dem Naturrecht wird sich die sehr starke Orientierung der Urteile nach dem nationalen und volkstümlichen Element zeigen, die Erkennung des römischen Rechts als undeutsches Fremdrecht und seine Gegenüberstellung mit den auf heimischem Boden gewachsenen Normen, also eine durchaus romantischen Vorstellungen erwachsene Betrachtungsweise, die freilich auch eine Verschärfung in der Formulierung solcher Stellungnahmen mit sich bringen muß.

Germanisten und Romanisten als geschlossene Gruppen gegenüberzustellen, erschien auch in diesem Kapitel nicht angebracht, wie sie überhaupt in keinem Abschnitt geeignet ist, die Erkenntnis entscheidend zu fördern; meist hängt der Ausfall der einzelnen Werturteile von weit diffizileren Momenten ab, als von der bloßen Zugehörigkeit des Autors zu der einen oder anderen Richtung. Das werden gerade die jetzt zu untersuchenden Urteile zeigen.

1. Als ältester deutscher Rechtsgelehrter, der in den Kreis der Historischen Schule zu zählen ist, erscheint Gustav Hugo. Wenn auch seine bescheidenen Anfänge vor der Größe Savignys verblassen, so hat doch Savigny die Verdienste seines Lehrers und Wegbereiters oft hervorgehoben (328) und teilt ihm das Hauptverdienst an der Gründung der Historischen Schule zu (329).

Die aufklärungsfeindliche Grundtendenz, die oft an Überheblichkeit grenzende Kritik der Historischen Schule an der Rechtswissenschaft des Naturrechts (330) kommt schon bei Hugo zum Ausdruck, wenn er, das römische Recht in Schutz nehmend, an mehreren Stellen die "Thomasische Totschlags-Moral" heftig angreift (331). Er selbst stellt die akademische Nichtbeschäftigung mit dem einheimischen Recht als den Hauptumstand heraus, der dem fremden Recht das Übergewicht verschafft hat, und urteilt an gleicher Stelle über die Rezeption wie folgt (332): "Aber ob die Einführung eines alten, gelehrten Rechts ein Glück oder Unglück für uns war, läßt sich nicht so leicht entscheiden, als diejenigen wohl glauben, welche es stößt, daß nicht jedermann Jurist sein kann, und welche den Vorteil für gering schätzen, den die ganze alte Literatur davon gehabt hat, daß doch bisher unter den höheren Ständen das Latein eine von den Sachen war, dessen Nutzen man mit Händen greifen konnte. Alles berechnet möchte es doch nicht zu wünschen gewesen sein, daß Friedrich III das römische Recht verdrängt hätte". Und noch ein Angriff auf Thomasius (333): "Thomasius und andere klagen über die Annahme des römischen Rechts, das von jeher nicht getaugt habe, und wollen sich mit einem Naturrecht behelfen, das sie erst aus dem römischen Recht bereichern".

2. Ausführlicher muß uns jetzt die Stellungnahme von A. F. J. Thibaut beschäftigen, der als eine der bedeutsamsten Gestalten der deutschen Rechtswissenschaft um die Jahrhundertwende besonders berufen erscheint, über eine grundsätzliche Frage ein Urteil abzugeben. Sicher hat das Licht Savignys, das auf ihn fiel, viel zu seinem Bekanntwerden beigetragen, auf der anderen Seite ist jedoch nicht zu übersehen, daß der Auseinandersetzung mit ihm Savigny vielleicht den größten Teil seines Ruhmes verdankt. Seine vaterländische Gesinnung, die ihn, einen Patrioten im besten Sinne des Wortes, seinen flammenden Aufruf für die deutsche Rechtseinheit niederschreiben ließ, hat auch sein Urteil über die Rezeption des römischen Rechts auf das nachhaltigste beeinflußt.

Bereits im Jahre 1797, also noch durchaus unabhängig von der Historischen Schule, wohl aber zu einer Zeit, da die allgemeine romantische Bewegung in voller Ausbreitung war, sehen wir Thibaut scharf gegen das römische Recht Stellung nehmen (334): "Römische Begriffe, die der deutsche Geist nie aus sich selbst erzeugt haben würde, sind allenthalben eingeschlichen und unter dem Scheine des Bekannten sogar den Bearbeitern des Naturrechts gefährlich geworden". Er folgert hieraus, daß das Nachahmen fremder Sitten und Begriffe dem deutschen Geist stets schaden werde, und daß es unserer Rechtsverfassung weit entsprechender und unseren Sitten weit angemessener sei, wenn wir Geduld, Mut und Selbstvertrauen genug gehabt hätten, durch eigenen Fleiß ein Werk aus eigener Kraft hervorzubringen.

Mit voller Schärfe beurteilte Thibaut das römische Recht jedoch erst in seiner berühmten Schrift "Über die Notwendigkeit eines allgemeinen bürgerlichen Rechts in Deutschland". Zwar gibt er eine gewisse Unzulänglichkeit des alten deutschen Rechts zu: (335) "Unsere altdeutschen Gesetzbücher sprechen wohl da und dort den einfachen germanischen Sinn kräftig aus ... allein daß sie häufig den Bedürfnissen unserer Zeit nicht entsprechen, überall die Spuren alter Rohheit und Kurzsichtigkeit an sich tragen, und in keinem Falle als allgemeine, umfassende Gesetz-bücher gelten können, darüber ist unter den Kennern nur eine Stimme". Ferner sei das alte deutsche Recht (336) "unzweckmäßig ... ein endloser Wust einander widerstreitender, ... buntscheckiger Bestimmungen, so unvollständig und leer, daß von hundert Rechtsfragen immer wenigstens neunzig aus den rezipierten fremden Gesetzbüchern ... entschieden werden müssen". Noch wesentlich ungünstiger allerdings äußert er sich über das römische Recht, seine Rezeption wird verurteilt (337): Es sei "das Werk einer uns sehr ungleichen fremden Nation aus der Periode des tiefsten Verfalls derselben, die Spuren dieses Verfalls auf jeder Seite an sich tragend! Man muß ganz in leidenschaftlicher Einseitigkeit verfangen sein, wenn man die Deutschen wegen der Annahme dieses mißratenen Werkes glücklich preist und dessen fernere Beibehaltung im Ernst anempfiehlt". Weiter (338): "Der Schlüssel dazu wird uns ewig fehlen. Denn wir besitzen nicht die römischen Volksideen ... Was aber vor allem dem römischen Recht entgegensteht, ist die innere Schlechtigkeit seiner mehrsten Bestimmungen, besonders in Beziehung auf Deutschland". Schließlich (339): "Wären aber auch alle diese Vorwürfe ungegründet, so bleibt doch immer der, alles denkbar Schlechte übertreffende Umstand übrig, daß wir- unglaublicher Weise - in dem Römischen Recht ein Gesetzbuch haben, dessen Text wir nicht besitzen, und dessen Inhalt insofern einem Irrlicht zu vergleichen ist". Statt dessen gebe es nur eine Unzahl Handschriften in vielen Varianten.

Aber auch nachdem Savigny im "Beruf" ihm entgegengetreten war, blieb Thibauts Urteil über das römische Recht unverändert. So schreibt er in der zweiten Auflage seiner Schrift in einem der Zusätze (340): "Was eigentlich für Deutschland vom Römischen Recht unbedingten Wert hat, sind nur die, ich möchte sagen, exegetischen Teile desselben, aber im Grunde auch nur insofern, als sie zum Muster dienen können, keineswegs aber als Gesetze ... Der eigentlich legislative Teil des Römischen Rechts paßt uns aber gar nicht an, auch wo man ihn nicht gerade schlecht und dem Römischen Volksgeist gemäß nennen wollte ... Jeder denkende Germanist wird es einräumen, daß die feinen Verfälschungen, welche die Römischen Begriffe in die unsrigen gebracht haben, fast zahllos sind". Und sogar in einem Lehrbuch des römischen Rechts wird dieses verurteilt (341): "Justinians Novellen sind gewiß ein sehr schwaches Werk, und seine Pandekten wie sein Kodex eine rohe fragmentarische Kompilation ... und den neueuropäischen Völkern gar nicht anpassend, teils weil sie in zwei fremden und toten Sprachen geschrieben sind, teils weil sie aus einer Nation hervorgingen, deren Grundcharakter von den germanischen Völkern ganz verschieden ist".

Dieses Urteil als das eines Romanisten dürfte in seiner Schärfe wohl einzig dastehen, jedoch ist dabei zu beachten, daß Thibaut noch nicht als Romanist im heutigen Sinne betrachtet werden kann. Wohl las er vorzugsweise über die Pandekten, und fast alle seine Arbeiten behandeln Fragen des römischen Rechts, jedoch entstanden die Begriffe "Germanisten" und "Romanisten" in ihrem heutigen Sinne erst im Verlauf der Historischen Schule und durch sie; mit dieser ist aber Thibaut nie in Berührung gekommen, der ähnlich wie Heise abseits von ihr gewirkt hat. Thibaut empfand es wie Thomasius nicht als Widerspruch zu seiner Eigenschaft als Lehrer des römischen Rechts, sich gegen dessen Anwendbarkeit in Deutschland auszusprechen und seine Rezeption zu verurteilen. Freilich waren es bei Thibaut, der seine Schrift über die deutsche Rechtseinheit angesichts der siegreich über den Rhein ziehenden deutschen Heere schrieb, vaterländische Beweggründe, die ihn das römische Recht als fremdes ablehnen ließen. So erscheint Thibaut als echter Romantiker und ist damit vielleicht der einzige Romanist seiner Zeit, dem diese Eigenschaft in vollem Umfang zugesprochen werden kann.

3. Nirgend ist es so mißlich, an verschiedenen Stellen von der Schule und ihrem Meister zu sprechend, wie im Fall der Historischen Schule und ihrem unbestrittenen Haupt, Friedrich Carl v. Savigny. War er das Zentralgestirn für die ganze deutsche Rechtswissenschaft, so galt dies in noch stärkerem Maße für seine Schule. Lag schon "in Savignys genialer Konzeption das Schicksal der deutschen Jurisprudenz beschlossen" (342), so stand die Historische Schule und damit die Wissenschaft von der Geschichte des Rechts, wenigstens bis zum Beginn der Abspaltung der Germanisten, völlig in seinem Bann.

Es ist daher in erster Linie dem Einfluß von Savignys Persönlichkeit zuzuschreiben, wenn die Historische Schule sich zu einer Hochburg des römischen Rechts einwickelte. Wo nun wiederum die Vorliebe Savignys für das römische Recht ihre eigentlichen und letzten Wurzeln hat, dürfte schwer zu klären sein; fast alle Autoren gehen von seiner Vorliebe für das römische Recht ohne weiteres aus (343). Vielleicht war es so, daß Savigny zutiefst das Bedürfnis verspürte, der Rechtswissenschaft, die "in Knechtsgestalt" einher trat (344), einen höheren Rang zu sichern (345), den verachteten "juristischen Geschäftsmann" und "Brotgelehrten" in die glanzvolle Position des römischen Juristen zu heben, der, als Ratgeber des Kaisers und mit dem Jus respondendi bekleidet, einen wichtigen Platz im Staate einnahm (346). In der Tat entspricht ja Savignys Fiktion, der Juristenstand sei zum Repräsentanten des Volksgeistes in seiner rechtswahrenden Funktion berufen, durchaus diesem Würdeverlangen der Rechtsgelehrten. Tatsache ist jedenfalls, daß Savigny außer dem Pandektisten Weis (347), der einen sehr nachhaltigen Einfluß auf ihn ausgeübt hat, keine Lehrer von mehr als durchschnittlichem Format hatte (348); dieser hat wohl auch seine Neigung zum römischen Recht, seine besonnene, gewissenhafte, sorgfältig-liebevolle Forschungsweise auf Savigny vererbt (349). Schon 1796 bezeugt Weis von dem Siebzehnjährigen "eine scharfe Beurteilungskraft und gründliche Kenntnis im römischen Recht (350). Die Abneigung gegen alles nur Praktische ebenso wie gegen überhebliche Vernunftgläubigkeit hatte ihn zugleich mit einer idealistischen Auffassung von echter Wissenschaftlichkeit schon früh ergriffen (351). Eine solche aber fand er vorzugsweise im römischen Recht, das die romantische Geschichtsforschung soeben neu zu entdecken sich anschickte. Vor allem seine ästhetische Natur vermochte im klassischen römischen Recht mit seiner Klarheit, Würde und Schönheit wahrhaft humanistische Befriedigung zu finden (352). Er sah darin ein Spiegelbild der Grundordnung der abendländischen Kultur. So war ihm das "römische Recht zum Maßstab des Rechtsgedankens selbst" geworden.

Kann man also von dieser gefühlsmäßigen Vorliebe Savignys für das römische Recht ausgehen, so wäre es gleichwohl falsch, ihm deshalb "Undeutschheit" vorzuwerfen. Denn das römische Recht war für Savigny kein fremdes. Nach Savignys Lehre vom Volksgeist war es ja niemand anderes als das deutsche Volk, das durch den Juristenstand als bloßes Organ des Volkes dieses Recht rezipiert hatte; eine "Aufdrängung" des römischen Rechts kam daher für Savigny nicht in Frage. Dieses Recht aber war durch jahrhundertelangen Gebrauch deutsches Recht geworden; mithin war es auch nicht mehr fremd. Aber auch unabhängig von dieser Rechtfertigung der Rezeption, deren Bedenklichkeit schon viele Zeitgenossen erkannt hatten, kann an Savignys vaterländischer Gesinnung kein Zweifel sein, wie wir an seinem Mitwirken in der Berliner Landwehr, seinem würdigen Verhalten unter feindlicher Besatzung (353) und seinem Auftreten gegen den Code Civil (354) sehen. Allerdings ein Antisemit war Savigny nicht (355), ebenso wenig war "seine Lehre die nationalsozialistische" (356), schließlich verfolgte Savigny sicher auch keine großdeutschen Ziele im nationalsozialistischen Sinne (357), wenn er sich der gesamtdeutschen Bedeutung des römischen Rechts auch durchaus bewußt gewesen ist (358), sie lag indessen für ihn mehr auf geistigem als auf politischem Gebiet. Überhaupt war Savigny durchaus kein Politiker, wie etwa seine Unfruchtbarkeit als Gesetzgebungsminister zeigt (359).

Dieser Gesinnung Savignys entspricht es, daß er auch durchaus kein Gegner des deutschen Rechts war. Zwar können wir wiederum Nicolai nicht zustimmen, daß seine Lehre "im Grunde die deutschrechtliche" (360) gewesen sein soll, doch stellte er immerhin auch eine deutschrechtliche Untersuchung an (361) und fand für das deutsche Recht durchaus anerkennende Worte (362): "Dieser Vorzug (hohe juristische Durchbildung des römischen Rechts) fehlt dem Germanischen Rechte, aber es hat dafür einen andern, welcher jenem nicht weicht. Es hangt nämlich unmittelbar und volksmäßig mit uns zusammen, und dadurch, daß die meisten ursprünglichen Formen wirklich verschwunden sind, dürfen wir uns hierin nicht irre machen lassen. Denn der nationale Grund dieser Formen, die Richtung woraus sie hervorgingen, überlebt die Formen selbst, und es ist nicht vorher zu bestimmen, wie viel von altgermanischen Einrichtungen, wie in der Verfassung so im bürgerlichen Recht wieder erweckt werden kann. Freilich nicht den Buchstaben, sondern dem Geiste nach, aber den ursprünglichen Geist lernt man nur kennen aus den alten Buchstaben". Den deutschen Universitäten weist er die besondere Sorge für die deutsche Gemeinschaft zu und fügt hinzu (363): "Die tiefere Begründung unseres Rechts, und vorzüglich des vaterländischen, für welches noch am meisten zu tun ist, ist von ihnen zu erwarten, aber auch mit Ernst zu fordern". So konnte Otto v. Gierke anerkennend ausrufen (364): "Kein Germanist hätte schöner als er vom Werte des germanischen Rechts sprechen, keiner weiser seine Zukunft voraussagen können".

Es bestehen also Widersprüche zwischen diesen Zügen Savignys und seinem tatsächlichen Verhalten dem deutschen Recht gegenüber, zum mindesten müssen wir von unserem heutigen Standpunkte aus zu diesem Ergebnis kommen (365). Es ist uns schwer verständlich, wie er z.B. äußern konnte (366): "Vollends die Vortrefflichkeit des römischen Rechts ist dem Grundsatz der Historischen Schule eigentlich ganz fremd; das römische Recht könnte viel weniger gut sein, als es ist, sie würde dennoch ernsthaftes Studium desselben fordern"; wie er die Historische Schule für ein "nicht weniger gründliches Studium des ursprünglichen germanischen Rechts" (367) eintreten läßt, so distanzierte er sich von denen, die "den Wert des römischen Rechts darin gesetzt" haben, "daß es die ewigen Regeln der Gerechtigkeit in vorzüglicher Reinheit enthalte, und so gleichsam selbst als ein sanktioniertes Naturrecht zu betrachten sei" (368). Dieses alles aus Savignys Volksgeistlehre zu erklären, die doch nichts weiter als eine Fiktion darstellt, ist gewiß schwer, und doch ist es die einzige Möglichkeit einer Deutung, will man sich nicht mit Wolf (369) mit dem bloßen Hinweis auf den nicht weiter erklärbaren Widerspruch, der nicht der einzige im Gedankengebäude dieses genialen Mannes ist (370), begnügen.

So erscheint es verständlich, daß Savigny bei allem Patriotismus und allem Wohlwollen für das deutsche Recht unter der Tatsache der Rezeption nicht, wie seine germanistischen Freunde, gelitten hat, ja daß er, wenn man von seiner These über die Repräsentation des Volksgeistes durch den Juristenstand absieht, nie eine Rechtfertigung der Rezeption gegeben hat. Ebenso wenig hat er, der Olympier, das römische Recht gegen die Angriffe Thibauts und später der Germanisten verteidigt. Vor allem im "Beruf" vermißt man, während er sich sonst mit allen Argumenten Thibauts auseinandersetzt, eine Verteidigung des römischen Rechts. Selbst in der zweiten Auflage des "Berufs" (1828) geht er auf die inzwischen, ebenfalls in einer zweiten Auflage, durch Zusätze noch verstärkten Angriffe Thibauts auf das römische Recht (371) nicht ein. Auch bei anderen Gelegenheiten beobachten wir, wie Savigny der Auseinandersetzung um die Rechtfertigung der Rezeption, die seine Zeitgenossen mit einer kaum jemals wieder erreichten Intensität führen, geradezu aus dem Wege geht (372). Fühlte er doch vielleicht unbewußt, daß seine Lehre vom Volksgeist eine echte Rechtfertigung der Rezeption nicht bieten konnte?

Es kann daher schließlich nicht mehr überraschen, daß Savigny, dessen Wirken die Literärgeschichte der Rezeption so entscheidend beeinflußte, selbst kein Werturteil über die Rezeption abgegeben hat; man vermißt ein solches besonders bei seiner so eingehenden Beschreibung des Rezeptionsvorganges im "System" (373). Einen geschichtlichen Vorgang zu kritisieren, lag ihm nicht; dieses hätte seiner Auffassung von der Zwangsläufigkeit und Folgerichtigkeit der Geschichte widersprochen. Indirekte Schlüsse lassen sich freilich auch in diesem Fall mit ziemlicher Sicherheit ziehen. Daß Savigny das römische Recht überschwenglich lobte, wird man bei seiner zurückhaltend-abgewogenen Ausdrucksweise allerdings nicht erwarten können; rein gefühlsmäßige Stellungnahmen, wie sie in Romantikerkreisen die Regel waren, mußten ihm fremd bleiben. Nur an wenigen Stellen und sehr vorsichtig tritt er für das römische Recht ein, lobt er dessen Vorzüge. So äußert er (374): "Über den materiellen Wert des römischen Rechts können die Meinungen sehr verschieden sein, aber über die hier dargestellte Meisterschaft in der juristischen Methode sind ohne Zweifel alle einig, welche hierin eine Stimme haben". Am besten aber dürfte Savignys Meinung über die Rezeption zum Ausdruck kommen, wenn er auf der letzten Seite des "Berufs" die Meinung des Melanchthon über das römische Recht (375) wiedergibt und sich dieser Meinung anschließt. Sie läßt erkennen, wie sehr Savignys Auftreten in der berühmten Schrift auch von der Furcht bestimmt war, das römische Recht könne durch eine gesamtdeutsche Kodifikation seine Bedeutung verlieren.

So dürfte Erik Wolf (376) zuzustimmen sein, wenn er Savignys Stellungnahme zur Geltung des römischen Rechts in Deutschland in das bescheiden-zurückhaltende Urteil ausklingen läßt: "Wir haben nichts Besseres, das auf unserem Boden gewachsen wäre", worin zugleich das unausgesprochene, aber stolze Bewußtsein zu spüren sei, daß es kaum je etwas Besseres geben dürfte.

Vielleicht liegt die Ursache für die Savigny so oft zum Vorwurf gemachte Einseitigkeit der Historischen Schule und die daraus folgende Trennung von Romanisten und Germanisten nicht so sehr an Savignys Vorliebe für das römische Recht, als vielmehr daran, daß unter den Germanisten der Historischen Schule niemand war, der an Savignys Größe, Einfluß und Überzeugungskraft herangereicht hätte, der eine gleiche Anziehungskraft ausgeübt hätte und damit einen Gegenpol zu Savigny und der romanistischen Gruppe hätte bilden können (377). So aber geriet die ganze Schule in den Sog der romanistischen Richtung. Mithin war vielleicht mancher Angriff zu heftig, der in den letzten fünfzig Jahren gegen den Mann gerichtet wurde, der nie ein abfälliges Wort über die junge germanistische Rechtswissenschaft geäußert hat.

4. Wenden wir nun unseren Blick auf die germanistische Seite, so erscheint als Mitbegründer der Historischen Schule, als Freund Savignys und Mittelpunkt der germanistischen Gruppe Karl Friedrich Eichhorn als berufener Sprecher der Germanisten. Trotz seines lebhaften Eintretens für das deutsche Recht und trotz seiner patriotischen Gesinnung (378) hat er sich nur kurz über die Wertung der Rezeption geäußert; sein Tadel richtet sich in erster Linie auch nur gegen die Art und Weise ihrer Durchführung. So spricht er in zustimmendem Sinne von (379) "sehr lebhaften Klagen" wegen der "Art, wie man die deutschen Gewohnheiten behandelte, bei der notwendig, besonders bei solchen Rechtsverhältnissen, wo die römische Analogie, nach der man sprach, gar nicht paßte, dem einzelnen geradezu Unrecht geschehen mußte". Ungünstig habe sich auch der durch die Rezeption veranlaßte schleppende Gang des Verfahrens, die gehäuften Förmlichkeiten und die vielen Rechtsmittel ausgewirkt. Dieses habe "zu der allmählichen Ausartung des gerichtlichen Verfahrens" geführt, "weil man die völlig erloschenen Formen des römischen Prozesses entbehrte, und sich desto unbeholfener mit einem toten Formelwerk schleppte. Für alle diese Gebrechen gab es in der Tat für die damalige Zeit keine Hilfe".

Diese Stellungnahme klingt sehr zurückhaltend und erreicht bei weitem nicht die Schärfe der Vorwürfe, die sogar von romanistischer Seite gegen die Rezeption erhoben wurden. Allerdings unterschied sich Eichhorn von seinen germanistischen Kollegen in einem wesentlichen Punkte: Er war unphilosophisch (380), unromantisch (381) und seine Arbeit noch wesentlich auf das Praktische abgestimmt (382), wie auch seine Staats- und Rechtsgeschichte praktischen Zwecken dienen sollte (383). In diesem Punkte erscheint Eichhorns Verwandtschaft zu Hugo und Savigny eher größer als die zu Jakob Grimm (384). Die Stellung Eichhorns mag daher zeigen, wie wenig verschieden Germanisten und Romanisten zu Beginn der Historischen Schule sind, wie stark dagegen das Gemeinsame infolge ihrer in vielem noch auf das 18. Jahrhundert zurückgehenden Methode und Denkweise ist.

Hinzu kommt, daß dieses Urteil aus den ersten Jahren der Historischen Schule, also aus einer Zeit stammt, da diese noch völlig unter dem Einfluß von Savigny stand und die germanistische Gruppe noch keinerlei Selbständigkeit erlangt hatte. An eine Auflehnung gegen die Vorherrschaft der Romanistik dachte damals in der Historischen Schule noch niemand, und so ist es verständlich, daß die Germanistik in den Punkten, in denen sie anderer Meinung als Savigny war, sich einer vorsichtigen und zurückhaltenden Sprache bediente.

5. Um so leidenschaftlicher hat dagegen der große Schüler Savignys, Jakob Grimm, sich zum deutschen Recht bekannt; er, der echte Romantiker, hat sehr unter der Tatsache der Rezeption gelitten. Mit Savigny

jahrzehntelang freundschaftlich verbunden, bedeutete die Rezeption für ihn doch die Wegscheide (385). Savignys historische Rechtslehre gipfelt letztlich in dem Satz, daß das römische Recht durch den geschichtlichen Vorgang der Rezeption zum Recht des deutschen Volkes geworden sei. Mit dieser Konstruktion aber konnte sich Grimm nie abfinden; für ihn führte der Weg zum deutschen Recht. Zwar stand auch er zunächst noch stark unter dem Einfluß Savignys, wie seine Stellungnahme aus dem Jahre 1814 zeigt, die in ihrer Abneigung, einen historischen Vorgang zu kritisieren, fast ebenso gut von Savigny selbst hätte stammen können (386): "Die notwendige Einführung des römischen Rechts und wiederum der klassischen Literatur und Sprache und die Störung des Einheimischen ist ein historisches Faktum und Fatum, das mit seiner Gewalt über aller Ausmesserei von Schaden und Gewinn, der für uns daraus entsprungen, steht". "Vergleichen dürfen und sollen wir, aber nicht eins der verglichenen Dinge verurteilen". Einige Jahre später freilich schlug Grimm seinen eigenen Weg ein, und 1850 schrieb er an seinen verehrten Lehrer, nicht ohne Vorwurf (387): "Ich tröstete und labte mich immer stärker am Altertum unsrer edlen Sprache und Dichtkunst, aus welchem auch Seitenpfade in das altheimische Recht einschlugen, zu welchem Sie mich nicht hingeführt hatten". Die Überlegenheit des römischen Rechts hat Grimm nie bestritten (388): "Wer wollte, im Vergleich mit den zurückgedrückten Keimen, mit den halberschlossenen Blüten des deutschen, die Überlegenheit des römischen Rechts verkennen?" Ebenso an anderer Stelle (389): "Das römische Recht steht in hoher wissenschaftlicher Ausbildung vor uns, es ist noch lange nicht auserschöpft und reizt zu fortgesetzter Forschung ... Wie wollte, was in der Form unbeholfen, dem Inhalt nach stückhaft erscheint, jener vollendeten abgeschlossenen Gliederung des römischen Rechts die Spitze bieten können?". Aber er wird nicht müde, dem übermächtigen römischen Recht die Vorzüge eines vaterländischen Rechts gegenüberzustellen (390): "Aber dieses (das römische Recht) hat einen Hauptmangel, es ist uns kein vaterländisches, nicht auf unserem Boden erzeugt und gewachsen, unserer Denkungsart in wesentlichen Grundzügen widerstreitend, und kann uns eben darum nicht befriedigen"; und in gleichem Sinne äußert er sich in seiner Berliner Antrittsvorlesung (391): "Das römische Recht ist ein ungeheurer geistreicher Kommentar ohne Text, das deutsche Recht ist ein tüchtiger Text, der noch nicht kommentiert worden, wie er es wert ist." Grimm hob immer wieder die Punkte heraus, in denen das deutsche Recht dem römischen überlegen ist (392): "In ganz Europa, ausgenommen das römische Recht, ruht kein anderes mehr auf breitem, festem Grund, als unser vaterländisches; weniger ausgebildet zur Kunst, wie jenes, eigentlich niemals gelehrt geworden noch wissenschaftlich gepflegt mit Kraft und Nachdruck, steht es aber auch viel handfester, sinnlich treuer und in seiner reichhaltigen Jugend da". Auch in seiner Berliner Antrittsrede hatte Grimm den höheren Gehalt des deutschen Rechts an Poesie und gefühlsmäßigen Elementen hervorgehoben (393). Nach Grimms Auffassung mußten eben "Sprache und Recht, d.h. Volkssitte, heimisch sein, und wir können auf die Länge keine wahre Befriedigung dabei finden, wenn sie uns aus der Fremde zugeführt werden (394). An eine radikale Ausscheidung des römischen Rechts dachte er allerdings nicht; hierfür erschienen ihm die Schwierigkeiten zu groß (395): Das wäre ein "ungeheuerer und fast so unerträglicher Purismus, als wollte ein Engländer den Gedanken durchführen, daß es noch möglich sei, die romanischen Wörter aus dem Englischen zu drängen und bloß die Wörter deutschen Ursprungs zu behalten". So urteilt er abschließend über die Rezeption (396): "Der praktische Gebrauch des römischen Rechts hat unleugbar unserer Verfassung und Freiheit keinen Vorteil gebracht. Im inneren Deutschland, seit er sein hergebrachtes Recht nicht mehr selbst weisen kann, ist der Bauersmann verdumpft ..."

Das Urteil Grimms zeichnet sich keineswegs durch übertriebene Schärfe aus, im Gegenteil ist seine Sprache sehr maßvoll und unpathetisch, und gerade deshalb gehen seine Worte dem Leser zu Herzen. Das aber dürfte seinem Urteil einen besonderen Wert verleihen. Denn mit einem Vergleich objektiv feststellbarer Tatsachen ist es nicht getan; gefühlsmäßige Elemente spielen bei der Beurteilung der Rezeption eine Rolle wie wohl nur bei wenigen rechtsgeschichtlichen Streitfragen. So wird jeder, der heute zu einem gültigen Gesamtbild über die Rezeption gelangen will, den Urteilen der Romantiker besondere Aufmerksamkeit schenken müssen.

6. Der heftige Meinungsstreit um die Kodifikation und die Grundsätze der Historischen Schule zog auch solche Rechtslehrer in seinen Bann, die mit der Historischen Schule, ja der Zivilrechtswissenschaft überhaupt wenig oder keine Verbindung hatten. Zu diesen gehört auch der große Kriminalist Anselm v. Feuerbach, der allerdings als junger Strafrechtslehrer, wahrscheinlich angeregt durch seine Kieler Verpflichtung, Institutionen zu lesen, auch "zivilistische Versuche" unternommen hat (397). An dem Streit um eine deutsche Zivilrechtskodifikation nahm er ebenfalls lebhaft Anteil (398).

Als Anhänger der Universalrechtsgeschichte (399) hat er für eine Beurteilung der Rezeption nationale Gesichtspunkte nicht in dem Maße herangezogen, wie die meisten seiner Zeitgenossen. Vielmehr war für ihn die Rezeption eine Notwendigkeit, die einem nicht mehr tragbaren Rechtszustand ein Ende bereitete; dabei ist er von der Überlegenheit des römischen Rechts überzeugt (400): "Und mitten unter diesen Sümpfen des Herkommens, angeerbter Irrtümer und gehaltloser, bloß auf Treu und Glauben angenommener Satzungen stand das römische Recht in hoher Majestät gebietend da, ein Meisterstück der Weisheit und des Nachdenkens vieler Jahrhunderte, voll Tiefe und Kraft, Gesetz und Muster zugleich für jedes kommende Geschlecht". Demgegenüber tadelt er die Einseitigkeit der "sogenannten Germanisten", die das römische Recht nur unter dem Gesichtspunkt des Fremdrechts sehen (401). Aber Feuerbach war, obgleich er damit der Rezeption bejahend gegenüberstand, auch kein Freund der zeitgenössischen Romanistik, ja der Historischen Schule überhaupt, deren Ansicht über eine deutsche Kodifikation er auch nicht teilte. So gibt er die Schuld für die von ihm oft beklagte Trennung von Theorie und Praxis der Historischen Schule (402). Vor allem war nach seiner Ansicht die Historische Schule weit davon entfernt, eine ideale Pflegestätte des römischen Rechts zu sein. Vielmehr bestehe ihre Tätigkeit darin (403), "den Rechtsleichnam eines vor Jahrtausenden untergegangenen Volkes zu zergliedern, um denselben bei sich von neuem künstlich zusammenzusetzen und wieder zu einem Scheinleben zu erwecken".

7. Die Enttäuschung, die die Germanisten an der Wirklichkeit der Historischen Schule erleben mußten, zeigt sich gegen Ende der 20er Jahre zunächst erst noch ganz vereinzelt. Sie erscheint zuerst auch nur in Einzeldarstellungen in Gestalt unvermittelter Temperamentsausbrüche dem römischen Recht gegenüber. Die großen Lehrbücher und Gesamtdarstellungen gehen auf diese Polemik noch nicht ein. So sind es trotz gelegentlicher Heftigkeiten noch Vorpostengefechte, die nicht unbedingt zur Trennung von Germanisten und Romanisten führen mußten.

Hierfür scheint Schildener typisch zu sein, der sich über die Rezeption wie folgt äußert (404): "Als jedoch das römische Recht dem deutschen zur kräftigen Richtschnur mitgeteilt wurde, ward dieses ruhige Fortschreiten im volkstümlichen Bewußtsein unterbrochen; ein fremdes, von innen heraus unverständliches und nur von außen herein auffaßbares Recht ward Gegenstand der Verehrung ... Die Begebenheit ist auf allen Fall unsittlich durch und durch - und diese National-Unsittlichkeit ist es, an deren Folgen wir noch in diesem Augenblick kranken". Zu welchen überspitzten Formulierungen unangebrachter Übereifer führen konnte, beweist eine zweite Stellungnahme von Schildener, in der er auf die Auffassung seines Kollegen Kindlinger vom römischen Recht verweist (405): "... daß er schon in seinen jungen Jahren, mit Beifall sehr schätzbarer Männer, den Entschluß faßte, das römische Recht nie zu studieren, um seine Begriffe von jedem fremden Einfluß rein deutsch zu erhalten und so dem Wahren in unserer vaterländischen Geschichte immer näher zu treten". Diese Auffassung ist nach Schildeners Ansicht "wahrhaft bedeutsam" und verdiene aufrichtige Anerkennung.

8. Darf die Bedeutung dieser ersten literarischen Angriffe von germanistischer Seite nicht überschätzt werden, so war es auf Seiten der Romanisten Puchta, der bedeutendste romanistische Schüler Savignys, der sogleich in Lehrbüchern und größeren Darstellungen mit schwerem Geschütz in diese Vorhutgefechte eingriff und damit zum eigentlichen "Krieg", um bei dem wenig schönen Bild Christs (406) zu bleiben, überleitete.

In seinem "Gewohnheitsrecht" (1828) sind bereits fast alle Gesichtspunkte angeführt, unter denen er auch später die Rezeption zu beurteilen pflegte; das Gleiche gilt für die polemische Schärfe seines Stils. Nach Puchtas Meinung herrschte vor der Rezeption in Deutschland ein völliges Chaos (407): "Einen so rohen Zustand (er spricht von der altdeutschen Gerichtsverfassung) können wir uns bei allen Völkern in der Kindheit der Welt denken, ohne daß nach der Umwälzung und Läuterung einer langen Zeit für die Stufe der Zivilisation noch bedeutende Spuren desselben als ein der gesellschaftlichen Ordnung widerstrebendes Element übrig blieben. In Deutschland aber finden wir diesen Zustand in einer weit vorgerückten Zeit ..." Ebenso heißt es an anderer Stelle (408): "Kein Kundiger wird aber behaupten können, daß das Chaos des damaligen germanischen Rechts dazu (zu einer wissenschaftlichen Fortbildung) geeignet war". Dementsprechend sind die Juristen, die damals die Rezeption durchführten, als Retter zu loben (409): "Daß sie dem römischen Recht sich zuwandten, kann ihnen nur zum Lobe gereichen. Denn wer damals wissenschaftlichen Sinn und das Bedürfnis geistiger Bildung in diesem Zweig empfand, konnte keinen anderen Weg einschlagen". Für Bestrebungen, die gegen das römische Recht gerichtet sind, hat Puchta kein Verständnis (410): "Ja, diese Schrift (die Reformation Friedrichs III) ist von der Beschaffenheit und in einem solchen Geist geschrieben, daß wir eher geneigt werden müßten, auf die Seite derer zu treten, welche in einer so unwissenden und geistlosen Manier angegriffen werden". Ebenso wenig hat er für eine Auffassung übrig, die die Rezeption bedauern könnte (411): "Wenn auch nicht zu leugnen ist, daß der Sieg des römischen Rechts der damaligen Zeit selbst im einzelnen so verderblich war als andere Kämpfe, welche die Umwälzung der Zeiten mit sich brachte, so können wir, die wir die Früchte jener Drangsale genießen, am wenigsten uns darüber beschweren, wenn wir nicht mit phantastischem oder pedantischem Sinn in der eitlen Sehnsucht nach vorübergegangenen Zeiten ein Gefallen finden. Nur auf diese Weise ist es möglich geworden, daß unser gegenwärtiger Rechtszustand einer Einheit, einer vollständigen wissenschaftlichen Erfassung fähig ist, und davon muß sich am Ende jeder überzeugen, der nur nicht bei dem eitlen Gedanken stehen bleibt: es wäre doch besser, wenn das römische Recht nie die Alpen überschritten hätte".

Diese Gedanken kehren auch in den späteren Werken Puchtas, zum Teil in verschärfter Form - inzwischen waren ja auch die Feindseligkeiten zwischen Romanisten und Germanisten offen ausgebrochen - wieder. So stellte er die Rezeption des römischen Rechts in Deutschland in einer Weise dar, die man wohl schon damals als gänzlich unzutreffend erkannt hatte. Nach ihm erfolgte die Rezeption "nicht durch äußere Gewalt, sondern durch die Macht wissenschaftlicher Überzeugung" (412); das römische Recht verdrängte das deutsche infolge seiner höheren Qualitäten (413). "So gelangte das römische Recht an Deutschland, wo es sich gleich anfangs der Geister der gebildeten Staatsmänner und Gelehrten bemächtigte, dann in die höheren und niederen Gerichte eintrat, endlich auch dem unmittelbaren Volksbewußtsein nicht fremd blieb" (414). Für die Gegner des römischen Rechts findet Puchta tadelnde Worte (415): "Es gibt Juristen in Deutschland, welche die römischen Elemente aus unserem Recht zu Gunsten der eigentümlichen deutschen Rechte entweder ganz verdrängen, oder für jetzt wenigstens durchaus unterzuordnen sich bestreben, denen vergleichbar, die das Heil der deutschen Kunst in der Vernachlässigung der Antike zu erstreben dachten, oder die im Studium der griechischen Muster eine Korruption der deutschen Poesie erblickten". Er verurteilt zwar auch den Streit zwischen Romanisten und Germanisten, beschuldigt aber - im Gegensatz zu Savigny - die Germanisten als Urheber dieses Zwiespaltes (416): "Es ist sehr Unrecht, daß von Seiten der meisten Germanisten ein unfruchtbarer Streit gegen die Position, die das römische Recht einnimmt, erhoben worden ist. Soll das deutsche an Boden gewinnen, so kann dieses nicht durch Deklamationen geschehen, sondern durch innere, systematische logische Ausbildung desselben. Man kann jenen unzeitigen Deklamationen auf höchst einfache Weise begegnen. Kein Richter wird in Verlegenheit sein, wo er irgendein Pandektenlehrbuch als Entscheidungsnorm gebraucht, es wird ihn nirgend im Stiche lassen. Mit dem ausführlichsten der Handbücher des deutschen Privatrechts wird er dagegen unter hundert Prozessen kaum einen entscheiden können". Im gleichen Buch bringt Puchta noch einen für die Germanistik wenig schmeichelhaften Vergleich (417): "Wie sich das reine deutsche Recht entwickelt haben würde ohne die Hinzukunft des römischen Rechts, ist ebenso wenig zu sagen, wie die deutsche Kunst oder Poesie oder Philosophie ohne den Einfluß der griechischen und römischen ... Wie bei der Kollision zwischen nordamerikanischen Indianern und den Weißen die Zivilisation für die rohe Natur ein verzehrendes Feuer war", so habe das römische das primitive deutsche Recht verzehrt. Am besten jedoch kommt die Auffassung Puchtas vom römischen Recht und der Rezeption zum Ausdruck, wenn er, die Ansicht des Humanisten Fuchsberger (418) über die Bedeutung des römischen Rechts für die Zivilisation wiedergebend, sich diesem Urteil dem Sinne nach anschließt (419). Savigny beruft sich also auf Melanchthon (420), Puchta auf Fuchsberger! Das ist sicher eine der kennzeichnendsten Beziehungen, die eine Literärgeschichte der Rezeption aufzeigen kann.

Hatten also die Romanisten der Historischen Schule bisher auf die germanistischen Angriffe, wenigstens im Schrifttum, nicht reagiert, so besorgte jetzt Puchta dies um so heftiger; seine scharfe Polemik schon in einem so frühen Zeitpunkt dürfte einer der Hauptgründe dafür sein, daß aus der Abspaltung der Germanisten ein regelrechter Krieg entstand.

9. Savignys Lehre vom Volksgeist hatte nie besondere Lebenskraft entwikkeln können. Vollends seine Auffassung, der Juristenstand, insbesondere auch der des Rezeptionszeitalters, übe die rechtsschöpferische Kraft des Volkes aus, und seine Rechtsauffassung müsse daher mit der des Volkes identisch sein, enthielt ein so "offensichtliches Dilemma" (421), daß es wohl nur der Autorität Savignys zu verdanken ist, wenn sich diese Theorie etwa drei Jahrzehnte mühsam halten konnte. Als dann noch Puchta behauptete, das römische Recht sei durchaus auch in das unmittelbare Volksbewußtsein übergegangen, trat Georg Beseler mit seinem "Volksrecht und Juristenrecht" (1843) auf den Plan. Der Schluß, zu dem Beseler in dieser Schrift kommt, lautet, soweit er für unser Thema von Interesse ist: Durch die Rezeption ist ein so komplizierter Rechtszustand geschaffen worden, daß die Rechtsentwicklung dem Rechtsbewußtsein des Volkes entglitten ist, vielmehr wurde das Recht Sache eines besonderen Berufes, der seine Rechtsüberzeugung ohne Rücksicht auf das Volk zur Geltung bringt, kurz: Von der Rezeption ab und durch sie bedingt datiert die Entstehung eines Juristenrechts.

Mit voller Schärfe brachte damit Beseler zum Ausdruck, was schon lange im Unterbewußtsein der Romantik geschlummert hatte. Allgemein unterschied man jetzt Volksrecht und Juristenrecht; man legte diesen Unterschied sogar der Systematik von Lehrbüchern zu grunde (422); Savignys Lehre hatte den Todesstoß erhalten.

Zunächst allerdings verdient Hervorhebung, daß Beseler eine ganze Reihe von Vorzügen des römischen Rechts anerkannte, ja selbst der Rezeption einige gute Seiten abgewonnen hat (423): "Daß durch die Rezeption vieles besser geworden ist, läßt sich nicht leugnen ... Durch die Rezeption ist der Begriff des gemeinen Rechts erst recht eigentlich gebildet worden. Das ist eine so heilsame Folge, daß, wie ich offen gestehe, ich bisweilen schwankend gewesen bin, ob der materielle Schaden, welchen die Rezeption herbeigeführt hat, nicht durch den formellen Nutzen wieder aufgehoben worden ist". An anderer Stelle äußert er sich in gleichem Sinne (424): "Welche Folgen auch sonst mit der Rezeption verknüpft sein mögen, in einer Beziehung hat die Herrschaft des fremden Rechts jedenfalls sich als wohltätig erwiesen und die nationale Entwicklung gefördert, indem sie der bunten Mannigfaltigkeit des Partikularrechts gegenüber das Prinzip der Einheit vertrat". Allerdings spricht er im gleichen Buch wenig später (425) vom römischen Recht, das "störend und gewltsam in unser Rechtsleben eingedrungen ist". Ausführlich nimmt Beseler jedoch an anderer Stelle zur Rezeption Stellung (426): "Es begann jetzt die Entfremdung des Volkes von seinen eigensten Angelegenheiten, jene Bevormundung von oben her, welche später, als von den Landständen und Gemeinden die rechte Kraft und Tüchtigkeit gewichen war, auch auf die Verwaltung ausgedehnt wurde, und das frische Leben, welches die Nation noch aus dem Mittelalter in die neue Zeit herüber gebracht hatte, vollends zerstörte. Indessen: Das römische Recht setzte für lange Zeit einen Damm dem üppig wuchernden Partikularrecht entgegen, glich schroffe Gegensätze des Ständerechts aus; trotz seiner byzantinischen Überarbeitung hatte es noch Vieles von der hohen Kraft und Vollendung der Antike bewahrt, welches auf das germanische Wesen einen heilsamen Einfluß ausgeübt hat. Dieses alles hätte freilich auch erlangt werden können, wenn man sich mit besonnener Mäßigung des fremden Rechtes bedient hätte, um das einheimische danach zu bilden und formell zu veredeln; die unbedingte Rezeption des vollständigen Materials und die Unterdrückung des eigenen Rechtslebens, welche notwendig daraus folgte, bleibt immer ein Nationalunglück, welches der Patriot nur beklagen kann, wenn es auch aus der Verkettung der Verhältnisse wie mit Notwendigkeit hervorgegangen ist". Den gleichen Gedankengang in kurzer Zusammenfassung äußerte Beseler auch auf dem Lübecker Germanistentag (427): "Das Übermaß der Rezeption hat geschadet; eine Veredelung unseres Rechts nach dem Vorbild der Antike würde stets zu loben gewesen sein".

Ebenso wie Beseler mit seinem "Volksrecht und Juristenrecht" Gedanken aussprach, die alle Rechtshistoriker, zum mindestens die germanistischen, bewegten und daher eine große Wirkung hatten, so war seine Formulierung "Die Rezeption ein Nationalunglück" das zweite Stichwort, das in den unruhigen Jahren um die Mitte des 19. Jahrhunderts dem Denken und Fühlen vieler Juristen entgegenkam und daher ebenfalls noch, selbst bei Romanisten (428), Schule machen sollte.

10. In der Tat hören wir bei Karl v. Rotteck, dessen Urteil als das eines Angehörigen der damals innerhalb der deutschen Rechtswissenschaft stark verbreiteten liberalen Richtung besonders eindringlich von patriotischem Geist geformt ist, ganz ähnliche Argumente (429): "Was uns anbetrifft, so gehören wir zu denen, welche in dem Eindringen des römischen Rechts ein nationales Unglück sehen. Nicht, als ob wir meinten, daß derzeit ein nationales Recht in unserem heutigen Verstand des Wortes, oder ein nationales Gefühl hätte gebrochen werden müssen, um dem fremden Recht den Platz zu bereiten ... Nicht ferner in dem Sinne, als ob der frühere Rechtszustand in seiner unermeßlichen Zersplitterung uns glücklicher, verheißungsvoller erschiene, obgleich sich wieder nicht verkennen läßt, daß gerade diese Einheit, welche das römische Recht uns brachte, in seinem Schoße eine Vielheit barg, welche später als Territorialhoheit das deutsche Reich zertrümmerte. Das uns Bestimmende ist allein, daß dadurch Recht und Volk getrennt, daß Regierung und Regierte zu einem Gegensatz geworden, daß der öffentliche Charakter unseres Volkes unter jenem Ereignis gebrochen ist, so daß wir in kindischer Hilflosigkeit vor jeder Aufgabe stehen bleiben, welche eine anderes Volk wie in unbewußtem Spiel löst, sobald es heranwächst. Die Rezeption des römischen Rechts ist die Hauptursache unserer politischen Schmach".

Dieses Urteil sieht erstmalig die Rezeption unter rein politischen Gesichtspunkten, die für Rotteck besonders nahe liegen mußten; es leitet eine Diskussion ein, die für die weitere Ausgestaltung der Legende der Rezeption von größter Bedeutung ist.

11. Einer der ersten, die an den Methoden der Historischen Schule Kritik übten und einer der wenigen, die schon damals erkannten, daß durch die Wirksamkeit dieser Schule eine Art Nachrezeption in Deutschland im Gange war, war der schweizerische Jurist J. C. Bluntschli. Obgleich er zunächst stark unter dem Einfluß von Keller und Savigny stand und sich anfangs auch romanistischen Arbeiten zuwandte, erkannte er doch bald, daß in seiner engeren Heimat das einheimische Recht seine führende Stellung behauptet hatte, und gelangte so zwanglos und ohne sichtbaren Bruch mit der Historischen Schule zu immer intensiverer Erforschung der einheimischen Rechtsquellen, bis er schließlich "zum Germanisten entschiedener Färbung" wurde (430). So schrieb er an seinen Lehrer Savigny (431): "In mir war das Gefühl lebhaft, daß die Wissenschaft des deutschen Rechts so lange und über Gebühr zurückgesetzt wurde". Auch in seinen Lehrbüchern findet sich bisweilen die Bemerkung, daß die Wirksamkeit der Historischen Schule nicht in jeder Beziehung ein Segen war (432): "... so ist in derselben (Rezeptions-) Zeit auch der Pedantismus und die formelle Gesetzesautorität - eben der juristische Zopfstil - überall, außer in England, auf den hohen Schulen der Wissenschaft und an den Gerichtshöfen herrschend geworden. Leider müssen wir bekennen, am ärgsten in Deutschland ... In einigen Beziehungen ist es sogar in Folge der neueren Fortschritte in unseren Tagen noch schlimmer geworden als je zuvor". Von Thomasius als einem Vorkämpfer für das deutsche Recht hat Blunt-

schli ein sehr ideales Bild gezeichnet (433), seine "Verachtung für den herkömmlichen gelehrten Schlendrian mitten im Lager der Philister", selbst seine manchmal überhebliche Freigeisterei lobend hervorgehoben (434). Am deutlichsten ist Bluntschlis Stellung zur Rezeption jedoch zu erkennen, wenn er in Darstellungen aus der schweizerischen Rechtsgeschichte oft den Hinweis anbringt, daß ja die Schweiz erfreulicherweise vom römischen Recht verschont geblieben sei. So schreibt er (435): "Eben deshalb ist die Schweiz, welche den früheren Einflüssen des römischen Rechts kaum viel weniger ausgesetzt war als Süddeutschland überhaupt, von dieser direkten und pedantischen Herrschaft eines fremden Gesetzbuches verschont geblieben, weil ihr dasselbe nicht von dem obersten Reichsgerichte aufgezwungen wurde". An anderer Stelle bemerkt er über den Einfluß schweizerischer Juristen, die in Deutschland studiert hatten und römisches Recht in die Schweiz brachten (436): "Der Pedantismus der Schule bedrohte auch die Existenz unseres nationalen Rechts. Aber glücklicherweise fing diese Entwicklung sehr spät an, und war von Anfang an nicht ausgebreitet und mächtig genug, um tief einzugreifen".

12. Ein leidenschaftlicher Kämpfer für das deutsche Recht wie für eine liberale Weltordnung war A. L. Reyscher, der zusammen mit Wilda 1838 die "Zeitschrift für deutsches Recht" als Kampforgan gegen die Historische Schule gründete. In dieser hat er das römische Recht wiederholt angegriffen (437): "Auch der Inhalt des römischen Rechts war es, der der deutschen Volksansicht und den bisherigen Gewohnheiten vielfach widersprach". Allerdings gibt auch er zu (438): "Es gab keine Wissenschaft des Rechts in Deutschland, bevor wir mit dem römischen Recht bekannt wurden ... Wir sind ein Kind der römischen Wissenschaft. Aber das Kind bleibt nicht ewig in den Kinderschuhen". Von den Romanisten hat er keine hohe Meinung (439): "Unter der romanisierenden Richtung unserer Wissenschaft leidet nicht bloß das Volksleben, welches dabei nach einem fremden Maßstab gemessen wird, sondern auch unser gelehrter Unterricht". Die Zukunft muß jedenfalls nach Reyschers Ansicht dem deutschen Recht gehören (440): "Das römische Recht wird künftig gegenüber dem deutschen die Stellung einnehmen, wie die klassische zur deutschen Philologie".

13. Besonders heftig ist das römische Recht und seine Rezeption auf den Germanistentagen zu Frankfurt und Lübeck angegriffen worden; die wesentlichsten Äußerungen aus diesen Versammlungen sind allerdings bereits oben im Zusammenhang wiedergegeben worden (441). So sind hier nur vier kurze Stellungnahmen nachzutragen, die jedoch bedeutungsvoll sind, nicht zuletzt, weil sie wiederum zwei Romanisten, von denen einer sogar das Wort von der Rezeption als Nationalunglück aufnimmt, in den Reihen der Gegner der Rezeption zeigen. Wir bemerken freilich zunächst eine positive Stellungnahme von Heffter (442): "Wir würden uns aber in einen Zustand der Barbarei zurückversetzen müssen, wenn wir mit einem Male dasjenige ausrotten wollten, was uns das römische Recht gebracht hat". Anders jedoch Mittermaier; er führt an einem Beispiel aus dem Erbrecht aus, daß bei dem deutschen Recht sich eine "Übereinstimmung

aller Rechtssätze mit dem Leben und den Bedürfnissen in einer gewissen Billigkeit" zeige, "während im römischen Recht die furchtbare Konsequenz allein entscheidet ... Sagen Sie mir nicht: Das römische Recht ist in das Rechtsbewußtsein des Volkes übergegangen; ... ich leugne das. Glauben Sie wahrhaft, daß in das deutsche Volk der Unterschied von der bonorum possessio und der Zivilerbfolge übergegangen ist?" (443) So bezeichnet Mittermaier die Rezeption zum mindesten in einzelnen Beziehungen als eine "furchtbare, dem Volksbewußtsein widersprechende Verletzung" (444) und stellt allgemein fest (445): "Unser Recht steht im Widerspruch mit dem Leben, mit dem Volksbewußtsein, den Bedürfnissen, Sitten, Gesinnungen, Ansichten des Volks". Das Gesamturteil Mittermaiers über die Rezeption lautet daher (446): "Dieses Gesetzbuch, das von einer anderen Nation herrührt, unserem Volk aufdrängen, und es auf diese Weise täuschen, ist Unrecht". Nicht minder scharf verurteilte der Romanist v. d. Pfordten die Rezeption (447): "Daß das römische Recht als Gesetzbuch rezipiert worden ist, halte ich für ein Nationalunglück ... Der Bürger kann verlangen, daß das Gesetz, wonach er gerichtet wird, von ihm verstanden wird". Ähnlich die Stellungnahme von Wächter (448): "Jene Rezeption, so viel ich in mancher Beziehung von ihr halte, hat uns manches Unheil gebracht, hat uns in publizistischen Verhältnissen die wichtigsten Rechte genommen (es folgt eine Darstellung des Einflusses des römischen Rechts auf die Entwicklung zum Absolutismus am Beispiel Württembergs). In dieser Beziehung beklage ich allerdings sehr die Rezeption und die einseitige Anwendung des römischen Rechts".

14. Nach Erörterung der Germanistentage wollen wir die unmittelbaren Frontstellungen im Kampf der Urteile über das römische Recht verlassen und uns einem Manne zuwenden, der an diesen hitzigen Gefechten nicht direkten Anteil genommen hat, nämlich dem Rechtsphilosophen Friedrich Julius Stahl (449), der in seiner "Philosophie des Rechts" eine eingehende Untersuchung "Über den Wert des römischen Privatrechts" anstellt und, nachdem er diesem einen hohen Wert zugesprochen hat, hinsichtlich der Rezeption zu folgender Bewertung gelangt (450): "Ob es nun nicht dennoch glücklicher gewesen wäre, wenn das römische Recht in Deutschland nicht rezipiert worden wäre, sondern nur als Muster zu freier Nachbildung gedient hätte, das ist gegenwärtig eine müßige Frage. Nachdem diese geschehen, wollen wir uns seines Besitzes nicht bloß als einer rechtswissenschaftlichen Kraft, sondern auch als eines rechtswissenschaftlichen Schatzes freuen ... Eine Ausstoßung des römischen Rechtsstoffes aus unserem Leben ist ebenso wenig möglich als wünschenswert. Gleich wie das engliche Volk aus Romanen und Germanen zu einem Volke, seine Sprache aus dem zwiefachen Stamm zu einer Sprache erwachsen ist, in ähnlicher Weise wird auch unser Recht immerdar das Gepräge seiner Doppelabkunft an sich tragen".

15. Es ist nunmehr an der Zeit, derjenigen Männer zu gedenken, die ungeachtet der bei Savigny und der Historischen Schule zu Tage tretenden Geringschätzung gegenüber den Partikularrechten unbekümmert ihre Vorlesungen über die in Geltung befindlichen Kodifikationen, von denen uns

hier das ALR interessiert, fortsetzten und auch im Schrifttum für deren Pflege eintraten. Sie kamen damit nicht nur einem unbestreitbaren Bedürfnis nach, sondern hätten hierdurch zugleich auch als Hüter des für die Gegenwart und Zukunft wichtigsten Schatzes der Germanistik ein für die von der Historischen Schule ausgehenden Romanisierungstendenzen uneinnehmbares Bollwerk schaffen können. Allein diese Möglichkeit wurde größtenteils verspielt. Denn Savigny war trotz seiner Abneigung weit davon entfernt, die Bedeutung der Wissenschaft vom ALR zu verkennen, wie er auch selbst Vorlesungen hierüber gehalten hat. Hierbei ging er nicht zuletzt von der Absicht aus, die Wissenschaft vom ALR und damit die Praxis zu sich hinüberzuziehen, und es beweist erneut die Autorität und die Überzeugungskraft Savignys, wenn diese seine dem Geist des ALR durchaus widersprechenden Tendenzen beträchtlichen Erfolg hatten. Bald äußerten Lehrer des ALR, so F. W. L. Bornemann, die Überzeugung, "das wir weder durch das Studium der Philosophie überhaupt, noch des Naturrechts insbesondere, sondern allein durch ein gründliches Studium des römisch-justinianischen Rechts eine gehörige Vorbereitung zum Studium des Landrechts erlangen können". Als Kenner des römischen Rechts werde man dann "ohne das Landrecht angesehen zu haben, in den Besitz der meisten leitenden Grundsätze desselben gesetzt" (451). Aber auch der weit begabtere C. F. Koch erklärte im Jahre 1837, er habe sich zum Ziel gesetzt, "die Schätze der gemeinrechtlichen Literatur auf die dürren Felder des Preußischen Landrechts zur Befruchtung abzuleiten" (452), wenn er hierin auch eine gewisse Selbständigkeit gegenüber der Historischen Schule an den Tag legte (453). Freilich hat Bornemann später den elementaren Irrtum, in dem er und seine Kollegen sich befanden, entdeckt und versucht, den eigenständigen Geist des ALR zu erhalten. Auch seine Meinung vom römischen Recht wurde jetzt eine andere (454): "Bei dem Gebrauch des römischen Rechts in den Gerichten wurde es fühlbar, daß dasselbe keineswegs in jeglicher Hinsicht ein geschriebenes Vernunftrecht für Deutschland sei, sondern der Volksansicht und bisherigen Gewohnheiten in vielen wesentlichen Beziehungen widerspreche". Indessen war es bereits zu spät; die Wissenschaft hatte sich inzwischen des Landrechts in der ihr von Savigny gezeigten Weise bemächtigt (455). Wenn gleichwohl auch das Partikularrecht und seine Vertreter in der Folgezeit für die Emanzipation der Germanistik eine nicht zu unterschätzende Rolle spielten, so blieb dieses Bündnis doch immer ein recht loses und versagte da, wo es sich hätte bewähren sollen: bei der Schaffung des BGB.

16. Von den Schülern Savignys reicht zwar Rudorff an die Bedeutung Puchtas nicht heran, jedoch ist sein Urteil über die Rezeption aus bestimmten Gründen bemerkenswert. Er äußert sich folgendermaßen (456): "Daß aber diese Autorität (des römischen Rechts) nicht an die Grenzen der kaiserlichen Gewalt und der kirchlichen Gerichte gebannt blieb, daß hinter und über den Landesgesetzen noch ein Kulturrecht steht, welches, wenn es auch aufhört als gemeines Recht zu gelten, als geschriebene Rechtsvernunft, als objektives geschichtliches Naturrecht einen unverlierbaren Einfluß behaupten muß, das verdanken wir zuletzt den Glossatoren ..."

Diese Klassifizierung des römischen Rechts als ratio scripta, als gegebenes natürliches Vernunftrecht muß Erstaunen hervorrufen in einer Zeit, die die Lehren der vernunftgläubigen Naturrechtler längst überwunden hatte und, mißtrauisch gegenüber der Allmacht der menschlichen Ratio, höhere Ansprüche an ein Rechtssystem stellte als Übereinstimmung mit der Vernunft. Indessen ist der Übergang vom Naturrecht zur Historischen Schule nicht so abrupt, wie vielfach angenommen wird (457). Lehrbücher des Naturrechts schrieben noch Hugo, ja sogar noch Reyscher im Jahre 1831. "Das römische Recht ist unser Naturrecht", äußerte Hugo (458), und Koschaker stellt allgemein fest (459): "Die deutsche Pandektistik war Fortsetzung des Naturrechts mit anderen Mitteln". Diese Zusammenhänge dürften auch das Urteil Rudorffs bestimmt haben.

17. Mehr muß es schon überraschen, wenn ein Germanist, nämlich Zoepfl, für eine positive Beurteilung des römischen Rechts zu denselben Argumenten greift. Indessen hatten wir schon wiederholt Gelegenheit darauf hinzuweisen, daß die Unterscheidung der Urteile nach Germanisten und Romanisten sich in keinem der zu untersuchenden Zeitabschnitte mit einer solchen nach ihrer inhaltlichen Natur decken würde, daß die Verschiedenheiten im Ausfall der einzelnen Urteile vielmehr auf wesentlich schwieriger feststellbare Tatsachen zurückgeht. So fällt auch die Auffassung von Zoepfl völlig aus dem Rahmen der sonst in Germanistenkreisen üblichen Betrachtungsweise (460): "Nicht nur war damals das römische Recht das einzig wissenschaftlich ausgebildete, sowie auch das allein wissenschaftlich behandelte und schulmäßig gelehrte Recht, sondern es enthält auch wirklich so viele allgemein anwendbare, mit der schärfsten Logik aus dem innersten Wesen des Rechtsbegriffes entwickelte Sätze, daß es in nicht wenigen seiner Lehren auf eine universelle Anerkennung seiner Vortrefflichkeit Anspruch zu machen berechtigt ist, und schon frühzeitig als eine Art geschriebenes Vernunftrecht erkannt werden mußte".

18. Etwa seit den 50er Jahren üben die von den Germanisten gegen die Rezeption erhobenen Vorwürfe auf die Romanisten doch insoweit eine Wirkung aus, als man jetzt in Pandektenlehrbüchern und ähnlichen Gesamtdarstellungen kurz auf diese Argumente eingeht und nicht selten dabei auch einige Fehler in der Art und Weise der Rezeption zugibt. Ebenso wie im 17. Jahrhundert nach der Erschütterung, die die Geltung des römischen Rechts in Deutschland durch Conring erfahren hatte, die Autoren von Werken über das römische Recht diesen ihren Veröffentlichungen eine Auseinandersetzung mit Conring und eine eingehende Begründung der Geltung des römischen Rechts in Deutschland voranstellten (461), so hatte man jetzt auf romanistischer Seite erkannt, daß man nicht mehr über die gegen das römische Recht und dessen Rezeption erhobenen Vorwürfe, die nicht selten grundsätzliche Fragen betrafen (462), zur Tagesordnung übergehen konnte. Hierfür kann Vangerow als Beispiel dienen. Zwar kann er sich natürlich nicht denen anschließen, die, wie Kierulff und Reyscher, die Rezeption im complexu überhaupt bestreiten (463), im übrigen aber gibt er zu (464): "Es ist nicht zu verkennen, daß die unglückliche Sucht früherer Juristen,

alles zu romanisieren, der kräftigen Entwicklung des nationaldeutschen Rechts mehr geschadet hat, als die Tatsache der Rezeption des römischen Rechts".

19. In ähnlicher Weise wie das Urteil von Vangerow dürfte das von Gerber zu deuten sein. Gerber hat sich, trotz aller Gegensätze zwischen Romanisten und Germanisten, in gleicher Weise dem römischen und dem deutschen Recht gewidmet, wobei der Schwerpunkt bei ihm leicht zur romanistischen Seite tendiert.

Die vermittelnde Stellung, die Gerber einzunehmen sich bemühte, wurde ihm leider von germanistischer Seite besonders übel vermerkt (465). Indessen lag auf germanistischer Seite mindestens im Hinblick auf Gerbers Stellung zur Rezeption kein Grund vor, sich in diesem Maße über ihn zu beschweren. Dabei läßt sich von Auflage zu Auflage seines "Deutschen Privatrechts" deutlich beobachten, wie das Urteil des Verfassers immer mehr im germanistischen Sinne ausfällt. Anfangs schreibt er noch durchaus wohlwollend (466) "Die Macht innerer Vollendung war es vor allem, welche dem römischen Recht seine Stellung verschaffte ... Damit wurde das deutsche Recht freilich seiner Selbständigkeit beraubt, denn die Kraft der Rechtsüberzeugung wurde von da ab fast ausschließlich zur Ausbildung und Naturalisierung des römischen Systems verwendet, und erst von diesem erhielten die übrig gebliebenen Fragmente des deutschen Rechts, welche jenen hinzugesellt wurden, ein kümmerliches Leben". In der zehnten Auflage bleibt die Auffassung Gerbers im allgemeinen noch dieselbe, wenn auch jetzt an der gleichen Stelle das traurige Schicksal des deutschen Rechts eindringlicher hervorgehoben wird; jetzt heißt es (467): "Die Trümmer des vaterländischen Rechts wurden an seine (des römischen Rechts) Peripherie gelegt". Eine erhebliche Verschärfung dagegen erfährt Gerbers Stellungnahme in der 17. Auflage. Hier sagt er (468): "Das Eindringen des römischen Rechts ist durch die Praxis der königlichen und landesherrlichen Hof- oder Kammergerichte ... verschuldet. Es war bei diesen Gerichten ein durchaus unvolkstümlicher Geist, eine arge Geringschätzung heimischer Sitte und heimischen Rechts, eine blinde Vorliebe für ausländisches ... Wesen zur Herrschaft gelangt. ... Anfangs staunten die deutschen Richter das Corpus Juris verständnislos an; allmählich wagten sie es zu studieren, in dem vorgefaßten Glauben, an der Quelle aller Weisheit zu stehen; kritiklos nahmen sie die Regeln der Römer als das schlechthin Richtige entgegen ... So ist das römische Recht in Deutschland lediglich als Juristenrecht oder, wenn man so will, als Juristenunrecht zur Geltung gekommen, und es ist deutsches Volksrecht nur dadurch geworden, daß das deutsche Volk sich wohl oder übel in die Vergewaltigung gefügt hat". Im folgenden legt Gerber dar, daß das römische Recht nicht wegen seiner Vorzüge in Deutschland rezipiert worden sei. Die Juristen des 16. Jahrhunderts müssen sich dabei allerlei Schlechtes nachsagen lassen: sie hätten u.a. das Corpus Juris nur deshalb rezipiert, um die "subtilen Erörterungen der Pandektenjuristen in plumper Scholastik endlos fortzuspinnen". Im übrigen verhalte sich das römische zum deutschen Recht wie "das fertige Bild eines sehr mittelmäßigen Talents zu der genialen Skizze eines Meisters".

Ein solches Urteil nicht nur über die Rezeption, sondern auch über das römische Recht selbst aus dem Munde eines Mannes, der überwiegend als Romanist anzusehen ist, erinnert an Thibaut; es dürfte auch ähnlich wie dort zu erklären sein.

Mit Gerber können wir dieses Kapitel abschließen. Die Literärgeschichte der Rezeption in der ersten Hälfte des 19. Jahrhunderts zeigt damit ein recht buntes und vielgestaltiges Bild. Für sie bedeutet die Spaltung in Romanisten und Germanisten, so sehr sie zu beklagen ist, zweifellos eine Bereicherung, bemühten sich doch beide Seiten, unablässig neue Argumente in den Streit zu bringen und gewannen damit der Rezeption immer neue Seiten ab. Freilich vermissen wir die rechte Vertiefung dieser Urteile durch quellenmäßiges Arbeiten; der Rezeptionsvorgang selbst ist noch weitgehend unerforscht. Indessen war für die Menschen dieser Epoche die Wertung der Rezeption fast ausschließlich eine Sache des Gefühls; so wurden sie sich dieses Mangels kaum bewußt.

Bei den Germanisten zeigt sich ein einheitliches Bild: Durchweg der romantischen Richtung nahestehend oder später an der liberalen Bewegung der 40er Jahre beteiligt, lehnt ihr patriotisches Urteil die Rezeption ab. Interessanter sind die Stellungnahmen bei den Romanisten; bei ihnen geht der Bruch mitten durch die Reihen. Romantische oder nationale Vorstellungen sind es, die die Geister scheiden. Insofern ist es nicht korrekt, Romanisten und Germanisten in der Literärgeschichte der Rezeption für diesen Zeitraum als Antipoden anzusehen; richtiger muß man einer Gruppe von Romantikern diejenigen gegenüberstellen, die von dem Einfluß der großen Bewegung ihrer Zeit, wenigstens als Rechtsdenker, freigeblieben sind. Diese Tatsache zeigt die Bedeutung des gefühlsmäßigen Elements in der Literärgeschichte der Rezeption, welches nicht außer Acht gelassen werden sollte, trotz aller Objektivität, deren die Rechtsgeschichte sich befleißigt.

5. Kapitel

POSITIVISMUS, KODIFIKATIONSBESTREBUNGEN UND RELATIVIERUNG DER REZEPTION IM ERSTEN DRITTEL DES 20. JAHRHUNDERTS

Die großartige und begeisternde Bewegung, die durch die Romantik zu Beginn des 19. Jahrhunderts ausgelöst wurde, sollte nur zu bald verlöschen. Ihre nationale, eine neue gesamtdeutsche Staatlichkeit fordernde Komponente zeigt diese Entwicklung am deutlichsten. Sie, die während der Freiheitskriege zu hellem Fanal aufleuchtete und die nicht zuletzt in Thibaut einen beredten Sprecher fand, erlitt durch die enttäuschenden Resultate des Wiener Kongresses einen tödlichen Schlag. Die restaurierten absolutistischen Monarchien trugen den Sieg davon, die gesamtdeutsche Idee erstarb.

Auch die Geisteswissenschaften zeigen einen allmählichen Abbau der romantischen Denkweise, soweit sie überhaupt wesentlich von ihr erfüllt worden waren, was ja gerade für die Rechtswissenschaft nur mit Einschränkungen zutraf.

In der Tat ist die Zeit des mittleren und späten 19. Jahrhunderts, in der Kapitalismus und Industrialisierung die bestimmenden Faktoren sind, alles andere als romantisch. Wirtschaftliches Wohlbefinden und äußere Sicherheit nehmen zu, Naturwissenschaften und Technik erringen Erfolg auf Erfolg. Aber es lösen sich auch die gewachsenen Ordnungen und sittlichen Bindungen, die religiösen und metaphysischen Grundlagen des menschlichen Lebens. Das alles führt zu einer geistigen Wende; es beginnt die Epoche des Positivismus (469).

In der Jurisprudenz brachte dieser die Pandektistik hervor, nachdem Puchta schon den Volksgeist vom Amt der Rechtsschöpfung ausgeschieden und "gleichsam unschädlich gemacht" (470) hatte. Ihre Rechtsanschauung leitet alle Rechtssätze und Entscheidungen aus der Summe der juristischen Begriffe und Lehrsätze ab, ohne außerjuristischen, z.B. religiösen oder sozialethischen Wertungen, wirtschaftlichen oder soziologischen Zweckmäßigkeiten rechtserzeugende Kraft zuzugestehen. Ethische, politische oder volkswirtschaftliche Erwägungen seien nicht Sache des Juristen als solchen (471); "es gibt kein absolutes Recht" (472), äußerte Windscheid, auf eine tiefere Begründung des geltenden Rechts verzichtend. Der Positivismus beanspruchte Geschlossenheit, ja Lückenlosigkeit, wie dieses auch die zahlreichen Gesetze dieser Epoche erkennen lassen, die Justiz und Verwaltung möglichst auf die bloße Ausführung beschränken wollen; "das Recht gerinnt zum Gesetz" (473).

Freilich müssen schon im BGB und HGB die Generalklauseln auffallen, die, ein erstes Zugeständnis des Positivismus an die transjuristische

Sozialethik der Rechtsgemeinschaft, von der um die Wende zum 20. Jahrhundert einsetzenden Erschütterung des Positivismus Zeugnis ablegen. Nachdem schon durch Rudolf v. Jhering und Franz v. Liszt das Recht wieder stärker auf Zweck und Werte bezogen worden war, forderte vor allem die Freirechtsbewegung, daß der Richter, hoch über Begriffsjurisprudenz und Gesetzespositivismus stehend, wieder in die Stellung des "königlichen Richters" gehoben werden sollte.

Diese Tendenzen spiegeln deutlich die Tatsache wider, daß mit Beginn des 20. Jahrhunderts das Gefühl der inneren und äußeren Sicherheit der Menschen zu schwinden beginnt. Soziale Auseinandersetzungen ließen die überkommene Rechtsordnung als gefährdet und fragwürdig erscheinen. Man empfand das Bedürfnis nach einer tieferen Rechtfertigung der bestehenden Ordnung. Rechtsprechung und Lehre sahen sich vor schwerwiegende rechtspolitische Fragen gestellt, die sie nur in gänzlicher Abkehr vom positivistischen Denken lösen konnten. So fand der Nationalsozialismus bereits eine verhältnismäßig freie, stark auf die Billigkeit des Ergebnisses abgestellte Methode der Rechtssprechung vor, die er dann in einer Weise für seine Ziele gestaltete, von der die Überwinder des Positivismus noch nichts ahnen konnten.

Zur Charakterisierung der Situation, die das römische Recht in dieser Periode einnimmt, mag vorweggeschickt werden, daß schon bei der Darstellung der Historischen Schule aufgefallen war, wie wenig die dem römischen Recht immer mehr Boden entziehenden Kodifikationen in der Lage gewesen waren, seine wissenschaftliche Bedeutung einzuschränken. Das lag hauptsächlich an der mangelnden Berücksichtigung der Praxis durch die Gelehrten der Historischen Schule, die ein reines Professorenrecht entwickelten (474). Jetzt aber schickte der Gesetzgeber sich an, durch das BGB das römische Recht gänzlich auszuschalten, ihm auch die Rolle als Wahrerin der Rechtseinheit zu entziehen. Das römische Recht jedoch überstand auch diesen Schlag ungeschmälert. Denn in richtiger Erkenntnis der ihr drohenden Gefahren begann die deutsche Romanistik schon in den 80er Jahren, ihre historische Komponente auszubauen, da die dogmatische doch bestimmt war, in der Dogmatik der neuen Kodifikation aufzugehen. Diese sich auf rein historischem Boden bewegende, "neuhumanistische" Richtung (475) durfte sich in der Tat mit ganz anderem Recht historisch nennen als jemals die Schule Savignys, die immer zugleich auch dogmatische Interessen hatte. Konnte man letzterer aus diesem Grunde die Vernachlässigung der Praxis zum Vorwurf machen, so hat diese, das römische Recht ausschließlich als historisches Phänomen betrachtende Richtung eine Verbindung zur Praxis nie erstrebt, die für ihre Zwecke auch nicht erforderlich war. Freilich entging sie so auch nicht der Gefahr, zu einer Geheimwissenschaft zu werden, die, zu einem Teil der Geschichtswissenschaft geworden, sich in ihren Methoden und Interessen immer mehr vom spezifisch Juristischen entfernen mußte (476).

Damit hängt die für die Literärgeschichte der Rezeption interessante Tatsache zusammen, daß mancher klangvolle Name der rechtsgeschichtlichen

Forschung in dieser Arbeit nicht erscheint. Denn während es zur Zeit der Historischen Schule und durchaus auch noch zur Zeit des frühen und mittleren Positivismus üblich war, daß jeder Lehrer des römischen Rechts, der Arbeiten von einiger Bedeutung veröffentlichte, im Regelfalle auch ein Pandektenlehrbuch verfaßte und so nicht umhin konnte, auch zu grundsätzlichen und allgemeinen Fragen des römischen Rechts und damit zumeist auch zu seiner Rezeption Stellung zu nehmen, zieht sich die romanistische Forschung seit Beginn des 20. Jahrhunderts immer mehr auf die Untersuchung ausgewählter Einzelprobleme zurück. Vergleicht man die Zahl der in der ersten Hälfte des 20. Jahrhunderts neu erschienenen Lehrbücher des römischen Rechts mit der Zahl derer, die in den davor liegenden 5 Jahrzehnten veröffentlicht wurden, so wird man auf einen Bruchteil kommen, der noch unter einem Zehntel liegt. So kommt es, daß so bedeutende Romanisten wie Otto Lenel oder Ludwig Mitteis - diese Namen könnten vervielfacht werden - nie zu Untersuchungen über die Fragen der Geltung des römischen Rechts, insbesondere auch seiner Rezeption, geführt wurden.

Mit dieser Strukturwandlung aber überstand jedenfalls - und das ist für unser Thema das Entscheidende - die deutsche Romanistik die für ihre Existenz gefährliche Jahrhundertwende und konnte damit weiterhin die so wichtige Antipodenstellung gegenüber der aufstrebenden Germanistik einnehmen.

Die Wissenschaft vom deutschen Recht war, nachdem sie in der Person Otto v. Gierkes einen Führer gefunden hatte, der Savigny an persönlichem Gewicht nicht nachstand, der Romanistik in jeder Hinsicht gleichberechtigt und gleichwertig zur Seite getreten. Sie hatte jetzt auch bereits Ziele ins Auge genommen, die eine Beziehung zu der im Werden begriffenen Kodifikation erkennen lassen. Es ging jetzt darum, "das deutsche Recht der Gegenwart tiefer und fester zu begründen", "die Geltung eines dem römischen Recht ebenbürtigen deutschen Rechts zu erweisen", um so "die gemeinsame nationale Grundlage der neueren Gesetzgebung aufzudecken" und das "Walten germanischer Gedanken im modernen Recht zu erspähen" (477). Vollends nachdem die Romanistik sich mehr und mehr auf ihre historische Komponente zurückgezogen hatte, da sich der dogmatischen nach Inkrafttreten des BGB keine Zukunft mehr bot, war ihr letzter Vorsprung, nämlich ihre größere praktische Bedeutung und ihr größeres Arbeitsgebiet, aufgeholt.

So zeichnet sich manches Moment ab, das zu einer Entspannung des Verhältnisses zwischen Romanisten und Germanisten beitragen konnte. Schon die Gründung der Zeitschrift der Savignystiftung schien uns ein Indiz dafür zu sein, daß sich nach Überwindung der kampflustigen und leidenschaftlichen Standpunkte der Germanistentage die bisher divergierende Entwicklung der beiden rechtshistorischen Schulen in eine langsame Annäherung umzuwandeln beginnt. Freilich das Werden der Kodifikation versetzte die Gemüter noch einmal in Erregung; namentlich der stark romanistische erste Entwurf rief auf germanistischer Seite lebhafte Kritik hervor (478). Als sich aber nach Inkrafttreten des BGB beide Schulen als rein historische

Wissenschaften wiederfanden, konnte ein Anlaß, sich weiterhin zu befehden, nicht mehr bestehen. Jede Einflußnahme auf das praktische Rechtsleben war ihnen für lange Zeit entzogen. So hatte man Gelegenheit, manches Gemeinsame zu entdecken. Das konnte für die Erforschung der Rezeption nur von Vorteil sein. Die nüchtern-wissenschaftliche Arbeitsweise des Positivismus ließ zudem rein gefühlsmäßige Stellungnahmen immer mehr in den Hintergrund treten und verlangte eine tiefere Begründung der Urteile. Auf romanistischer Seite hört man auf, das römische Recht kurzerhand als ratio scripta zu bezeichnen; Windscheid rückt ausdrücklich davon ab (479). Das ist um so mehr bemerkenswert, als doch in der zweiten Hälfte des 19. Jahrhunderts die menschliche Vernunft wieder wesentlich höher im Kurse steht denn zur Zeit der Romantik, wo solche Formulierungen bisweilen noch zu hören waren. Immerhin kommen noch gelegentlich überspitzte, ja beleidigende Formulierungen vor; namentlich beim Sichten germanistischer Urteile wird man noch eine kleine Blütenlese solcher Kraftausdrücke mitbekommen. Die besten Stücke davon liefert uns wohl Ernst v. Moeller, wenn er das römische Recht als ein "schleichendes Ungetüm" bezeichnet, das "langsam und leise zu uns über die deutschen Grenzen drang" und dem der "Verrat der im fremden Recht geschulten deutschen Juristen" die Wege ebnete. Seine Obrigkeiten "kapitulierten vor dem welschen Eroberer genau so schmählich, wie die preußischen Festungskommandanten von 1806" (480).

Das sind jedoch Entgleisungen, Rückfälle in die Zeit der ersten Germanistentage, die das Gesamtbild nicht beeinträchtigten.

1. So kommen verschiedene Gründe zusammen, die bei Bernhard Windscheid ein sehr maßvolles Urteil über die Rezeption bewirken. Zentralpunkt der deutschen Pandektistik und zugleich ihr Vollender, klassischer Vertreter des Positivismus mit alle seinen Vorzügen und Nachteilen und oft mit Accursius verglichen (481), war er zwar ein reiner Dogmatiker, hatte aber, hauptsächlich in würdevoller Abwehr gegen germanistische Angriffe, recht oft Gelegenheit, sich mit historischen Fragen des römischen Rechts und seiner Rezeption auseinanderzusetzen.

Sein Urteil zeichnet sich durch Bescheidenheit, vorsichtige Sprache und selten wieder erreichte Objektivität aus. Das dürfte in erster Linie mit seiner ernsten, ganz auf den Pflichtgedanken gegründeten Lebensauffassung zusammenhängen, seiner verantwortungsbewußten, die Vorstellung eigener Unzulänglichkeit freilich nie ganz überwindenden Wissenschaftlichkeit, der nichts ferner lag als ein überhebliches Herausstellen des mit kaum vorstellbaren Kämpfen und Schwierigkeiten erreichten eigenen Standpunktes (482).

So zögert Windscheid nicht, mit der alten naturrechtlichen, überlegen-herablassenden Ansicht, die das römische Recht als geschriebene Rechtsvernunft ansah, bei erster sich bietender Gelegenheit, nämlich schon 1854, Schluß zu machen (483): Zwar sei das römische Recht seinem materiellen Gehalte nach in umfassendem Maße für eine nationale Kodifikation geeignet, jedoch seien die römischen Rechtssätze nicht für alle Zeit gültige; mit Recht beginne man jetzt zu erkennen, "daß neben den römischen Rechtsbegriffen auch andere Wahrheit haben können". Freilich muß darauf hingewiesen werden, daß schon Savigny sich in ähnlichem Sinne geäußert hatte (484), wie ja auch das Programm der Historischen Schule von einer Gleichberechtigung des römischen und deutschen Rechts ausging. Indessen konnten wir sehen, daß die Praxis der Historischen Schule damit nicht übereinstimmte, daß vielmehr für die Historische Schule das römische Recht das Naturrecht war, wie dieses ja auch von einem Schüler Savignys, der sich gewiß nicht weit aus dem Denkkreis seines Lehrers entfernte, nämlich Rudorff, noch im Jahre 1857 ausgesprochen wurde (485). Mithin ist also Windscheid als der eigentliche Überwinder der Lehre vom römischen Recht als ratio scripta anzusehen. Windscheid war auch der erste Romanist, der Savignys Lehre vom Volksgeist, die ja nie auf festen Füßen gestanden hatte, angriff und den Juristen, die das römische Recht eingeführt hatten, die Fähigkeit absprach, als Vertreter des deutschen Volkes zu gelten (486): "Der Juristenstand ist es seinem Volk schuldig, daß er helfe, es von der Herrschaft der Buchstaben des römischen Rechts zu befreien ... Es darf nicht vergessen werden, daß die deutschen Juristen das römische Recht rezipiert haben und nicht das deutsche Volk ... Ja, die deutschen Juristen haben gesündigt, als sie das römische Recht in der Weise, wie es geschehen, in Deutschland zur Geltung gebracht haben". Allerdings eine Entfernung des römischen Rechts befürwortet Windscheid nicht, dafür schätzt er seine Unentbehrlichkeit und seine Qualitäten zu hoch ein (487): "Man hat nur die Wahl, ob man gereinigtes römisches Recht haben will oder ungereinigtes, nicht ob man das römische Recht haben will oder nicht". Für Windscheid liegt die Rechtfertigung der Rezeption oder richtiger wohl nur ein Ansatz zu ihr (488) im Wert jeder klassischen Bildung überhaupt. Das römische Recht war für ihn ein Teil der antiken Kultur und als solches ein klassisches und in vielem vorbildliches Recht. So hat er sich immer wieder zu ihm bekannt; es war für ihn das "größte geistige Produkt Roms" (489), er rühmte oft seine scharfe und präzise Formulierung (490), die einen Positivisten in der Tat besonders ansprechen mußte. "Wenn es die Aufgabe allen Rechts ist, unter allen Umständen feste Regeln zu haben und doch den Verhältnissen möglichst gemäße, so hat das römische Recht diese Aufgabe gelöst wie kein Recht vor ihm und kein Recht nach ihm." (491). Demnach waren nach Windscheids Ansicht diese Eigenschaften auch für die Rezeption des römischen Rechts maßgebend (492): "Die Juristen wurden zur Rezeption hauptsächlich bestimmt durch die überwältigende geistige Macht, mit welcher das römische Recht ihnen entgegentrat. Das römische Recht war gegenüber dem einheimischen Recht nach Form und Inhalt so sehr das vollkommene, daß es nicht mehr als ein Recht, sondern als d a s Recht erschien". "Das römische Recht mit seiner scharfen logischen Gliederung, seiner unerreichten Präzision ... war für jene Zeit nicht mehr ein Recht, es war d a s Recht, die Offenbarung des absoluten Rechtsgedankens" (493). Gleichwohl verurteilt Windscheid nicht die, die in der Rezeption ein nationales Unglück sehen, er zeigt vielmehr Verständnis für diese Auffassung (494): "Solcher Auffassung liegt ein Gefühl zu grunde, das unsere vollste Anerkennung verdient", obgleich seine eigene Meinung von der Rezeption eine andere ist (495): "Nicht das ist ein Unglück, daß das römische Recht nach Deutschland gekommen ist; das ist ein Segen für Deutschland gewesen, eine Vermehrung seines geistigen Kapitals. Wogegen die Opposition ... heilige Pflicht ist, das ist, daß das römische Recht in Deutschland als fremdes, unvermittelt mit dem Geist des deutschen Volkes, bestehe". Über das deutsche Recht urteilt er (496): "Das deutsche Recht erstickt in Mannigfaltigkeit, das römische Recht zeichnet seine plastische Kraft, seine scharf geprägte Form aus". So ist es leicht erklärlich, daß der erste Entwurf zum BGB, der von Windscheid stark beeinflußt war, als ein "in Paragraphen gegossenes Pandektenlehrbuch" erschien. Allerdings geht es zu weit, wenn gegen den Entwurf und seine Verfasser der Vorwurf der "romanistischen Todsünde" (497) erhoben wurde; die hier wiedergegebenen Äußerungen dürften das hohe Verantwortungsbewußtsein Windscheids gerade in Fragen der Anwendung des römischen Rechts dargetan und erwiesen haben, daß zu mindesten ihn der Vorwurf hemmungslosen Romanisierens nicht treffen kann. Windscheid idealisierte das römische Recht nicht, vor allem erkannte er dessen Unvolkstümlichkeit als bedenkliches Übel und weist daher den Romanisten seiner Zeit die Aufgabe zu (498): "Wer in heutiger Zeit zur Pflege des römischen Rechts berufen ist, muß Freund und Feind des römischen Rechts zugleich sein, er muß es bekämpfen und doch seine schützende Hand über dasselbe halten".

2. Obgleich mit Windscheid sein ganzes Leben hindurch freundschaftlich verbunden, war Rudolf v. Jhering der große Gegenpol der um Windscheid gescharten positivistischen Pandektistik. Die Freude an Kritik, die ihn auszeichnete, kam freilich weniger den hier interessierenden Fragen, als den großen dogmatischen Auseinandersetzungen seiner Zeit zu gute (499). Immerhin hat Jhering, in diesem Punkte auf den Spuren zahlreicher Vorgänger fortschreitend, sich eingehend mit Savignys Lehre von der Rechtfertigung der Rezeption befaßt und diese endgültig widerlegt (500): "Es herrscht noch bis heute eine Lehre über das Wesen und die Natur des positiven Rechts, die ein richtiges geschichtsphilosophisches Verständnis der Rezeption unmöglich macht, ich meine vorzugsweise die von Savigny verkündete und in Kurs gesetzte Lehre vom nationalen Charakter der Rechte. Die Historische Schule, so formuliert Savignys Programm, nimmt an, der Stoff des Rechts sei durch die gesamte Vergangenheit der Nation gegeben, doch nicht durch Willkür, so daß er zufällig dieser oder ein anderer sein könne, sondern aus dem innersten Wesen der Nation selbst und ihrer Geschichte hervorgegangen. Was aber hat das römische Recht mit der gesamten Vergangenheit der modernen Nationen, ihrem innersten Wesen und ihrer Geschichte zu tun? Ein Eindringling ist es, dem jede Legitimation abgeht, und dessen Entfernung konsequenterweise niemand hätte eifriger begehren müssen, als die Historische Schule!"

Bei seinem Urteil über die Rezeption ging es Jhering nicht darum, ob ein Recht römisch oder deutsch sei, sondern er fragte nach dem Recht überhaupt (501) und kehrte damit in gewissem Umfang in die Position des Naturrechts zurück. "Die Frage der Rezeption fremder Rechtseinrichtungen ist nicht eine Frage der Nationalität, sondern einfach eine Frage der Zweckmäßigkeit, des Bedürfnisses" (502). Die Frage nun, ob das römische Recht Jherings Vorstellungen von einem idealen, vor allem das Rechtsgefühl gebührend berücksichtigendem Rechtssystem entspricht, seine Rezeption in Deutschland also zweckmäßig und damit zu begrüßen war, beantwortet er folgendermaßen (503): "Ich nehme keinen Anstand, diese Frage mit aller Entschiedenheit zu verneinen. Dasselbe bleibt hinter den berechtigten Ansprüchen eines gesunden Rechtsgefühls weit zurück, und zwar nicht etwa, weil es bloß hie und da nicht das Richtige getroffen hätte, sondern weil es im Ganzen und Großen von einer Anschauungsweise beherrscht ist, die zu dem, was nach meinen obigen Ausführungen gerade das Wesen des gesunden Rechtsgefühls ausmacht - ich meine damit jenen Idealismus, der in der Rechtsverletzung nicht bloß einen Angriff auf das Objekt, sondern auf die Person selber erblickt, - in diametralem Gegensatze steht. Unser gemeines Recht bietet diesem Idealismus nicht die geringste Unterstützung; der Maßstab, mit dem es alle Rechtsverletzungen, mit Ausnahme der Ehrenkränkung, mißt, ist lediglich der des materiellen Wertes - es ist der nüchterne, platte Materialismus, der in demselben zur vollendeten Ausprägung gelangt ist". In der gleichen Schrift bezeichnet v. Jhering das römische Recht als "ein fremdes Recht in fremder Sprache, eingeführt durch die Gelehrten und nur ihnen vollständig zugänglich ... Kann es Wunder nehmen, daß zwischen dem nationalen Rechtsgefühl und einem solchen Recht ein klaffender Riß sich auftat, daß das Volk sein Recht, und das Recht das Volk nicht mehr verstand?" (504). Dagegen begeisterte ihn am römischen Recht dessen Universalität, er verurteilt daher die kleinen landesherrlichen Kodifikationen, die diese Universalität zunichte machten, ohne etwas Gleichwertiges an die Stelle des römischen Rechts zu setzen (505): "Wie dürftig müssen von diesem Standpunkt aus die Landesrechte erscheinen - kümmerliche Versuche, für den Umkreis eines Ländchens eine Aufgabe zu lösen, welche das römische Recht bereits für den ganzen Erdkreis in unübertrefflicher Weise verwirklicht hat".

Für Jhering liegt damit die Rechtfertigung der Rezeption in der universellen Bedeutung des römischen Rechts, das ebenso wie Religion, Kunst und Wissenschaften an keine Grenze gebunden sein dürfe (506). Indessen hat er die Schwächen des römischen Rechts nicht verkannt, insbesondere seine Fremdheit und mangelnde Verbundenheit mit dem Volksbewußtsein. Für ihn war die Konstruktion der Historischen Schule nicht nur unrichtig, sondern überflüssig.

3. Dem Urteil von Stobbe kommt eine besondere Bedeutung zu durch die Stellung, die dieser, hierin ähnlich wie Gerber und andere Vorläufer, zum römischen Recht einnimmt. Zwar ist Stobbe eine Schwebung germanistischer als Gerber, jedoch tritt er nirgends als Gegner des römischen Rechts um seines Ursprungs willen auf. Einer seiner Grundgedanken war, daß unsere gesamte juristische Begriffsbildung, vorzüglich im Privatrecht,

durch die romanistische Schulung festgelegt und daher auch für die Germanistik, wo es ohne Verzerrung möglich, die Einordnung in die romanistische Denkart geboten sei. Sein Handbuch des deutschen Privatrechts zeigt demgemäß die Anlehnung an das 5-Bücher-System; "er mutet uns nicht zu, alles umzuwerfen und statt scharfer romanistischer Begriffe lieber zu Bildern zu greifen" (507). So geht Stobbes Urteil auch in erster Linie von dem Gesichtspunkt der Vereinheitlichung des Rechtes aus (508): "Deutschland, welches wenig ausgebildete und fast nur partikuläre Rechtsquellen besessen hatte, war zu einem gemeinen Recht gelangt, welches uns noch heute mit gerechter Bewunderung erfüllt". Der gleiche Gedanke erscheint auch an anderer Stelle (509): "Wenn auch bei der überstürzenden Hast, mit welcher die Rezeption erfolgte, und bei der maßlosen Verehrung, welche die römisch geschulten Juristen nicht bloß der juristischen Kunst der Römer, sondern auch allen Rechtssätzen des Corpus Juris zollten, so mancher deutsche Rechtssatz vernachlässigt wurde oder geradezu verloren ging, so brachte die Rezeption das deutsche Volk doch der Rechtseinheit näher. So wie die durch die Erfindung der Buchdruckerkunst ermöglichte weite Verbreitung der lutherischen Bibelübersetzung eine allgemeine Schriftsprache erzeugte, so hat auch die Einführung des römischen als eines subsidiären Rechtes den Partikularismus des deutschen Rechtes gemildert". Indessen läßt schon diese letzte Äußerung erkennen, daß Stobbe zum mindesten die Art und Weise der Rezeption als bedenklich empfunden hat. Diese Bedenken kommen an anderer Stelle noch deutlicher zum Ausdruck (510): "Aber es war und blieb dies Recht ein fremdes; das Volk kannte und verstand es nicht ... Mögen wir auch in heutiger Zeit, wenn wir die Entwicklung des Ganzen übersehen, es für heilsam erachten, daß das deutsche Recht mit fremden Elementen versetzt wurde, daß es von außen her einen befruchtenden Einfluß, gewissermaßen zu dem vortrefflichen Material auch das Handwerkszeug, um es zu bearbeiten erhielt, daß wir mit Hilfe des Corpus Juris zu einer Rechtswissenschaft, zu einer festeren Gestaltung der Rechtsinstitute, zur Entwicklung von abstrakten Rechtssätzen, und zu einer größeren Einheit des Rechts gelangten, so haben die Zeiten vom 16. bis 18. Jahrhundert doch schwer unter der absoluten Herrschaft des römischen Rechts und seiner gelehrten Vertreter zu leiden gehabt. Die Aufnahme des römischen Rechts wirkte nicht wie ein milder Regen, sondern wie eine Sindflut ..."

4. Seit den Ereignissen der 40er Jahre des 19. Jahrhunderts hatte man die Rezeption in zunehmendem Maße auch unter politischen Gesichtspunkten beurteilt, die von da an bis in die unmittelbare Gegenwart auch stets weiter diskutiert worden sind. Auch Stintzing hat sich dieser Frage angenommen; er kommt zu dem Resultat, daß erst durch die Rezeption ein für den Aufbau des modernen Staates notwendiger Beamtenstand ermöglicht worden sei, der dann allerdings nicht dem Reich, sondern den einzelnen Territorien zu gute gekommen sei (511). Große Bedeutung mißt Stintzing auch der durch die Rezeption begünstigten geistigen Befreiung von kirchlicher Bevormundung bei (512): Zwar habe die Rezeption dem Partikularismus den Weg gebahnt, dieser habe aber die geistige Befreiung Deutsch-

lands getragen. "Denn während nach den Traditionen des Mittelalters die Geistlichkeit in fast ausschließlichem Besitz gelehrter Bildung sich befand, die Rechtsgelehrten in der Praxis wie auf dem Katheder fast ausschließlich Kleriker waren und daher die Kirche mittels dieser ihrer bürokratischen Disziplin und Gesetzgebung unterworfenen Männer ihren herrschenden Einfluß durch das Staatsleben verzweigte, entsteht jetzt ein weltliches Gelehrtentum; und der Juristenstand, welcher aus diesem hervorgeht, ist nicht mehr ein Werkzeug kirchlicher Macht, sondern Vertreter weltlicher Autorität, Diener und Beamter des Staates, der durch ihn zum festgefügten Organismus ausgebildet wird". Ebenso wie Stintzing hier in erster Linie die Vorzüge der Rezeption sieht, so äußert er sich über die Ursachen der Rezeption (513): "Hier aber machte sich ein Moment geltend, welches dem römischen Recht den Sieg verhieß: es ist die geistige Überlegenheit, die in demselben Maße wachsen mußte, in welchem die alte Kraft des Schöffentums verfiel".

5. Auf romanistischer Seite setzte sich erstmalig Mommsen mit der Frage der politischen Wirkung der Rezeption auseinander. Dabei widerlegt Mommsen in ausführlicher Untersuchung die Behauptung (514), das römische Recht habe in Deutschland den Absolutismus ausgelöst und die politische Unmündigkeit der Deutschen verschuldet. Mommsens Ergebnis lautet (515): "Die Behauptung, daß das römische Recht in einem Polizeistaat entstanden und von dessen Geist beseelt sei, ist eine Phrase für das sogenannte Volk und eine einfältige Lüge". Für ihn ist vielmehr das römische Recht das "durchdachteste, reichste, universalste aller Rechtssysteme" (516). Allerdings erkennt auch er den durch die Rezeption geschaffenen Zustand nicht gerade als einen idealen (517): "Die Forderung, daß das Zivilrecht ein einheitliches und nationales sein soll, ist bis zum gewissen Grade wahr, aber es darf nicht verkannt werden, daß eine innere Notwendigkeit diesen mangelhaften Zustand hervorgerufen hat ..."

6. Wenn auch gegen Ende des 19. Jahrhunderts Savignys Lehre von der Aufnahme des römischen Rechts durch die Juristen als Vertreter des deutschen Volksgeistes als widerlegt anzusehen ist, so wurde dennoch gelegentlich der Versuch unternommen, dieses Ergebnis wenigstens abzumildern und das deutsche Volk doch als an der Rezeption stark beteiligt hinzustellen. Dabei ist es bemerkenswert, auch einen Germanisten unter den Vertretern dieser Ansicht zu finden, nämlich Rudolf Sohm (518): "Es kann keinem Zweifel unterliegen, daß der Zustand der Gerichtsverfassung und des deutschen Prozeßrechts der eigentliche Grund dieses Vorganges war. Die Rezeption war ein großartiges Mißtrauensvotum, welches die deutsche Nation den bestehenden Gerichten und ihrem Rechtsgang ausstellte. Die Rezeption erfolgte ... auch durch die populäre Bewegung, welche vermittelst der Schiedsverträge der Parteien den Rechtsstreit anstatt an das nach deutschem Recht erkennende Gericht an die nach fremdem Recht prozedierende Verwaltungsbehörde brachte" (519).

7. Ähnlich wie Stintzing geht Leonhard vom Gesichtspunkt der Überwindung des Mittelalters durch die Rezeption aus (520): "Die Folgen der Re-

zeption zeigen sich in einer starken Umbildung der mittelalterlichen Rechtsanschauung und einer Mischung der Gedankenwelt des Altertums, der germanischen Vorzeit und des Mittelalters zu einer neuen Denkweise. Namentlich sind hierdurch die Landeshoheit, die Befreiung der Staatsgewalt von der kirchlichen Oberaufsicht, die wissenschaftliche Vorbildung der höheren Staatsbeamten, der Aufschwung des Handels und Verkehrs und andere Dinge mehr hervorgegangen, lauter Eigenschaften, die dem Rechtsleben der Gegenwart zu grunde liegen".

8. Weniger Gedanken macht sich Regelsberger um eine Bewertung der Rezeption; er sieht sie mehr unter dem Aspekt des Praktischen (521): "Ob nun die Aufnahme der fremden Rechte für unsere nationale Entwicklung ein Glück oder ein Unglück war, ist eine müßige Frage. Die Aufnahme ist eine Tatsache, die ebenso wenig rückgängig gemacht werden kann, als die Aufnahme der übrigen geistigen Schätze des Altertums. Statt Hosianna auf der einen und Kreuzige auf der anderen Seite zu rufen, haben wir unsere Kräfte zu vereinen, um diese Tatsache für unser Volk möglichst nutzbringend zu machen".

9. Die Untersuchung der Frage, ob die Rezeption auf dem Gebiete des Prozeßwesens einen begrüßenswerten Fortschritt brachte, wird von Schwartz wieder aufgenommen. Er kommt dabei zu einem positiven Ergebnis (522): "Die römischrechtliche Beweistheorie, der Gedanke, daß dem Richter zur Beschaffung einer Grundlage für seine Überzeugung die Wahrheit oder Unwahrheit der streitigen Tatsachen dargelegt werden müsse - dieser Gedanke drang überall durch. In ihm liegt der Kern der gewaltigen Wandlung, die das deutsche Gerichtsverfahren jener Zeit durchmacht. Es war ein Fortschritt, ein Fortschritt aber, der sich nur durchsetzen ließ, weil er schon von der heimischen Rechtsentwicklung allmählich vorbereitet war".

10. Mittelpunkt der aufstrebenden Kräfte in der Wissenschaft vom deutschen Recht und zugleich Vollender der Abkehr vom Positivismus war Otto v. Gierke. Führte er Jherings Auffassung vom Recht als einem zwar zweckbestimmten, ethisch aber noch indifferenten Phänomen zur Lehre von der Untrennbarkeit von Recht und Sittlichkeit weiter (523), so war er es auch, der gleichzeitig die Germanistik um ein entscheidendes Stück förderte, ja die gesamte deutsche Rechtsgeschichte unter dem Gesichtspunkt der Genossenschaft neu entdeckte. Er verstand es vor allem, sie in unmittelbare Beziehung zur Gegenwart zu setzen (524), ihre Ansprüche zumal auch im Hinblick auf die werdende Kodifikation zu vertreten. "Keiner unter den Rechtsdenkern des 19. Jahrhunderts erscheint so wie er als die Verkörperung des Wesens deutscher Rechtsüberlieferung, keiner hat das unsichtbare Band zwischen Recht und Volk wieder so fühlbar gemacht"(525). So mußte nach seiner Ansicht das neue Gesetzbuch in der Überlieferung des deutschen Rechts wurzeln, volkstümlich und sozial sein, um der Einheit von Volk und Reich dauernden Bestand zu sichern (526). Das Erscheinen des ersten Entwurfes zum BGB hat demgemäß seine Anteilnahme aufs stärkste erregt und ihn zu scharfer Kritik bestimmt. In dieser öffentlichen Auseinandersetzung kam wiederum Gierkes soziales Rechtsdenken zum Aus-

druck (527). So entbehrt Gierkes Lebensarbeit in keinem Abschnitt der unmittelbaren Fühlungnahme mit der Gegenwart; er war bei aller Liebe zum deutschen Recht "kein Romantiker im Sinne gefühlsseliger Schönfärberei der Vergangenheit" (528).

Gierkes Stellungnahme zur Rezeption ist, so schwer er wohl an ihr getragen hat, eine äußerst zurückhaltende, objektive und mäßige. Wo er harte Worte über das römische Recht findet, gilt dieses wohl mehr dem römischen Recht des Usus modernus (529), nicht dem römischen Recht als solchen, dessen eigenwüchsige Art und internationale Bedeutung er immer respektiert hat (530).

Es wird aber einleuchten, daß ein Mann, der die Verbundenheit von Volk und Recht immer so eindringlich betont hat, die Rezeption vor allem unter dem Gesichtspunkt der Entfremdung des Volkes von seiner Rechtspflege sehen mußte. "Sodann bot die fremde Doktrin in ihrer abstrakten Formulierung der alles Einzelne beherrschenden theoretischen Prinzipien die Mittel zu einer juristischen Konstruktion der Lebensgebilde, während gerade auf diesem Gebiet die abweichenden Grundauffassungen des deutschen Rechts noch der Anfänge einer wissenschaftlichen Formulierung entbehrten ... Als daher das Bedürfnis rechtswissenschaftlicher Konstruktion entstand, griff man ohne weiteres zu dem von außen importierten fremden Begriffsschema. Nicht der leiseste Versuch ward unternommen, von dem einheimischen Rechtsstoff neue und selbständige Begriffe zu abstrahieren"(531). "Ein römisch geschulter Berufsstand, ... dessen Vorstellungsweise dem Volke ebenso fremd blieb wie ihm selber die fortlebende Vorstellungsweise des Volkes, ... eroberte langsam Gericht, Gesetzgebung und Verwaltung, und zwang nach errungener Herrschaft das Leben, sich diesem buchgelehrten Begriffssystem zu fügen (532)." So trat jener klaffende Zwiespalt ein, der Juristenbewußtsein und Volksbewußtsein als zwei zusammenhanglose und sich oft schroff entgegengesetzte Geistessphären gegeneinander stellte" (533). Am kürzesten faßt v.Gierke diese Gedanken so zusammen (534): "Man lernt, römisch, man verlernt, deutsch zu denken". Als besonders verderblich sah Gierke es an, daß das römische Recht sich eine so unangreifbare Stellung im deutschen Rechtsleben erobern konnte, daß lange Zeit es niemand wagte, sich ernsthaft gegen diese Romanisierung zur Wehr zu setzen (535): "Der Rezeption bahnte vor allem der Glaube den Weg, daß das römische Recht im wesentlichen mit vernunftrechtlichen Axiomen übereinstimmte - ein Glaube, der sich in den Zeiten der blinden Verehrung des klassischen Altertums bis zu dem Wahne steigerte, daß man im Corpus Juris die ratio scripta besitze, während das bisherige Recht nichts als die Frucht der Verirrungen eines barbarischen Zeitalters sei". Auch das Übermaß der Rezeption findet Gierkes Tadel (536): "Man griff zum fremden Rechte, ... weil man keinen anderen Ausweg fand. Das war nun freilich ein Heilmittel und ein sehr radikales Heilmittel für den bisherigen Krankheitszustand. Aber die Arznei enthielt ihr Gift, das neue Krankheiten heraufbeschwor! Zumal man übermäßige Dosen verschluckte und bald aus bloßer Gewöhnung im Genusse fortfuhr!" Bisweilen findet Gierke auch harte

Worte für das römische Recht, so bezeichnet er es einmal als "das verkünstelte Recht einer entarteten römischen Welt" (537), und an anderer Stelle ruft er aus (538): "Das Recht eines durchaus fremden Volkes, das Recht einer greisenhaften Kultur, das Recht einer erstarrten Technik! Dises Recht war für immer tot ..." Indessen hat Gierke in der Rezeption wohl auch ein wesentliches Element zur Überwindung des Mittelalters gesehen; er schreibt zu dieser oft erörterten Frage (539): "Allein bedarf es heute bei allem Meinungsstreit über Wesen und Gründe der Rezeption in Deutschland doch dafür kaum eines Beweises, daß dieser Vorgang ... ein essentielles Element jener Bewegung war, kraft deren unser Volk durch gesteigerte Aneignung wiederbelebter antiker Kulturelemente sein Mittelalter überwand, sein Wesen ergänzte und seine Reife zeitigte".

So zeigt das Urteil Gierkes über die Rezeption kein ganz einheitliches Bild. Daß er nicht als völliger Feind des römischen Rechts hingestellt werden kann, wurde schon erwähnt. Man wird zu dem Ergebnis kommen können, daß Gierke die Rezeption unter dem Gesichtspunkt der Entfremdung des Volkes von seinem Recht beklagte und ihr damit überwiegend ablehnend gegenüberstand; demgegenüber ist jedoch einzuschränken, daß dieses Resultat nur indirekt zu gewinnen war, wie Gierke sich überhaupt gerade in historischen Fragen einer verhältnismäßig zurückhaltenden Sprache bedient. Er ist noch in vielem Evolutionist, so daß er einen historischen Vorgang wie die Rezeption als "innere geschichtliche Notwendigkeit" (540) zu begreifen vermag, während er in die Entscheidungsfragen seiner Zeit, so vor allem der Schaffung des BGB, mit aller Energie eingreift und nachdrücklich das deutsche gegen das römische Recht vertritt.

11. Wesentlich schärfere Worte hinwiederum hören wir bei H e i n r i c h B r u n n e r, dessen entschieden ablehnendes Urteil über die Rezeption deshalb von besonderer Wirkung war, weil er einmal das Wort vom Nationalunglück wieder aufnahm, sodann auch selbst weitere schlagwortartige Formulierungen neu in die Debatte warf und schließlich seine Grundzüge der deutschen Rechtsgeschichte als das am meisten gelesene Lehrbuch seiner Zeit Brunners Urteil in alle Welt verbreiteten. Hier trifft Brunners Tadel vor allem die Art und Weise der Rezeption (541): "Allein was stets Tadel und Vorwurf hervorrufen wird, ist die Art, wie die Rezeption durchgeführt wurde. Ein nationales Unglück war jenes engherzige Ignorieren des deutschen Rechts, jenes geistlose und rein äußerliche Aufpfropfen römischer Rechtssätze auf heimische Verhältnisse, die Unkenntnis der Gegensätze zwischen diesem und dem römischen Recht, welches taub machte gegen die Wahrheit, daß kein Volk mit der Seele eines anderen zu denken vermag ... Wenn man erwägt, daß wir infolge dieser Fehler das römische Recht niemals vollständig verdaut haben, mag man die Verwirrung ermessen, die zur Zeit der Rezeption unter der Herrschaft eines unsäglich bornierten Juristenstandes im deutschen Rechtsleben einriß". Freilich verkennt Brunner nicht, daß die Rezeption bis zu gewissem Grade einer geschichtlichen Notwendigkeit entsprach (542): "Es zeigt sich die folgenschwere Tatsache, daß man im Heißhunger nach einem einheitlichen Recht, weil es die einheimische Rechtsentwicklung versagte, ein fremdes Recht rezipierte".

Ebenso wie Brunner das alte Wort von der Rezeption als nationalem Unglück wieder aufnahm, so bereicherte er seinerseits die Literärgeschichte um die Formulierung vom "unsäglich bornierten Juristenstand" des Rezeptionszeitalters (543). Denn die Art und Weise der Durchführung der Rezeption und die Rolle, die der damalige Juristenstand dabei spielte, war schon oft getadelt worden (544), so daß die Legende der Rezeption auf eine schlagwortartige Klassifizierung dieser Juristen geradezu wartete. Und noch eine zweite Formulierung von Brunner machte Schule, die jedoch leider alles andere als geeignet war, zur Entspannung des Verhältnisses zwischen Romanisten und Germanisten beizutragen (545): "In England und Frankreich, wo die Aufnahme des römischen Rechts früher erfolgte, hat sie nach Art einer prophylaktischen Impfung gewirkt und das mit ihr gesättigte nationale Recht gegen zerstörende Infektionen widerstandsfähig gemacht". Von diesem bildhaften Vergleich aus, gegen dessen sachliche Richtigkeit an sich nichts einzuwenden ist, war der Schritt nicht weit, das römische Recht einer bösartigen, das nationale Recht zerstörenden Seuche gleichzustellen.

12. Als einer in den ersten zwei Jahrzehnten nach der Jahrhundertwende bedeutungsvollen Strömung müssen wir jetzt der Auffassung der Freirechtsbewegung vom römischen Recht und seiner Rezeption gedenken. Hierbei wollen wir uns an dieser Stelle auf die Stellungnahme des Führers der Freirechtsbewegung, Ernst Fuchs, beschränken, wobei allerdings darauf hingewiesen werden muß, daß die ganz außerordentlich harten Äußerungen von Fuchs nicht für die gesamte Bewegung repräsentativ sein können. So dachte z.B. sein Mitstreiter H.U. Kantorowicz, der auch selbst Romanist war, über das römische Recht durchaus anders, und das vorsichtig-abwägende Urteil Gustav Radbruchs (546), der der Bewegung ebenfalls nahe stand, hat mit den affektbetonten, oft den Charakter von Beschimpfungen tragenden Verurteilungen Fuchs' durchaus nichts gemein.

Zunächst nimmt Fuchs allerdings auch einige bereits im Kurs befindliche Argumente auf (547): "Dahin ist es gekommen, gerecht und wissenschaftlich sind bei uns Gegensätze geworden. So hat die Monomanie des Romanismus die Geister verwirrt". Denn wie Fuchs als erster klar herausstellt, habe man nur die Buchstaben des römischen Gesetzes, nicht aber auch die römische aequitas übernommen, welche Tatsache einer der wesentlichen Gründe des unbefriedigenden Ergebnisses der Rezeption sei (548): "Die freirechtliche Methode der Römer haben wir nicht rezipiert, nur das Gesetzbuch Justinians". Dieses ist nach der Ansicht von Fuchs der Grund dafür, daß (549) "... das juristische Römertum dem innersten deutschen Wesen so fremd geblieben ist, wie das alte politische Römertum es war, und wie es das orientalische Kirchentum im tiefsten Grunde heute noch ist". Demgegenüber äußert sich Fuchs über das deutsche Recht (550): "Was hat dagegen unser deutscher Handelsverkehr von sich aus ohne alle römischrechtliche Verbildung ... gegenüber dem ärmlichen und kindischen römischen Rabulistenrecht geschaffen!" Fielen schon an diesen Zitaten, die immerhin noch Argumente enthalten, Entgleisungen auf, so steigern diese sich an anderen Stellen noch erheblich. Er spricht von der "Widerwärtigkeit der 'Wissenschaft' des römischen Rechts", das "Orgien menschlichen Aberwitzes" enthalte, und das "bisher nur mit Ruten, künftig aber mit Skorpionen zu züchtigen" sei (551). "Hätte man das Corpus Juris, dieses scheußliche Rechts-Tohuwabohu, diesen römischen Talmud, dieses perverse Rabulistenmonstrum nie entdeckt und hätten wir stets selbst darüber entschieden, was uns frommt, so wäre uns das ganze Elend der heutigen Justizsophistik erspart geblieben, die uns weit hinter die Völker mit nichtscholastischer Rechtswissenschaft zurückwirft" (552). Nach seiner Ansicht gehört die ganze Romanistik "dahin, wo der Pfeffer wächst" (553). Auch in späteren Jahren hat sich die Ansicht von Fuchs über das römische Recht und die Rezeption nicht geändert (554): "Seit dem 14. Jahrhundert ward dem deutschen Volk der Rechtsleichnam einer untergegangenen fremdländischen Kultur auf den Nacken gelegt ... In dieses ... übel mißhandelte Recht der harten geizigen, streitsüchtigen römischen Sklavenhalter wurden die deutschen Rechtsbeflissenen auf italienischen Rechtsschulen eingedrillt".

Daß solche Entgleisungen für den Mißerfolg der Freirechtsbewegung schließlich mit ausschlaggebend waren, so breiten Widerhall der darin zum Ausdruck kommende Überdruß gegen die Diktatur des Buchstabens des Gesetzes und die Unterdrückung des Rechtsbewußtseins zunächst fand, liegt auf der Hand (555). Als Sympton jedoch, und das rechtfertigt die Aufnahme dieser den Charakter wissenschaftlicher Urteile größtenteils entbehrenden Äußerungen in diese Arbeit, kommt ihnen durchaus eine Bedeutung zu (556). Denn sie repräsentieren nicht nur die Auffassung zum mindesten eines großen Teiles einer damals bedeutungsvollen und der Idee nach wohl auch heute noch existenten Bewegung, sondern sie stehen - hierin ist Koschaker in gewissem Maße zuzustimmen - als Urteile eines Praktikers für die Auffassung der deutschen Rechtspraxis überhaupt, soweit sie vom römischen Recht noch eine Vorstellung hatte (557).

Bemerkenswert ist aber, daß Fuchs als erster die später von Koschaker so eindringlich aufgezeigte (558) Abhängigkeit der Romanistik vom Prüfungszwang auszusprechen wagte (559): "Ein Federstrich des Justizministers und die ganze romanistische Rechtswissenschaft gehört der Philologie". Wie schnell und wie schlagend sich die Wahrheit dieser Worte erweisen sollte, konnte Fuchs selbst noch nicht ahnen.

13. Wieder auf den Boden der eigentlichen Wissenschaft zurückkehrend, sehen wir bei Georg v. Below die Rezeption wieder vorwiegend im Lichte politischer Argumente; er untersucht die Auswirkungen der Rezeption besonders im Hinblick auf die Heranbildung patriarchalischer Gesellschaftsformen auf dem Lande und die Entwicklung zum Absolutismus überhaupt. So faßt er einmal seine Ergebnisse in dem Satz zusammen (560): "Die Behauptung Radbruchs, daß das römische Recht unbedingt verschlechternd auf die Lage des Bauernstandes - zumal des nordostdeutschen - gewirkt habe, beruht auf einfacher Unkenntnis der neueren Forschung" (561). Zum anderen schreibt er (562): "Die Theorie von der Begründung des Absolutismus durch das rezipierte römische Recht ist längst widerlegt".

Zum gleichen Ergebnis kommt v. Below auch in seiner Untersuchung über die Ursachen der Rezeption (563). Im übrigen aber enthält er sich leider gerade in diesem Werk, das noch heute auf dem Gebiete der Rezeptionsgeschichte als das führende angesehen werden kann, einer Wertung völlig. Immerhin stellt er dort zahlreiche Einzelmomente der Rezeption fest, von denen das wichtigste ist, daß nach seiner Ansicht das deutsche Recht den Anforderungen eines modernen Verkehrsrechts nicht schlechter genügt hätte als das römische (564): "Das deutsche Recht hatte sich, auch schon vor der Rezeption, den Forderungen eines lebhafteren Verkehrs angepaßt". Ebenso meint er in anderem Zusammenhang (565), daß die Rezeption nicht notwendig durch die fortschreitende Wirtschaftsentwicklung bedingt gewesen sei.

14. Das Urteil von Gustav Radbruch hebt sich nicht nur durch sorgfältig-abgewogene Ausdrucksweise von den hitzigen Streitrufen der ihm nahestehenden Freirechtsschule wohltuend ab, sondern es ist zugleich typisch für die im 20. Jahrhundert einsetzende Relativierung der Rezeption, d.h. eine Betrachtungsweise, die zwar die einzelnen Momente der Rezeption gewissenschaft untersucht, sich dann aber eines Gesamturteils enthält oder es nur mit der Einschränkung der Relativität eines Werturteils fällt. So vermeidet Radbruch ein Gesamturteil ausdrücklich und zeigt, wie je nach der Stellung des Betrachters zu bestimmten Grundproblemen der Rechtsphilosophie die Antwort verschieden ausfallen muß (566). Allerdings berührt Radbruch eine Reihe einzelner Gebiete, auf denen er die Folgen der Rezeption als Fortschritt oder Unglück empfunden hat. Einen schwerwiegenden Vorwurf macht Radbruch der Rezeption insofern, als durch sie die Leibeigenschaft herbeigeführt worden sei (567): "Erst die Aufnahme des römischen Rechts in Deutschland brachte die strenge Scheidung öffentlichen und privaten Rechts, den Landesherren aus seiner privatrechtlichen Abhängigkeit von den Ständen befreiend und ihm die öffentlichrechtliche Befehlsgewalt des absoluten Herrschers verleihend, andererseits aber auch aus der Gutsherrschaft des ostelbischen Rittergutsbesitzers über seine Bauern das patriarchalisch-obrigkeitliche Element streichend und sie unter Beihilfe des römischen Sklavenrechts zu einem rücksichtslos eigennützigen Privatrecht an 'Leibeigenen' umwandelnd". Radbruch zeigt weiter (568), wie nach germanischer Rechtsauffassung "der Einzelne immer als Glied des Ganzen, sein Recht infolgedessen stets zugleich als Amt im Dienste der Gesamtheit und deshalb seinem Inhalte nach von vornherein im Interesse der Gemeinschaft begrenzt" erscheine, während im römischen Recht "die Gemeinschaft nur um des Einzelnen willen, das öffentliche Recht nur zum Schutze des Privatrechts" vorhanden sei. Indessen verschließt sich Radbruch nicht den positiven Seiten der Rezeption. Er erkennt z.B. an, daß die Rezeption nicht zuletzt den Zweck gehabt habe, "an Stelle des buntscheckigen Partikularismus gleichmäßiges Recht zu setzen" (569) und zollt schließlich der Rezeption ein hohes Lob, wenn er feststellt (570): "Aber auch der germanistische Vertreter der überindividualistischen Rechtsauffassung wird dem römischen Recht für eines Dank wissen müssen: daß es die Deutschen erst juristisch denken lehrte".

15. Ebenso wie bei Radbruch läßt sich an dem sehr einflußreichen Urteil Richard Schröders der Beginn einer relativierenden Betrachtungsweise zur Rezeption gut erkennen. Auch Schröder beschreibt und bewertet die einzelnen Momente der Rezeption mit großer Genauigkeit, überläßt die Bildung eines Gesamturteils jedoch dann dem Leser (571): "Die Rezeption der fremden Rechte hatte zunächst eine segensreiche Wirkung. Sie gab dem deutschen Privatrecht und dem Gerichtsverfahren ... die fehlende einheitliche Grundlage ... Sie brachte die deutsche Rechtsentwicklung in die engste Fühlung mit derjenigen Italiens und Frankreichs. Sie diente auch ... zur Förderung der Rechtssicherheit ... Aber auch die Kehrseite fehlte nicht. Unter den gelehrten und halbgelehrten Juristen waren viele von völliger Mißachtung gegen das heimische Recht erfüllt ... Vielfach mit gesetzgeberischen Arbeiten ... betraut, wußten sie das vaterländische Recht zugunsten des römischen zu unterdrücken ... Vielfach freilich lag die Schuld bei derartigen Vorgängen nicht an den Juristen, sondern an den Ständen...Was man als nationale Opposition ... gegen das aufgezwungene fremde Recht gedeutet hat, beruhte auf anderen, zum Teil sehr kleinlichen und engherzigen Gründen. Im großen und ganzen hat die Nation das weltgeschichtliche Ereignis ohne Widerspruch und ohne Verständnis über sich ergehen lassen, und erst das 18. und 19. Jahrhundert sah sich vor die schwierige Aufgabe gestellt ... die durch Halbwisserei und Indolenz unterdrückten nationalen Rechtsgüter wieder zu Ehren zu bringen".

16. Wie sehr die Romanistik durch ihre Verlagerung auf die Untersuchung von Einzelproblemen und durch die Verfolgung des von Ludwig Mitteis, Gradenwitz u.a. gewiesenen Weges, der sie das Schicksal des nachjustinianischen römischen Rechts aus den Augen verlieren ließ, in der Literärgeschichte der Rezeption gegenüber der Germanistik an Bedeutung verloren hatte, zeigt sich am deutlichsten etwa in den 20er Jahren, da die Germanistik mit Fehr, v. Schwerin und Merk wieder in verhältnismäßig heftiger Form gegen die Rezeption Stellung nimmt, ohne auf Seiten der Romanistik Widerhall zu finden. So sprach sich zunächst Hans Fehr mit scharfen Worten gegen die Rezeption aus. Freilich muß dabei auffallen, daß nach Fehrs Ansicht, entgegen den Ergebnissen v. Belows, das deutsche Recht nicht mehr in der Lage war, mit der Entwicklung zur Neuzeit Schritt zu halten (572): "Aber diese tragische Entwicklung war eine Notwendigkeit. Kein Volksrecht war imstande, ein feines Schuldrecht hervorzubringen. Die Geburt eines durchgebildeten Schuldrechts ist stets Sache der Juristen. Römer und Italiener haben ein hervorragendes Schuldrecht geschaffen. Was Wunder, daß man zu diesem fremden Recht griff, um das schwerfällige deutsche Recht abzuschütteln?" Auch an anderer Stelle sieht Fehr die Rezeption unter einem ähnlichen Blickwinkel (573): "Das heftig eindringende römische Recht bedeutete zunächst eine grandiose Zusammenfassung der zersplitterten Rechtswelt, und man darf daher die Energie, mit welcher die Juristen das fremde Recht durchzusetzen bemüht waren, nicht nur mit dem Auge kritischer Verurteilung betrachten. Es lag etwas Gewaltiges in dem Bestreben, dem Reich, das zu einem gemeinsamen deutschen Recht nicht gelangen konnte, mit Hilfe des römischen Rechts

aus der unglückseligen Zerstückelung herauszuhelfen. Daß dabei viel gutes deutsches Recht verletzt, manch alte deutsche Einrichtung bewußt umgedeutet wurde, darf nicht Wunder nehmen. Denn wo in der Welt hat sich eine große Umformung ohne Vergewaltigung vollzogen?" Auf der anderen Seite aber bejaht Fehr - entgegen Mommsen (574) und v. Below (575) - den Zusammenhang zwischen Rezeption und Absolutismus (576): "Nur mit Hilfe des römischrechtlich geschulten Juristenstandes ist es dem Landesherrn gelungen, das Volk beiseite zu schieben und den absuluten Staat aufzurichten. Absolutismus und Juristenrecht gehen Hand in Hand". Im übrigen hat Fehr, wie fast alle Germanisten, die Rezeption unter dem Gesichtspunkt der Entfremdung von Volk und Recht bedauert (577): "Der Sachsenspiegel liefert den unumstößlichen Beweis, daß nur tiefstes Verständnis für die Sprache ein für das Volk brauchbares Recht gebären kann. Wie schwer haben die Juristen (des Rezeptionszeitalters) gegen diesen Satz gesündigt!" "Jetzt entstand das Juristenrecht. Jetzt begann die tiefe Entfremdung von Volk und Recht. Jetzt tat die Kluft sich auf, die wir bis zum heutigen Tag noch nicht wieder überwunden haben" (578). Fehr versuchte auch, die Legende der Rezeption um ein neues Schlagwort zu bereichern, indem er schrieb (579): "Das Juristenrecht offenbart sich nicht nur in dem rezipierten römischen Recht, sondern auch in der Ummodelung deutscher Rechtsinstitute in romanistische Gebilde. Hier, in dem großen Umformungs- und Umdeutungsprozeß lag das Verhängnisvolle ... Hier wurde die große Notzucht am deutschen Recht verübt". So treffend Fehrs Vergleich sein mochte, durchsetzen konnte er sich, nur 20 Jahre nach Brunners "unsäglich borniertem Juristenstand" nicht mehr; auf die Gründe wird noch einzugehen sein (580). So ist Fehrs Urteil über die Rezeption, wenn er sie auch überwiegend ablehnt, im Endergebnis doch bis zu einem gewissen Grade ein geteiltes (581): "Segen wie Unheil hat das neue Recht in Deutschland gestiftet. Es gab Festigkeit und gebar neues Leben, zerstörte aber manch brauchbares deutsches Rechtsinstitut. Unerträglich war der Dünkel vieler aufgeblasener Romanisten, welche gute, alte deutsche Gewohnheiten auffaßten als "aberrationes jurisprudentiae romano-canonico-germanicae". Der Bogen war überspannt. Ein Rücklauf konnte nicht ausbleiben. Aber erst das 18. Jahrhundert fand dazu Mut und Willen."

17. Als nächstes müssen Urteile von Claudius Frh. von Schwerin Aufmerksamkeit beanspruchen, die eine sonst um diese Zeit nicht mehr zu beobachtende Schärfe an den Tag treten lassen; Bezeichnungen wie "schädlich" und "fremder Eindringling" für das römische Recht lassen keine Zweifel darüber, auf welcher Seite die Stellung des Autors zu suchen ist. So schreibt er (582): "Dagegen haben Reich und Reichsgesetzgebung vollkommen versagt, obgleich gerade sie in der Lage gewesen wären, den Strom des römischen Rechts einzudämmen und in unschädliche Bahnen abzuleiten". Nicht weniger eindeutig spricht er an anderer Stelle (583) von "geistigen Gütern und Ungütern, die, aus fremdem Geist geschaffen, den deutschen Geist zu zerstören suchten". In ähnlichem Sinne heißt es (584): "Den geistig und politisch führenden Männern konnte wohl der Unterschied zwischen römischem und deutschem Recht klar, nicht aber der Gedanke

lebendig werden, daß man im deutschen Recht eigenes Erbgut zu verteidigen und im römischen einen fremden Eindringling abzuwehren hatte". Die grundsätzlichen Änderungen, die die Rezeption mit sich brachte, hat er in zwei Punkten besonders beklagt, nämlich einmal (585): "Im Privatrecht machte sich der Gegensatz des individualistischen, auf Nützlichkeit gerichteten und längst von nichtarischen Rechten beeinflußten römischen Rechts und des sozial gerichteten, in der Bedeutung von Treue und Ehre tief ethischen, immer noch volksentsprossenen deutschen Rechts am stärksten bemerkbar". Zum anderen beklagt er, zusammen mit Gierke, daß im Körperschaftsrecht und Eigentumsrecht der Einfluß des römischen Rechts als besonders "störend" empfunden worden sei (586). Schließlich bezweifelt v.Schwerin das von Freunden des römischen Rechts vielfach verwandte Argument, daß durch die Rezeptionen in den einzelnen Staaten eine europäische Rechtswissenschaft entstanden sei (587).

Es war v.Schwerins besonderes Anliegen, die Fähigkeit des deutschen Rechts zu selbständiger wissenschaftlicher Weiterbildung darzulegen und die Notwendigkeit der Rezeption damit zu bestreiten. So schreibt er einmal (588): "Diese Mängel (ungenügendes Verkehrsrecht) hätte allerdings eine durchgebildete, zentrale deutsche Rechtswissenschaft auszugleichen vermocht. Denn nur eine starke romanistische Voreingenommenheit kann behaupten, daß das deutsche Recht seiner inneren Natur nach nicht fähig gewesen sei, auch veränderten wirtschaftlichen Verhältnissen gerecht zu werden". Eindringlich äußert er sich vor allem in seinem Lehrbuch zu dieser Frage (589): "Erst von da aus aber fällt helles Licht auf die geschichtliche Stellung der Rezeption, indem die von ihr ausgehende Wandlung unseres Rechts als begründet erscheint im Äußeren des damaligen Rechtslebens, als unbegründet im Inneren des Rechts selbst".

18. Unter alten und neuen Gesichtspunkten hat auch Walter Merk die Frage der Rezeption untersucht. Zunächst greift er ein schon viel erörtertes Argument auf (590): "Für die deutsche Rechtsentwicklung war es verhängnisvoll, daß seit dem Ende des Mittelalters nicht ein im einheimischen Recht wurzelnder, sondern ein fremdrechtlich verbildeter Juristenstand die Handhabung des Rechts übernommen und unserem Volke ein fremdes, dem deutschen Rechtsempfinden widersprechendes Recht aufgezwungen hat. So entstand jene beklagenswerte Entfremdung zwischen Volk und Recht, die noch immer nicht überwunden ist". Als ein noch verhältnismäßig neues Argument, das in ersten Ansätzen bei Otto v.Gierke erscheint und dann insbesondere durch v.Schwerin fortgeführt wurde, findet sich auch bei Merk der Gesichtspunkt der Gemeinschaftsfeindlichkeit, des Egoismus und des Individualismus des römischen Rechts, dem der Genossenschaftsgedanke und die Bedeutung von Ehre und Treue im deutschen Recht gegenübersteht. Merk widmet ihm folgende kurze Bemerkung (591): "Verhängnisvoll wurde für unser ganzes Volksleben die individualistische und materialistische Umbildung unseres Rechts". Für den Rezeptionsvorgang selbst verwandte Merk folgendes Bild (592): Man habe damals versucht, "den üppig sprießenden Blumengarten unseres einheimischen Rechts durch

ein verstaubtes Herbarium vor einem Jahrtausend geschnittener und getrockneter fremdländischer Pflanzen zu ersetzen". Schließlich nimmt Merk auch den neuen Gesichtspunkt der rassischen Fremdheit des spätrömischen Rechts, der bereits 1926 bei v. Schwerin erschien, wieder auf (593): "Die Annahme des römischen Rechts bedeutete einen schroffen Bruch mit der ganzen Vergangenheit unseres Rechts. An die Stelle des völkischen Rechts ... trat ... das stark orientalisierte Recht einer entarteten europäisch-asiatischen Mischlingsbevölkerung, ein Recht rücksichtsloser großkapitalistischer Ausbeutung des Nebenmenschen ... Eine beklagenswerte Verschlechterung unserer Rechtszustände war daher die notwendige Folge des Rechtsumsturzes. Das römische Recht war dem ganzen Wesen und Fühlen unseres Volkes fremd ..." (594).

Die Literärgeschichte der Rezeption zeigt damit im untersuchten Zeitraum in recht buntes Bild; in der Tat mußte dieses Kapitel, wie schon seine Sammelbezeichnung erkennen läßt, einen Zeitabschnitt verarbeiten, in dem zahlreiche verschiedene Strömungen ihre Einflüsse geltend machen. So fehlt dieser Periode bis zu einem gewissen Grade die Geschlossenheit der vorhergehenden, gleichwohl aber lassen sich einige beherrschende Züge herausstellen.

Im untersuchten Zeitraum beherrscht die Germanistik das Feld; die Gründe, weshalb die Romanistik jetzt in der Legende der Rezeption so stark zurücktritt, wurden schon gezeigt (595).

In der Form der Urteile läßt sich eine stärkere Ausschaltung des gefühlsmäßigen Elements beobachten; dieses ist zugleich auch der Hauptunterschid zu den Äußerungen der Historischen Schule. Sinnfälligen Ausdruck erhält diese Tatsache, freilich zugleich auch dank vertiefter rechtshistorischer Erkenntnis, dadurch, daß jetzt weniger die Rezeption als Ganzes, sondern nur ihre einzelnen Momente mit größter Genauigkeit untersucht und beurteilt werden. Das Schlagwort "Die Rezeption ein nationales Unglück" ist seit Brunner nicht mehr gehört worden, und dem Wort Fehrs von der Notzucht am deutschen Recht hätte man, wäre es ein halbes Jahrhundert früher geprägt worden, eine erfolgreiche Zukunft voraussagen können, jetzt aber konnte es sich, obgleich in den späteren Auflagen von Fehrs Rechtsgeschichte stets wiederholt (596), nicht mehr durchsetzen. Statt dessen geht es jetzt etwa um die Frage, ob die Rezeption der Entwicklung zum modernen Rechtsstaat oder zum Absolutismus, der geistigen Befreiung von kirchlicher Bevormundung, der Verbundenheit von Volk und Recht, der Popularität der Rechtspflege förderlich oder schädlich gewesen sei. Nach einer Auseinandersetzung mit solchen Fragen bleibt es dann meistens dem Leser überlassen, sich ein Gesamturteil zu bilden (597). Wo jedoch ein Autor selbst ein Gesamturteil fällt, da geschieht es im Regelfalle mit großer Vorsicht und in sachlicher, sorgsam abgewogener Ausdrucksweise, nicht selten mit dem Hinweis, daß man, von einer anderen Grundposition ausgehend, auch zu einem anderen Ergebnis gelangen könne (598). Bei der Diskussion um die einzelnen Argumente geht es dagegen nach wie vor heiß her; Mommsen und v. Below etwa verteidigen das Ergebnis ihrer sorgsamen Forschungsarbeit, nämlich daß die Rezeption mit dem Absolutismus nichts zu tun habe, mit überraschend harten Worten (599). Allerdings wird man auch hier, mit besonderer Vorsicht und im großen Durchschnitt, eine leichte Verbesserung gegenüber den Äußerungen der Historischen Schule und der Germanistentage feststellen können.

Mit der Verlagerung der Diskussion auf die Einzelargumente zeichnet sich bereits der Übergang zu einer neuen Betrachtungsweise ab, nämlich zu der Erkenntnis der Relativität eines Werturteils über die Rezeption (600), wie sie in neuester Zeit Wieacker (601) in voller Klarheit herausgearbeitet und womit er die Legende der Rezeption zu einem gewissen Abschluß gebracht hat. Jedoch erfährt die Entwicklung zu dieser Position, auf die die deutsche Rechtswissenschaft im ersten Drittel des 20. Jahrhunderts zusteuert, zunächst durch den Nationalsozialismus noch eine Unterbrechung.

6. Kapitel

NATIONALSOZIALISMUS UND REZEPTION

Stellt man auf die guten Seiten des Positivismus ab, nämlich auf seine Funktion als Wahrer der Rechtssicherheit und der Gleichmäßigkeit der Rechtspflege, so wird man seine Überwindung als den Ansatz zu einer Entwicklung ansehen müssen, der gegenüber gewisse Bedenken immerhin am Platze sind. Dabei kann unter geregelten wirtschaftlichen und gesellschaftlichen Verhältnissen eine gewisse Elastizität der Rechtsanwendung durchaus im Sinne der Gerechtigkeit liegen. Bei veränderter politischer Konstellation jedoch, besonders wenn die Ideale von Gerechtigkeit, Sitte und Moral sich verwirren oder in ihr Gegenteil verkehren, ist dann der Weg zur Katastrophe des Rechts nicht weit.

Wir hatten gesehen, wie in den Jahren nach dem ersten Weltkrieg die letzten Reste des Positivismus zerbrachen und einer stark am Ideal der materiellen Gerechtigkeit orientierten Rechtspflege den Platz einräumten. Diese Tendenzen, die der Nationalsozialismus bei seiner Machtergreifung vorfand, paßten nur zu gut zu der Art von Recht und Gerechtigkeit, die er zu verwirklichen mehr und mehr bestrebt war, wurde doch dadurch die Durchdringung des Rechtslebens mit nationalsozialistischem Geist wesentlich erleichtert. So zögerte der Nationalsozialismus nicht, die Bindung des Richters an das Gesetz in mancherlei Hinsicht zu lockern. Das geschah einmal normativ, wobei der Hinweis auf das Strafrechtsänderungsgesetz vom 28. Juni 1935 genügen mag, das dem Richter die Möglichkeit gab, auch dann zu bestrafen, wenn zwar nicht der ausdrückliche Wortlaut, wohl aber "das gesunde Empfinden des Volkes in Übereinstimmung mit dem Grundgedanken eines Strafgesetzes" für eine Tat Strafe verlangte. Entsprechend heißt es im Schrifttum, das in den ersten Jahren nach 1933 dem Nationalsozialismus zu einem nicht geringen Teil Gefolgschaft leistete, daß die Rechtssicherheit in ihrem herkömmlichen Sinne "vielleicht jüdischem, niemals aber deutschem Rechtsdenken entsprechen" könne (602). Statt "Keine Strafe ohne Strafgesetz" müsse es heißen "Kein Verbrechen ohne Strafe (603), denn die Rechtssicherheit sei "nicht Sicherung der privaten Freiheits- und Rechtsinteressen, sondern die Sicherung und Gewährleistung des Wohles der Volksgemeinschaft" (604).

"Von nun an gibt es keinen Unterschied mehr zwischen Recht und Moral", äußerte Hitler auf dem Leipziger Juristentag 1933 gewissermaßen als Leitsatz, und für die Frage, was rechtens sei und damit auch dem höchsten moralischen Prinzip entspreche, gab es weitere Leitsätze. "Recht ist das, was arische Männer für Recht befinden" (605), hieß der eine, während der andere, berühmtere, im Schrifttum vielfach verherrlichte (606) am klarsten so ausgesprochen wurde (607): "Wenn der Engländer sagt, Recht oder Unrecht, mein Vaterland, so gehen wir Nationalsozialisten darüber hinaus

und sagen: Recht ist, was dem deutschen Volke nützt, Unrecht, was ihm schadet". Legitimiert der erste Satz das Führerprinzip in der Rechtspflege, so legt der zweite dieser als einzigen wertenden Maßstab den des Volksnutzens zu grunde. Dieser Volksnutzen, der also alleinige Richtschnur für neues Recht und neue Gerechtigkeit werden sollte, erweist sich als ein Inbegriff nationalsozialistischer Wünsche und Vorstellungen und hat zumeist mit dem eigentlichen Sinn des Wortes wenig gemein. Er gliederte sich auf in die Pflege vor allem von Rasse, Ehre, Partei und Staat (608) und fand so seinen Niederschlag etwa in der Rassegesetzgebung, dem besonderen strafrechtlichen Schutz der NSDAP und der Verschärfung der Strafandrohungen für Hoch- und Landesverrat (609). Unter diesen Schutzobjekten ist die Rasse das dominierende Element; "Rasse ist Ursprung, Träger und Ziel des deutschen Volksrechts" (610); "Vererbungslehre und Antisemitismus sind Grundlagen der nationalsozialistischen Weltanschauung; die nationalsozialistische Rechtsphilosophie ist die rassegesetzliche Rechtslehre" (611). Da weiter dem propagierten Ideal des Volksnutzens der natürliche Egoismus des Individuums gegenübersteht, erschien eine gemeinschaftsfördernde Tendenz des Rechts als besonders wünschenswert. "Unser Recht muß dem Volk dienen, nicht dem Individuum" (612), war die fundamentale Forderung; "Der Staat muß als Wahrer einer tausendjährigen Zukunft auftreten, der gegenüber der Wunsch und der Eigennutz des einzelnen als nichts erscheinen und sich zu beugen haben" (613).

Für ein solches Recht brauchte man auch entsprechende Juristen, und es ist nichts bedauerlicher, als daß das schöne Wort Rechtswahrer zu diesem Zwecke verschwendet wurde. Zwar versicherte Frank noch 1933 (614): "Der nationalsozialistische Staat ist stark genug, daß er unabhängige Richter ertragen kann", aber aus diesen Worten ist die Kampfansage schon deutlich herauszuhören. Die Forderung, daß die juristische Praxis mit nationalsozialistischem Geist durchdrungen sein müsse, wurde daher mit Nachdruck erhoben (615). "Es ist unmöglich, daß ein Richter oder Staatsanwalt den Geist des neuen Deutschland richtig erfassen kann, wenn er nicht mit dem Wollen und den Zielen des Nationalsozialismus eins geworden ist"(616); "Ohne Kenntnis des Nationalsozialismus bis ins innerste Wesen hinein kann kein Staatsanwalt, kein Richter das vom Gesetz Gewollte treffen" (617). Vor allem die Juden wurden ausgeschaltet (618). Dem entsprach eine personelle Bereinigung der Hochschulen (619); seit 1937 wurden Juden zur Promotion nicht mehr zugelassen, denn "der Weg der Wissenschaft führt auf den Weg des Führers" (620).

Innerhalb dieser Maßnahmen hat sich der Nationalsozialismus auch mit dem römischen Recht auseinandergesetzt, und das in einem weit stärkeren Maße, als dies dem römischen Recht nach seiner heutigen Bedeutung zugekommen wäre (621). Denn er räumte ihm sogar einen Platz im Parteiprogramm vom 24.Februar 1920 ein, dessen Punkt 19 bestimmt: "Wir fordern Ersatz für das der materialistischen Weltordnung dienende römische Recht durch ein deutsches Gemeinrecht". Die Klarheit, mit der durch diese Bestimmung die künftige Rechtsentwicklung vorgezeichnet worden sein soll, ist oft gerühmt worden (622), indessen ist jene, wie namentlich

Koschaker (623) zeigt, alles andere als klar. Denn wenn der Verfasser des Parteiprogrammes zur Schaffung eines neuen, vom sozialistischen Geist beherrschten Privatrechts (Punkt 10-18 des Parteiprogramms) die Beseitigung des römischen Rechts für erforderlich hielt, so ist ihm entgangen, daß dieses römische Recht schon längst nirgends mehr in Deutschland galt. Sollte er aber an den materialistischen Geist des römischen Rechts gedacht haben, der das geltende Recht und vornehmlich das BGB erfüllt - die Richtigkeit dieser Behauptung bleibe dahin gestellt - so ist dieser Gedanke jedenfalls im Parteiprogramm nicht zum Ausdruck gekommen. Sicher ist lediglich, daß später das nationalsozialistische Schrifttum, das sich redlich abgemüht hat, einen Sinn in diese Bestimmung zu bringen, sich mit seinen Deutungen tatsächlich in der angegebenen Richtung bewegt (624). Was sich hingegen der Schöpfer des Parteiprogramms bei der Formulierung des Art. 19 gedacht hat, wird sich wohl kaum je klären lassen. Zwar ist es interessant, daß Hans Frank ein Schüler Konrad Beyerles war; so könnte, da ja die Germanistik schon verschiedentlich auf die gemeinschaftsfeindliche Tendenz des römischen Rechts im Gegensatz zur Betonung des Genossenschaftsgedankens im deutschen Recht hingewiesen hatte, der Schluß naheliegen, daß Frank, historisches mit geltendem Recht vermengend, sich bei der Formulierung dieses Artikels von unklaren Erinnerungen an seinen Lehrer leiten ließ und auf diesem indirekten Wege die Germanistik von Einfluß auf die Gestaltung des Parteiprogramms war. Indessen scheint die Entstehungsgeschichte des Parteiprogramms diesen Schluß kaum zuzulassen. Die Beziehungen des damals 19-jährigen Jurastudenten Frank zum Nationalsozialismus - er wurde erst 1927 Mitglied der NSDAP, Hitler sah er im Januar 1920 zum ersten Mal - waren 1919/20 noch sehr lose. Lediglich im Sommer 1919 kam er einmal als Mitglied der "Thule-Gesellschaft" mit den Gründern der damaligen "Deutschen Arbeiterpartei", Harrer und Drexler, zusammen, die ihm das Programm ihrer neugegründeten Partei vorlegten. Dieses fand Frank "ebenso gut gemeint wie unpraktisch" und half ihnen bei der Formulierung. Es ist denkbar, daß hierbei auch das römische Recht in das Programm geraten ist. Wahrscheinlich ist es allerdings kaum, da Frank damals gerade erst mit seinem Studium begonnen hatte und daher vom römischen Recht wohl noch nicht viel Vorstellungen besaß. Auch ist dieses Programm der DAP nur mit sehr starken Änderungen von der NSDAP übernommen worden (625). Begegnen dieser Möglichkeit daher erhebliche Bedenken, so scheint auf der Gegenseite auch Wieacker (626) von den Schöpfern des Parteiprogramms eine etwas zu hohe Meinung zu haben, wenn er in Punkt 19 ein sorgsam zurechtgemachtes, mit viel Geschick auf große Wirkung in breiten Volkskreisen berechnetes politisches Schlagwort sieht und analysierend zeigt, welche Ideen und Affekte des 19. Jahrhunderts hier "zu einem Gebräu verkocht" worden sind, wenn auch diese Möglichkeit ebenso wenig auszuschließen ist, wie die erste (626a). Man lasse daher diese Frage am besten offen, halte sich vor Augen, daß unter der geringen Mitgliederzahl der NSDAP damals sich kaum jemand befunden haben mochte, der in der Lage war, ein fundiertes, wissenschaftlicher Kritik standhaltenden politisches Programm zu schaf-

fen und begnüge sich im übrigen, ohne mit Koschaker (627) auf die Entdekkung von "Akten aus den Parteiarchiven über die Vorberatungen zum Parteiprogramm, die Licht auf den Sinn von Punkt 19 werfen könnten" zu warten, mit dem, was später das nationalsozialistische Schrifttum aus dieser Bestimmung gemacht hat. Das Parteiprogramm selbst erscheint als ein wenig taugliches Objekt für wissenschaftliche Studien.

Jedenfalls aber - zu dieser Feststellung genügt bereits das bisher Gesagte - waren das römische Recht und die Romanistik dem Nationalsozialismus zunächst unerwünscht. Daß die Romanisten gleichwohl nicht, wie die Exponenten anderer mißbilligter Geisteswissenschaften, Verfolgungen ausgesetzt waren, verdankten sie sicher nicht einer besonderen Schwäche der im Bezug auf solche Maßnahmen sonst keineswegs ängstlichen Behörden, auch wohl weniger, wenigstens in den ersten Jahren des Nationalsozialismus, der Rücksichtnahme auf den italienischen Bundesgenossen, der über den Wert des römischen Rechts ganz anders dachte (628), sondern der Tatsache, daß der Nationalsozialismus es nicht für erforderlich zu halten brauchte, gegen das römische Recht größere Aktionen einzuleiten. Das hängt mit der erstmalig von Koschaker (629) klar erkannten Krise der deutschen Romanistik, insbesondere des romanistischen Rechtsunterrichtes, zusammen, deren Beginn etwa mit dem Zeitpunkt zusammenfällt, da Ludwig Mitteis seine Leipziger Pandektenvorlesung als Einführung in das BGB einstellte. Denn die schon oben skizzierte Gefahr der Entwicklung zu einer Geschichtswissenschaft, der die Romanistik nach Verlust ihrer dogmatischen Komponente durch das BGB ausgesetzt war, hatte sich insofern bemerkbar gemacht, als das römische Recht jedes Interesse für den Praktiker und den nur praktisch denkenden Rechtsstudenten verlor. Solange die Möglichkeit bestand, "das römische Recht hinter den Betonwällen der Prüfung" (630) zu verteidigen, mochte der Rechtsstudent sich noch bis zu einem gewissen Grade mit dem römischen Recht beschäftigen. Als jedoch die Justizausbildungsordnung vom 22.7.1934 dem römischen Recht den Prüfungsschutz nahm, da genügte diese einzige praktische Maßnahme, die zur Verwirklichung des Punktes 19 des Parteiprogrammes getroffen wurde, um den romanistischen Rechtsunterricht so schwer zu erschüttern, daß Koschaker resigniert zu der Feststellung kommt (631): "Nach eigenen Erfahrungen und Informationen von Kollegen kann gesagt werden, daß im ganzen die romanistischen Vorlesungen an den deutschen Universitäten seit 1934 zusammengebrochen sind". Mag zu diesem Ergebnis auch manches von der allgemeinen pessimistischen Grundstimmung des 1945/46 unmittelbar nach dem Zusammenbruch geschriebenen Buches beigetragen haben (632), so muß doch Pringsheims optimistische Formulierung, daß nach Aufhebung des Prüfungszwanges im Dritten Reich gleichwohl "die Studenten aus freiem Willen die Hörsäle füllten" (633), auf ganz besondere Einzelfälle beschränkt werden. Ernst Fuchs' Prophezeiung (634) war im Begriff, in fataler Weise in Erfüllung zu gehen. So fand der Nationalsozialismus einen mächtigen Bundesgenossen in der Krise des römischen Rechts, die auch heute noch andauert und zu deren Überwindung die - allerdings sehr problematische - Wiederbelebung der gemeinrechtlichen Dogmatik vorgeschlagen wird (635).

Auch die ablehnende Haltung des Nationalsozialismus zur Rezeption kann nicht mehr überraschen. Dabei tauchen zur Beurteilung der Rezeption an sich keine neuen Argumente auf, man beschränkt sich vielmehr auf die Fortführung der alten. Dieses aber erfolgt in einer so stark veränderten, nicht selten an eine gänzliche Sinnentstellung heranreichenden Weise, daß man gleichwohl von einer gänzlichen Änderung der Betrachtungsweise von Rezeptionsfragen durch den Nationalsozialismus sprechen kann. Das gilt am stärksten für das Argument der rassischen Fremdheit des römischen Rechts, aber auch das bisher noch wenig diskutierte Argument der Gemeinschaftsfeindlichkeit erhält plötzlich eine starke Bedeutung. Von den übrigen bereits früher erörterten Fragen übernimmt der Nationalsozialismus noch die nach dem Verhältnis von Volk und Recht unter dem Einfluß der Rezeption. Entsprechend der starken Gegenwartsbeziehung, die der nationalsozialistischen Geschichtsauffassung eigen war, erscheint die Diskussion um die anderen Momente der Rezeption zunächst einmal als stillgelegt; für sie bestand im Rahmen des nationalsozialistischen Zweckdenkens kein so großes Interesse. Daß zudem eine Weiterführung etwa des Gesichtspunktes der geistigen Befreiung vom autoritätsgebundenen Denken hätte peinlich sein können, liegt auf der Hand. Im übrigen können, wie schon erwähnt und begründet wurde (636), in diesem Abschnitt nur solche Urteile erscheinen, die typisch nationalsozialistischer Betrachtungsweise entspringen; dementsprechend kann Vieles, was zumal in der zweiten Hälfte der nationalsozialistischen Ära über Fragen der Rezeption geschrieben wurde, erst im nächsten Kapitel gebracht werden.

Im Vordergrund nationalsozialistischen Denkens steht der Rassegrundsatz; unter diesem Gesichtspunkt ist daher das römische Recht hauptsächlich beurteilt worden. Es ist bereits gezeigt worden, daß die Rechtsgeschichte in den 20er Jahren vereinzelt begonnen hatte, das römische Recht unter dem rassischen Gesichtspunkt zu erörtern (637), ebenso wurden die Gründe hierfür angedeutet (638), wobei sich zeigte, daß diese Germanisten deshalb noch nicht als Vorläufer des Nationalsozialismus angesehen werden können. Diese eben erst begonnenen und von einer Klärung noch weit entfernten Überlegungen paßten nur zu gut zu der Tendenz des Nationalsozialismus, alle geschichtliche Entwicklung unter dem rassischen Gesichtspunkt zu sehen. Er begnügte sich nun aber nicht mit einer bloßen Übernahme dieses Arguments, sondern verfälschte es, indem er aus der von den Germanisten behaupteten "Artfremdheit" des römischen Rechts, die nichts weiter als "germanischem Wesen nicht gemäß" oder allenfalls "nichtarisch" bedeuten sollte, sofort eine "Verjudung" des römischen Rechts machte. Woher stammt diese Klassifizierung, deren offensichtliche Unrichtigkeit selbst von prominenten Nationalsozialisten schließlich zugegeben wurde (639) und der wir daher auch in der zweiten Hälfte der nationalsozialistischen Ära nicht mehr begegnen? Die Erklärung dürfte sein, daß ein absolutistisches Regime immer dazu neigt, Mißliebige durch Anhängen einer politisch nachteiligen Etikette besonders verächtlich zu machen und damit jeder weiteren Diskussion aus dem Wege zu gehen, mag sie im Einzelfalle noch so unpassend und ungerechtfertigt sein (640). Für den Nationalsozialismus aber war der schlimmste Vorwurf, den er seinen Gegnern machen konnte, sie als Juden zu bezeichnen, was auch fast alle Widersacher des Nationalsozialismus, militärische, politische, ja selbst kirchliche (641) über sich ergehen lassen mußten. So lag es nahe, das römische Recht mit dem Etikett "verjudet" zu kennzeichnen, um hiermit auch die letzten Unentwegten abzuschrecken, die trotz des neuen Studienplanes noch den Weg zum römischen Recht finden mochten. Dieses war um so leichter, als die Romanistik selbst früher bereits die These von der Orientalisierung des spätrömischen Rechts aufgestellt hatte (642), war doch von Konstantinopel und Beryt der räumliche, freilich kaum der logische Sprung nach Palästina nicht mehr so weit. So sehen wir, daß es nur noch eines verhältnismäßig kleinen Kunstgriffs bedurfte, um aus den Untersuchungen der Germanisten und der romanistischen These von der Orientalisierung zum Judenrecht zu gelangen.

Indessen ist die Gefolgschaft, die das nationalsozialistische Schrifttum dieser Umwandlung des rassischen Arguments leistete, keine so geschlossene, daß wir die Formel Koschakers übernehmen könnten, wonach für den Nationalsozialismus schlechthin artfremd=jüdisch=römisch gewesen sei (643). Nur etwa 1/3 der gleich zu erörternden einzelnen Stellungnahmen bezeichnen das römische Recht direkt oder indirekt als jüdisch, während auf der Gegenseite bei einigen Äußerungen der Nachweis möglich ist, daß die Autoren lediglich die von v. Schwerin und Merk eingeleitete Diskussion fortsetzen wollten und ihnen eine Propagierung der nationalsozialistischen Verfälschung durchaus fernlag. Wir erkennen damit als Ergebnis, daß die Diskussion um die rassische Fremdheit des römischen Rechts sich jetzt auf einer zweigleisigen Bahn befindet. Von dieser Überlegung muß bei der Würdigung der Einzelurteile ausgegangen werden.

Es herrscht bei den nationalsozialistischen Autoren Übereinstimmung darüber, daß das römische Frührecht bis zur Aufzeichnung der Zwölf Tafeln noch "erdverbunden" war, "in seiner Elastizität den Aufstieg von einem Staat von Ackerbürgern zur Weltmacht ermöglichte" (644). Das römische Recht sei "in seinem Anfang ... eine Schöpfung nordischer Menschen, die gleichen Blutes und gleicher Rasse wie der beste Teil unseres eigenen Volkes und aller abendländischen Kulturvölker waren" (645), gewesen; "das alte römische Recht war noch das des nordischen Urvolkes" (646). Indessen wies auch dieses Recht schon Eigenschaften auf, die nationalsozialistischem Denken widersprachen (647): Zwar habe das römische Frührecht "noch starke indogermanische Züge und damit auch manche Übereinstimmung mit dem germanischen Recht" aufgewiesen, jedoch von vornherein eine gewisse "nüchterne Trockenheit und starre Denkgesetzlichkeit" gehabt; "der germanisch-deutsche Seelenschwung ist dem Römer von Anfang an fremd gewesen". Das Gleiche darf wohl auch noch für das klassische römische Recht gelten: Das Parteiprogramm richte sich "nicht gegen das klassische Weltrecht der Römer" (648). Im gleichen Sinne äußerte schon vorher Frank (649): "Der Nationalsozialismus bekämpft nicht das Werk eines stolzen, rassebewußten Volkes; wir glauben, daß es von höchster Kulturbedeutung ist, daß der deutsche Jurist das römische Recht kennt und lernt". Der Wert des Justinianischen Rechts wird dagegen schon durchweg als negativ angesetz (650). "Rassische Entartung, Verlust des besten Blutes in häufigen Kriegen, sittlicher Niedergang und Übertragung der von den wertvollen nordrassischen Volksbestandteilen einst erkämpften Rechte (römisches Bürgerrecht) auf die niederrassischen Volksbestandteile (jus gentium) führten in der Spätzeit des römischen Weltreiches zu einer Entartung dieses ehemals hochstehenden römischen Rechts. Dieses spätrömische Recht war das Recht eines Rassenmischmaschs des römischen Weltreiches, das nur noch wenige nordrassische Bestandteile hatte und ... verjudet war" (651). Ebenso schreibt Schmelzeisen (652): "Das Recht der Spätzeit entsprach bereits einer Bevölkerung, die von morgenländischem und jüdischem Blut zersetzt war", und an anderer Stelle (653): "Der vorderasiatische Einschlag des römischen Rechts steht im stärksten Gegensatz zu der heldischen Auffassung des nordisch-germanischen Menschen". Nicht anders spricht Frank (654) vom Corpus Juris als dem "von allen rassischen Bindungen gelösten spätrömischen Verkehrsrecht". Für Nicolai ist das spätrömische Recht das "Recht der Rassenzersetzung"(655) und v. Leers stellt kurzerhand die Gleichung auf (656): "Spätrömisch=jüdisch". Dieses Prädikat der Artfremdheit, die in einer Reihe von Fällen gleichbedeutend ist mit "jüdisch", begleitet von Justinian an das römische Recht durch alle weiteren Stufen seiner Entwicklung. So hören wir über das mittelalterliche römische Recht (657): "Artfremd war jenes Rechtsdenken der Glossatoren und Postglossatoren". Mit am heftigsten aber wurde die Pandektenwissenschaft angefeindet. Das Parteiprogramm richte sich "gegen den im Gefolge der Naturrechtslehre in das deutsche Recht eingezogenen, unter den Fittichen des Pandektenrechts großgewordenen Materialismus, sowie gegen das Pandektenrecht selbst mit seinen lebensfremden Begriffsbildungen" (658). "Die liberalistisch-jüdische Gedankenwelt der letzten Zeiten drückt sich in der positivistischen Rechtslehre aus" (659). Dementsprechend erschien auch die zeitgenössische Romanistik zum mindesten verdächtig, nicht zuletzt im Hinblick auf deren internationale Verquickung, nachdem sie in steigendem Maße Sache aller Kulturnationen geworden war. In diesem Sinne warf ihr Heinrich Lange vor, sie sei (660) "wurzellose wissenschaftliche Freimauerei", "fremd und kalt", "voll Unverbundenheit mit dem neuen Staat"; ferner sei sie (661) "international" und "das Judentum hat sich der Romanistik bemächtigt". An gleicher Stelle tadelt er die "Prinzipien des römischen Rechts" von Fritz Schulz: "Dieses Buch könnte in jedem Lande erschienen sein". Auch in anderem Zusammenhang schreibt Heinrich Lange (662): "In dieser Zeit ungeheuren Geschehens kann und darf die deutsche Rechtswissenschaft nicht in die Geschichte und in fremde Rechte flüchten".

Aber auch da, wo nationalsozialistische Autoren vom römischen Recht schlechthin sprechen, ohne also eine besondere Epoche zu bezeichnen, lassen sie keinen Zweifel darüber aufkommen, daß die Rezeption gerade aus rassischen Gründen verderblich war. So hören wir von Frank (663): "Die größte Gefahr der Rezeption erwuchs aus der Tatsache, daß die Übernahme dieses für viele Völker und Rassen geltenden Verkehrsrechts den Gedanken zerstörte, daß jedes Recht, das von einem Volke verstanden und anerkannt werden soll, artgebunden sein muß ... Der Gedanke der Artgebundenheit des Rechts war verloren gegangen. So konnte der Jude im vorigen Jahrhundert seinen unheilvollen Einfluß auf das deutsche Rechtsleben auszustrahlen beginnen" (664). Im Corpus Juris habe sich "artfremdes Denken niedergeschlagen", behauptet Schmelzeisen (665), wobei angenommen werden kann, daß der Autor dieses Mal artfremd=jüdisch setzen wollte. Ähnlich wie Frank argumentiert Gaeb (666): "In Vielem wahrte das Mittelalter das Recht des germanischen Altertums, aber das Wichtigste, der grundlegende Rassengedanke, ging verloren. Das römische Recht, welches die Bürgerrechte ohne Rücksicht auf Abstammung und Herkunft verlieh, und die Lehre des Christentums, wonach alle Menschen vor Gott gleich seien, ließen auch für Deutschland die Auffassung Allgemeingut werden, daß für die Volkszugehörigkeit nicht die Abstammung maßgebend sei, sondern die bloße Unterstellung unter eine bestimmte Staatsgewalt". Daher heißt die Forderung (667): "Alles soll beseitigt werden, was im Laufe einer zweitausendjährigen Rechtsgeschichte als Fremdgut bei uns eingeschleppt wurde und unter dem Namen "Römisches Recht" Aufnahme fand". Ebenso hat Heinrich Lange rassische und völkische Gesichtspunkte im Auge, wenn er, bei der Wahl des Wortes offenbar von Brunner (668) beeinflußt, das römische Recht als "eingeimpften Fremdstoff" bezeichnet (669).

An nächster Stelle mußte auch der individualistische Charakter des römischen Rechts in einem Staat, der den Volksnutzen auf seine Fahnen geschrieben hatte, besonders mißfallen. Auf diese Eigenschaft des römischen Rechts sollte sich ja auch Punkt 19 des Parteiprogrammes beziehen. So konnte man auf dem Juristentag 1933 hören (670): "Das römische Recht ist für Deutschland eine Errungenschaft der Ich-Zeit, und in diesem Zeitabschnitt hat es sich bis zu seiner Überschlagung in Positivismus und Begriffsjurisprudenz auswirken können und ausgewirkt". Stuckart (671) bezeichnet das römische Recht als "individualistisch, dem Gemeinschaftsgedanken fremd, materialistisch" und Herbert Meyer fügt hinzu, daß das römische Recht den "Bodenegoismus" herbeigeführt habe (672). Auch Schmelzeisen, der eine besonders eingehende Darstellung der Rezeptionsgeschichte gibt, widmet dieser Frage einige Sätze (673): "Ein wahres Verhängnis aber war es, daß unser Rechtsdenken mit der Aufnahme auf die schiefe Bahn geriet, daß es sich der Sächlichkeit verschrieb. Damit wurde es auch zum Trennungsdenken, und es hat diesen Fehler bis in die jüngste Zeit hinein nicht mehr ablegen können. Das und nichts anderes ist der Grund dafür, daß in der Neuzeit an die Stelle der Gemeinschaft der Einzelne, an die Stelle des Gemeinnutzes der einseitige Eigennutz, an die Stelle der Freiheit die Ungebundenheit und an die Stelle des Sinnvollen das Geld und der Drang nach irdischen Lebensgütern treten konnte".

Wenn Hitler behauptete, daß es jetzt keinen Unterschied zwischen Recht und Moral mehr gebe, so mußte das römische Recht auch unter diesem Gesichtspunkt Angriffen ausgesetzt sein. "Die Römer nannten zwar das

Recht 'ars boni et aequi', aber war gut ist, was sittlich und damit auch rechtlich richtig ist, das wurde im späteren römischen Recht nicht gesagt. Denn die Trennung von Sittlichkeit und Recht war ja die "Glanzleistung" der römischen Rechtswissenschaft ... Damit wurde der eigentliche, ethische Rechtsgedanke der nordischen Urzeit vergessen" (674).

Entsprechend dem starken Aufschwung, den der nationale Gedanke durch den Nationalsozialismus erlebte, nahm dieser als ein schon längst von der Germanistik aufgeworfenes Argument das der Überfremdung des deutschen Rechts und der Entfremdung des Rechts und des Volksbewußtseins auf, und dieses sogar in recht starkem Maße. Dabei bezieht sich z.B. Coblitz ausdrücklich auf frühere ähnliche Stellungnahmen zur Rezeption (675): "Die Rezeption des römischen Rechts wurde, auch schon in vornationalsozialistischer Zeit, als das Ereignis erkannt, welches die Entwicklung eines volksnahen Rechtes verhinderte, das, erwachsen aus den Lebensbedürfnissen deutschstämmiger Völker, ihre Rechtsbeziehungen zu gestalten bestimmt war". "Die Einführung dieses (des römischen) Rechts blieb dem Volksbewußtsein etwas Fremdes, ja Feindliches" (676) "Das römische Recht kam nicht als Freund, sondern als Alleinherrscher ... Ein fremdes Recht in fremder Sprache dem deutschen Volk aufzuzwingen, bedeutete die Einheit von Volk und Recht zerstören ... Die fünf Jahrhunderte des römisch-gemeinen Rechts konnten zwar manche Brücke schlagen, konnten aber die Kluft zwischen römischem Rechtsdenken und deutschem Rechtsempfinden nicht ausfüllen" (677). "Es war eine grauenhafte Zäsur, als plötzlich aus fremden Zonen fremde Gedanklichkeit, fremde Abstraktionen hereinkamen" (678). "Die Rechtsgelehrten bemühten sich nicht darum, die Rechtsgedanken im Volke auszubreiten und zu vertiefen. Ihre Sprache war lateinisch und damit völlig volksfremd. Die Rechtspflege wurde grausam, stumpf und teuer ..." (679) "An die Stelle des ehemals dominierenden Gefühlsrechts tritt im Laufe der Jahrhunderte ein vom Verstand diktiertes und in Büchern aufgezeichnetes Vernunftrecht" (680). "Die Aufnahme des fremden Rechts hat zu der beklagenswerten Entfremdung zwischen Volk und Recht geführt, die heute noch fortwirkt. Allerdings handelt es sich hier weniger um die Annahme fremder Rechtsgedanken als um ein Umgießen deutscher Rechtsinhalte in die fremde Form. Aber gerade auf der Form beruht ja die Volkstümlichkeit des Rechts" (681). "Das Volk ... hat die Anwendung dieses Rechts durch die volksfremden Juristen erdulden müssen. Das römische Recht ist dem Volk von den Juristen aufgezwungen worden" (682). "Zwar sind Aufnahmen fremder Rechte niemals schädlich, wann immer das Fremde von der völkischen Art verarbeitet wird. Gerade das aber war bei der großen Aufnahme um die Wende vom Mittelalter zur Neuzeit nicht der Fall. Sie hat das völkische Recht weithin ergriffen und in seiner Eigenart verdorben" (683). Entsprechend der großen Zahl dieser Urteile, die übrigens kaum von nationalsozialistischem Geist geprägt sind, sondern in Vielem eher an die Romantik erinnern, haben nationalsozialistische Autoren der feindlichen Haltung, die sich zur Rezeptionszeit im deutschen Volke gegen das fremde Recht und die Doktoren zeigt, große Aufmerksamkeit gewidmet, sie als "großartiger Abwehrkampf gegen die

Rezeption" (684) zwar etwas überwertet, im übrigen aber durch Herausgabe einschlägiger Quellen gerade auf diesem Gebiet wirkliche Fortschritte gezeitigt (685).

Auch die Frage, ob die Rezeption zum Absolutismus geführt und die Lage des Bauernstandes verschlechtert habe, wird lebhaft erörtert. In diesem Punkt dürfte sich allerdings der Einfluß des Nationalsozialismus stärker bemerkbar gemacht haben, wenn die hier anzuführenden Autoren, entgegen den von Aubin (685a), Mommsen (686) und v.Below (687) gefundenen und später wieder von Koschaker (688) bestätigten Ergebnissen durchweg zu dem Schluß kommen, diese beiden Fragen zu bejahen. "Seit der Rezeption des römischen Rechts ist das in Deutschland geltende Recht dem Volksbewußtsein immer mehr entfremdet worden. An Stelle des Volksrechts trat ein Gelehrtenrecht, das nicht in das Volk eindrang. Diese ganze Entwicklung war nicht sehr glücklich für Deutschland. Es trat eine Überspitzung des Eigentumsbegriffes ein. Der germanische Gemeinschaftsgedanke wurde in den Hintergrund gedrängt. Die Entwicklung führte auch zum Absolutismus" (689). "Der Einfluß des römisch denkenden Beamtenstandes auf die Entwicklung des absoluten Fürstentums, dessen Konstruktion nach dem Vorbild des römischen Prinzipats, die dadurch bewirkte Entfremdung von Fürst und Volk, insbesondere der Steuerdruck der römischen Juristen, gehören zu den verhängnisvollsten Folgen der Rezeption" (690). Auch Schmelzeisen bemerkt (691): "Tatsächlich gestärkt wurde unter dem Schutz der römischrechtlichen Lehre die Macht der Landesherren", während gleichzeitig die des Kaisers gesunken sei; ebenso sei das römische Recht dafür verantwortlich, daß jetzt "eine maßlose Mißhandlung des Bauerntums" eingesetzt habe.

Es zeigt sich also, daß der Nationalsozialismus wenigstens zwei Gedankengänge, die die Germanistik bereits seit langem zur Beurteilung der Rezeption herangezogen hatte, auf das lebhafteste fortführt. Darüber hinaus könnten auch die Gesichtspunkte der Rasse und der Gemeinschaftsbindung als germanistische Argumente angesehen werden, jedoch wurden diese unter dem Einfluß des Nationalsozialismus so stark abgewandelt, daß man sie eher als neue nationalsozialistische Gesichtspunkte ansehen muß. Diese stattliche Liste von Urteilen also übersieht Koschaker (692), wenn er der Auffassung ist, daß der Nationalsozialismus "den ihm von den Germanisten angebotenen Knäuel von Argumenten nicht weiter abgerollt" habe, sondern nur mit spezifisch nationalsozialistischen Erwägungen dem römischen Recht gegenübergetreten sei.

Wie sehr im Gegenteil der Nationalsozialismus sich in einigen Punkten alte germanistische Forderungen zu eigen gemacht hatte, mag hier nur am Beispiel der zahlreichen Rechtsreformen angedeutet werden, die der Nationalsozialismus durchzuführen sich vorgenommen hatte. Stets sind diese mit dem Hinweis verbunden, daß künftige Gesetze aus volksverbundenem Rechtsgut schöpfen und sich einer allgemeinverständlichen Sprache, möglichst in Anlehnung an Rechtssprichwörter, befleißigen müßten. "Es gibt kein Recht um des Rechtes willen, sondern nur ein Recht um des Volkes willen, daher fordert und anerkennt der Nationalsozialismus nur ein Recht, daß aus der Tiefe des Volkes aufgestiegen ist" (693); "Das Recht steht also niemals mehr über oder neben dem Volk, über oder neben der sittlichen Rechtsordnung, sondern es steht im Volk und in seiner sittlichen Volksordnung, wie auch umgekehrt das Volk und seine Lebensordnung im Recht stehen" (694).

Das Bild wäre jedoch unvollständig ohne eine Berücksichtigung der Rechtsgelehrten, die, obgleich zum Teil selbst Nationalsozialisten, sich gegen die dem römischen Recht auferlegten Beschuldigungen im Rahmen der gebotenen Vorsicht zur Wehr setzten. Das gilt in erster Linie für Schönbauer, der die Anschuldigung, das römische Recht sei verjudet, widerlegen konnte. In der Tat beobachten wir, daß die in den ersten drei Jahren des Dritten Reiches mit großer Vehemenz gegen das römische Recht erhobenen Vorwürfe in den folgenden Jahren spürbar abnehmen, um etwa nach 1939 so gut wie völlig zu verschwinden, während andererseits sich Stimmen zu Worte melden, die für das römische Recht eintreten. Hierfür das Achsenbündnis als Ursache anzunehmen, liegt nahe, dürfte aber nicht den Kern dieser Entwicklung treffen. Wenn auch das Bündnis mit Italien in Vielem Anlaß dazu gab, die gemeinsamen Grundlagen der germanischen und römischen Kultur stärker hervorzuheben, so hatte doch Hitler - in diesem Falle wohl übereinstimmend mit der Masse des deutschen Volkes - keine besonders hohe Meinung von den Italienern, zum mindesten hinsichtlich ihrer Kriegstüchtigkeit und Zuverlässigkeit, die damals als das Primäre erscheinen mußten. Italiens Kriegseintritt 1940 kam Hitler äußerst ungelegen (695). Wenn daher gegen Ende des nationalsozialistischen Regimes unbegründete Angriffe gegen das römische Recht mehr und mehr verschwinden,. so dürfte hierfür eher die Tatsache verantwortlich sein, daß die deutsche Rechtswissenschaft, die sich 1933 zunächst doch immerhin zu einem Teil vor den Wagen des Nationalsozialismus spannen ließ, in den folgenden Jahren, da die Rechtsfeindschaft des Nationalsozialismus mehr und mehr zu Tage trat, die innere Gefolgschaft versagte (696), so daß wir bemerken können, wie mancher Autor, den noch vor wenigen Jahren literarische Fruchtbarkeit ausgezeichnet hatte, sich jetzt in betretenes Schweigen hüllt. Damit verschwindet bereits einige Jahre vor dem System, das sie entstehen ließ, die typisch nationalsozialistische Betrachtungsweise der Rezeption. Als sich daher die Romanistik etwa im Jahre 1939 wieder soweit gesammelt hatte, um den nationalsozialistischen Beschuldigungen entgegenzutreten, überwand sie Argumente, deren innere Kraft schon gebrochen war.

So bemerken wir im Jahre 1939 bei Rudolf Bechert eine im Vergleich zu vorhergegangenen Stellungnahmen erstaunlich objektive Darstellung und Bewertung der Rezeption, die unter Anerkennung der "hohen technischen und systematischen Durchbildung, die ein unbestreitbarer Vorzug des römischen Rechts war" und unter gänzlicher Auslassung rassischer Gesichtspunkte nur aus nationalen Erwägungen zu einem ablehnenden Ergebnis kommt (697): "Die Rezeption wurde dadurch zum sittlichen und nationalen

Verhängnis, daß das römische Recht unterschiedslos auf die deutschen Verhältnisse übertragen wurde. Seine Anwendung lag in den Händen recht beschränkter Juristen, denen jeder Sinn für das Wesen des Recht als sittlicher Aufgabe und für die völkische Gebundenheit des Rechts fehlte. Sie konnten deshalb die Wesensverschiedenheit zwischen deutschem und römischen Recht nicht erkennen". Im gleichen Jahre erklärte Schönbauer (698): "Das römische Recht ist nicht jüdisch, braucht also nicht deshalb aus der Lehre beseitigt zu werden". Die in den letzten Jahren erfolgte Klassifizierung des römischen Rechts als jüdisch führt er darauf zurück, daß gerade unter den deutschen Romanisten der letzten hundert Jahre ein hoher Prozentsatz Juden gewesen sei (699). Mit dieser Erklärung gab man sich zufrieden, obgleich Koschaker schon damals ihre Unrichtigkeit nachwies (700). Auch Berneker (701) erklärte damals, daß das Parteiprogramm sich nicht gegen das - wenige Jahre zuvor noch allgemein als jüdisch bezeichnete - justinianische römische Recht richte. Auch gegen die Behauptung, das römische Recht sei individualistisch und gemeinschaftsfeindlich, versuchten Romanisten mit wissenschaftlichen Untersuchungen anzugehen. Wieder erscheint hier Schönbauer als Rufer im Streit (702): "Viele Juristen glauben unter dem Eindruck des Schlagwortes von der Gefahr des römischen Rechts, auf dem Wege der gedanklichen Negation zu einem nationaldeutschen Recht zu kommen. Das ist ein Irrtum ... Daß heute starke völkische Bedenken gegen das römische Recht und seine Behandlung auf den Hochschulen geltend gemacht werden, ist verständlich als Reaktion auf die einseitig individualistische und liberalistische Denkart des 19. Jahrhunderts. Die römische Gemeinschaftsordnung war in Wirklichkeit nicht individualistisch, liberalistisch oder kapitalistisch, selbst nicht in byzantinischer Zeit." Auch Kaser (703) weist starke Gemeinschaftsbindungen wenigstens im frühen römischen Recht nach und fährt dann fort (704): "Erst mit den Zwölf Tafeln erfolgte der Übergang zur reinen Machtordnung, die, für sich allein betrachtet, in der Tat individualistisch ist ... Neben der Legalordnung steht aber als Macht von nicht geringerer Autorität die Sitte, die, wenigstens in der Zeit vor dem Einsetzen des Verfalls, ausreichte, um die Verbände, in die das Volk sich gliederte, dem Gesamtzweck unterzuordnen". Die Kennzeichnung des römischen Rechts als gemeinschaftsfeindlich erklärt Kaser dementsprechend (705): "So bringt die Rezeption wohl das römische Recht nach Deutschland, nicht aber die Sitte, die mit dem römischen Volk ins Grab gesunken ist. So lieferte die römische Machtordnung die väterliche Gewalt, das Eigentum, die Staatsgewalt als grundsätzlich unbeschränkte Vollgewalten". Kaser kommt daher zu dem Ergebnis (706), daß erst die Neuzeit die individualistische Grundhaltung dem römischen Recht entnommen habe. Auch Wieacker will das römische Recht in Schutz nehmen, wenn er schreibt (707): "Der Individualismus der Pandektenwissenschaft brachte natürlich nicht den sozialen und wirtschaftlichen Individualismus, den die Germanisten ... dem altrömischen Recht zugemessen haben ... Wir wissen, daß dasselbe Corpus Juris seit den Glossatoren durchweg nichtindividualistischen Wirtschaftsformen, etwa im Deutschland des späten 16. und 17. Jahrhunderts, hat dienen können".

Weiter wurden auch gegen die Überbetonung des nationalen Gesichtspunktes, zu der der Nationalsozialismus neigte, Stimmen laut. So warnte z.B. Schlegelberger (708): "Nicht alles, was germanisch ist, ist für uns gut, nicht alles, was römisch ist, für uns schlecht. Nicht darauf allein kommt es an, auf welchem Gebiet die Quelle liegt, sondern in erster Linie und entscheidend darauf, ob ein Rechtgedanke volkstümlich, d.h. in das Leben der Nation übergegangen ist".

Schließlich zeigten sich auch Ansätze, die eine Ehrenrettung der so heftig angefeindeten Pandektistik versuchten. So stellt Heinrich Lange, bei aller Feindseligkeit gegenüber bestimmten Erscheinungen innerhalb der Romanistik, auch einige positive Seiten der Pandektistik heraus (709). Im gleichen Sinne äußert Wieacker (710): "Die Pandektistik war antipartikularistisch, sie schuf auf den Kathedern eine einheitliche deutsche Privatrechtswissenschaft und war so der mächtigste Wegbereiter der Forderung nach Rechtseinheit der ganzen Nation".

Gelang es so der deutschen Romanistik, in vielen Punkten die nationalsozialistischen Beschuldigungen zu widerlegen, so konnte dies eine allgemeine pessimistische Grundstimmung innerhalb der Romanistik nicht verhindern, die sich wohl nur mit den Gefühlen vergleichen läßt, die vor zwei Jahrhunderten die Hallenser Kollegen des Thomasius empfunden haben mochten. Die Krise des römischen Rechts, auf die Koschaker 1939 mit aller Deutlichkeit hingewiesen hatte, und die Unmöglichkeit, unter der Herrschaft des nationalsozialistischen Studienplanes Schritte gegen diese zu unternehmen, ließen Wieacker (711) das Wort vom "Gnadenbrot, das einem einstmals beherrschenden Fach um seiner alten Verdienste willen gereicht wird" ausrufen, wie Wieacker auch an anderer Stelle resigniert zu der Mutmaßung kommt (712): "Kein Freund des römischen Rechts wird sich darüber täuschen, daß gegenwärtig und für lange Zeit die ewige Stimme seiner klassischen Form unhörbar werden wird". Aber die Romanistik wollte nicht sang- und klanglos zu grunde gehen, und so schließt die pessimistische Schrift Wieackers mit einem stolzen Bekenntnis zum römischen Recht (713): "Das römische Recht ist nicht ratio scripta, aber die reinste Verwirklichung musterhafter Rechtskunst in einem großen, urverwandten Volk: So gewiß die römischen Begriffe keine zeitlos gültigen sind, wie die Pandektistik wähnte, so gibt es doch dauernde Organisationsprobleme des allgemeinen Rechts, die jedem Volk auf seine Art gestellt sind. Auf diese Fragen hat der römische Jurist nicht aus überlieferten oder gar übernommenen Begriffen, sondern aus der allgemeinen Lebensordnung seines Volkes Antworten gefunden, die für uns mehr bedeuten als die jedes anderen Rechtes mit Ausnahme unseres eigenen".

Als Ergebnis dieses Kapitels kann man also eine verhältnismäßig starke Geschlossenheit der Urteile, wie sie mit den Naturrechtlern verloren gegangen war, als Charakteristikum der Literärgeschichte der Rezeption in Deutschland feststellen. Es entspricht typisch nationalsozialistischem Denken, daß jetzt die bisher nur in Ansätzen vorhandenen Argumente der Rasse und des Gemeinschaftsgedankens beherrschend in den Vordergrund rükken. Daneben werden auch, wie dargelegt, einige Gedankengänge fortgeführt, die uns schon seit längerer Zeit bekannt sind, ohne aber zu bemerkenswerten neuen Ergebnissen oder schlagwortartigen Formulierungen, die von jetzt an die Legende der Rezeption begleitet hätten, zu gelangen. Da nun die nationalsozialistischen Erwägungen mit ihrem System untergingen und da die alten nicht zu wesentlich neuen Ergebnissen geführt wurden, brachte der Nationalsozialismus keine neuen Ansätze in die Legende der Rezeption hinein, die deren weiteren Verlauf wesentlich beeinflußt hätten. Sie setzt vielmehr 1945 im wesentlichen wieder mit den gleichen Tendenzen ein, die wir 1933 verlassen hatten. Es erscheint somit dieser Abschnitt für die Literärgeschichte der Rezeption wenig fruchtbar; mag er allgemeingeschichtlich der interessanteste sein, für unser Thema konnte er nichts Bleibendes beisteuern.

7. Kapitel

DER GEGENWÄRTIGE STAND DER MEINUNGEN

Wenn wir als Ergebnis des letzten Kapitels erkannt hatten, daß der Nationalsozialismus die Legende der Rezeption kaum weiterbrachte, daß diese sich vielmehr 1945 nach Verschwinden der nationalsozialistischen Argumente im wesentlichen noch auf dem gleichen Standort befand, den sie bereits 1933 erreicht hatte, so kann man, bei aller Vorsicht, die Urteilen über einen erst so kurze Zeit zurückliegenden Zeitabschnitt gegenüber angebracht ist, diese Feststellung als symptomatisch für alle Geisteswissenschaften ansehen. Denn eine geistesgeschichtliche Betrachtungsweise kann nicht bei äußeren Fakten stehen bleiben, z.B. gewissen Neuerungen auf dem Gebiet des Arbeits- Jugend- oder Strafrechts im Dritten Reich, die durchaus von bleibender Bedeutung für die Rechtswissenschaft sind. Während man etwa zur Zeit der Historischen Schule durchaus noch auf typisch naturrechtliches Denken stoßen konnte und der Einfluß des Naturrechts für die weitere Entwicklung überhaupt kaum zu überschätzen ist, wird man in der heutigen deutschen Rechtswissenschaft Reste typisch nationalsozialistischen Denkens, auf das wir unser Augenmerk richten mußten, schwerlich finden. Wenn man heute wieder darauf hinweist (714), daß die damalige Rechtswissenschaft, wenn man von gewissen, ihr eigen gewesenen politischen Tendenzen absieht, durchaus auch einige echte Fortschritte gebracht habe, so liegt darin der Umkehrschluß, daß jene politischen Tendenzen nicht mehr verwertbar und nicht mehr existent sind.

Indessen brachte der Nationalsozialismus als solcher, freilich ungewollt, einige Wirkungen hervor, die gerade für unser Thema von Bedeutung sind. Denn ähnlich wie die Wiedereinführung des § 2 in alter Fassung in das StGB, die Abschaffung der Todesstrafe und eine Reihe von Bestimmungen des Grundgesetzes, die eine Wiedereinführung der Diktatur wenigstens auf legalem Wege unmöglich machen, als Schockreaktionen auf das nationalsozialistische Unrecht zu werten sind, so sah sich die tödlich bedrohte Romanistik zu einer Selbstbesinnung veranlaßt, die eine Reihe von grundsätzlichen Abhandlungen entstehen ließ, welche ohne den Nationalsozialismus kaum denkbar gewesen wären.

Gehen wir jetzt auf die gegenwärtige Lage der Romanistik ein, so könnte man annehmen, daß sie durch den Wegfall des Nationalsozialismus gestärkt worden sei. Einmal brauchte sie sich nicht mehr mit unbegründeten Anfeindungen politischer Natur auseinanderzusetzen, und zum anderen wurde römisches Recht bald wieder in altem Umfange gelesen, in die Studienordnungen der einzelnen Länder aufgenommen und vor allem auch wieder geprüft. Indessen darf die Wirkung dieser an und für sich erfreulichen Maßnahmen nicht überschätzt werden. Wenn Koschaker (715) zur Wiederaufnahme des römischen Rechts in die Prüfungsordnungen der Länder der britischen Besatzungszone im Jahre 1946 meint, daß diese "bemerkenswert" sei, "aber zu irgendwelchem Optimismus für die Zukunft keinen Anlaß" gebe, und wenn neuerliche Äußerungen Wieackers (716) zeigen, daß er mit seinen pessimistischen Rufen zu Beginn der 40er Jahre (717) keineswegs nur die - damals ohnehin schon stark im Abbau begriffenen - nationalsozialistischen Maßnahmen gegen das römische Recht im Auge hatte, so tritt damit deutlich zu Tage, daß von einer Milderung des Grundübels, nämlich der Krise des römischen Rechts, keine Rede sein kann. Zumal wenn Koschaker (718) als einen der Hauptgründe dieser Krise schon 1939 die Tatsache erkennt, daß der heutige Rechtsstudent nicht mehr über die früher übliche gesicherte wirtschaftliche Position verfüge und daher sein Studium stark auf das Notwendige und Nützliche konzentriere, so hat sich diese Ursache der Krise nach 1945 zweifellos noch verstärkt. So äußerte sich diese Wiederbelebung im praktischen Studienbetrieb eigentlich nur in der Weise, daß juristische Repetitoren in die von ihnen dargebotene Examensmasse wieder einige sehr spärliche römischrechtliche Bemerkungen einstreuten, weshalb Vorschläge für eine wirkliche Renaissance des romanistischen Uterrichts, will man nicht in diesen Pessimismus mit einstimmen, eine sehr aktuelle Bedeutung gewinnen.

In der Tat sind solche Vorschläge auch bereits von Koschaker und Wieacker mit der gebotenen Eindringlichkeit vorgetragen worden. Koschaker sieht die Ursache für die Krise in der bereits geschilderten Historisierung des römischen Rechts, welche dieses zu einem Fremdling an den Rechtsfakultäten gemacht habe. Nur durch Schutzeinrichtungen wie den Prüfungszwang habe dieser Zustand eine Zeit lang verdeckt werden können, und an seine Überwindung könne nur gedacht werden, wenn man neben die rein geschichtliche Betrachtung des römischen Rechts eine andere setze, die die Verbindung mit der Dogmatik des geltenden Rechts aufrecht erhalte. "Ihrer Natur nach werden solche Forschungen rechtsgeschichtliche sein, wobei allerdings Dogmen- und Begriffsgeschichte im Vordergrund stehen wird ... Hingegen sind sie in ihrem Ziel durch praktisch-dogmatische Interessen bestimmt" (719). Auch Wieacker sieht die Rettung des romanistischen Unterrichts in der Abkehr von der einseitigen Historisierung des römischen Rechts und dessen Darstellung aus den soziologischen und wirtschaftlichen Zusammenhängen heraus, allerdings ohne es so unmittelbar zum heutigen Recht in Beziehung zu setzen, wie Koschaker dieses vorschlug (720).

Aber auch die Situation der Germanistik war nach 1945 nicht beneidenswert. Der Nationalsozialismus hatte ihr höchstens zu einer Scheinblüte verholfen, indem er sie für seine Ziele einzuspannen suchte; ihr eigentliches Anliegen erfuhr wenig Förderung, im Gegenteil vernachlässigte der praktische Studien- und Prüfungsbetrieb im Dritten Reich die deutsche Rechtsgeschichte in kaum geringerem Maße als die römische, sofern man sie nicht gerade für politische Ziele benötigte (721). Das Studium der deutschen Rechtsgeschichte schließlich erlebte die gleiche Entwicklung wie das der römischen, und die Gründe hierfür dürften in vielen Punkten auch die gleichen sein.

Jedoch hatte die Germanistik gegenüber der Romanistik noch einen zusätzlichen Schaden durch den Nationalsozialismus erlitten, der für unser Thema von großer Bedeutung ist. Es ist schon gezeigt worden, in wie starkem Maße der Nationalsozialismus zur Beurteilung des römischen Rechts und seiner Rezeption Argumente herangezogen hatte, die den Germanisten bereits seit kürzerer oder längerer Zeit bekannt waren. So waren selbst die Gesichtspunkte der Rasse und des Gemeinschaftsgedankens bereits in den 20er Jahren aufgetaucht, und zumal eine Fortführung des rassischen Gesichtspunktes hätte, nachdem eine Reihe von Romanisten von Ludwig Mitteis bis Koschaker und Wenger dem römischen Recht einen ganzen Komplex vorwiegend orientalischer antiker Rechtssysteme hinzugefügt hatten (722), möglicherweise zu bemerkenswerten Ergebnissen führen können. Wem aber konnte noch zugemutet werden, das römische Recht aus rassischen Gründen ungünstig zu beurteilen, nachdem der Nationalsozialismus den Rassegedanken zu einem so furchtbaren Ende geführt hatte? Wer konnte ferner noch das römische Recht als gemeinschaftsfeindlich bezeichnen, wer von einer Überfremdung des Deutschtums reden, ohne unangenehme Erinnerungen heraufzubeschwören? So waren einige der alten germanistischen Argumente unbrauchbar geworden, andere nur noch mit Vorsicht und Einschränkungen zu verwenden. "Wir haben ... wieder gelernt, daß über das Recht zwar etwas Schönes und Wesentliches, aber bei weitem nicht das Entscheidende ausgesagt ist, wenn man es aus dem Volkstum herleitet" (723).

Es kommt noch ein weiterer Umstand hinzu, der die Fatalität dieser Lage für die Germanistik erst voll hervortreten läßt. Es ist dies die Tatsache, daß nach 1945 der Boden für eine Auseinandersetzung mit den grundsätzlichen Fragen der Rechtswissenschaft, zu denen auch die Wertung der Rezeption gezählt werden muß, besonders günstig war. Wie stets nach einer großen Katastrophe, legten diese Jahre eine Besinnung auf die prinzipiellen und allgemeinen Fragen der Wissenschaften, eine Sichtung und Neubewertung unseres gesamten geistigen Besitzes nahe. Diese Grundstimmung, die sich selbst in den ersten Nummern der neu ins Leben gerufenen juristischen Zeitschriften, obgleich diese nur praktische Ziele verfolgen wollten, erkennen läßt (724), ließ eine Reihe von Schriften entstehen, die als Rechenschaftsberichte und Versuche zu einer Neuorientierung zu werten sind. Unter diesen steht, gerade für die Zwecke dieser Arbeit, Koschakers "Europa und das römische Recht" ohne germanistisches Gegenstück da, wie überhaupt auf diesem Gebiet die Anzahl und das Gewicht der romanistischen Arbeiten überwiegt. Aber noch eine zweite Gelegenheit bot sich, im allgemeinen Rahmen gerade die Frage der Rezeption neuen Untersuchungen zu unterziehen, und auch diese verpaßte die Germanistik. Seit 1936 war, als Schließung einer längst empfundenen Lücke allseitig freudig begrüßt, eine Vorlesung über neuere Privatrechtsgeschichte in den juristischen Studienplan aufgenommen worden. Lehrbücher über dieses neue Gebiet zu schreiben, erschien daher als eine neue und verlockende Aufgabe, die bisher - von einem schmalen Grundriß Molitors abgesehen - nur von den Romanisten Wieacker und Wesenberg gelöst wurde (725).

So hat die Germanistik, wenigstens auf dem hier interessierenden Gebiet, eine gewisse Abschwächung erfahren, die sich um so mehr bemerkbar macht, als von romanistischer Seite neue und sehr beachtliche Argumente in die Diskussion eingeführt worden sind, auf die eine germanistische Antwort noch aussteht.

Mit Überwindung der durch den Nationalsozialismus in die Rechtswissenschaft eingeführten politischen Tendenzen erscheinen auch die Urteile über die Rezeption wieder in objektiverer Ausgestaltung; gleichzeitig zeigt sich auch eine deutliche Abkehr von dem durch den Nationalsozialismus künstlich verschärften Gegensatz zwischen Romanisten und Germanisten. Nimmt man die Erkenntnis der gemeinsamen Krise hinzu, in der sich beide rechtshistorischen Richtungen heute befinden und zu deren Überwindung nichts weniger geeignet wäre, als nicht vertretbare Polemik, so wird für eine fruchtbare Zusammenarbeit beider Schulen kein Zeitpunkt seit Savigny günstiger erscheinen als der gegenwärtige.

1. Als erster nach dem Zusammenbruch nahm K o s c h a k e r die Diskussion um das römische Recht wieder auf. Allerdings zeigt er wenig Neigung, seinerseits ein Gesamturteil über die Rezeption abzugeben; er meint hierzu (726): "In einer dergestalt ... mit Anschauungen, die am Dogmen heranreichen, geladenen Atmosphäre erscheint eine neuerliche Erörterung des Rezeptionsproblems wenig versprechend und fruchtbar. Im übrigen ist es nicht Ziel dieser Untersuchung, die Rezeption, speziell in Deutschland, zu glorifizieren oder zu verdammen ... Nur in einem Punkt möchte ich eine Ausnahme machen, nämlich in der Frage, ob die Rezeption in der Tat als Überfremdungserscheinung zu werten sei". Hierbei geht Koschaker davon aus (727), daß man diese Frage in erster Linie für den Personenkreis prüfen müsse, der bei der Rezeption mitgewirkt habe oder unmittelbar von ihr betroffen war. Dabei werde jeder, der die Ansicht vom autoritären Denken teile, diese Frage verneinen. Denn für die Juristen, die das Corpus Juris in Deutschland eingeführt hätten, sei das Gesetzbuch Justinians unmittelbar verpflichtende Autorität gewesen, nicht etwa ein fremdes Recht. Das Gleiche könne auch im Großen und Ganzen für das deutsche Volk gelten, welches zwar keine Sympathien, aber auch keine Antipathien gegen das römische Recht gezeigt habe; gelegentliche Unzufriedenheit habe sich gegen die Juristen oder, soweit sie das neue Recht selbst betraf, nur gegen dessen soziale Auswirkungen (Bauernbewegung), nie aber gegen das römische Recht als undeutsches gerichtet. "Die Wertung der Rezeption als Überfremdung beruht daher auf Beurteilung ex post. Sie beweist nur, daß seit dem 19. Jahrhundert eine ansehnliche Gruppe deutscher Professoren die Rezeption für ein nationales Unglück gehalten hat" (728). Die Zeitgenossen hätten die Rezeption nicht als nationale Vergewaltigung empfunden, obgleich gerade damals eine starke nationale Welle über Deutschland gegangen sei. "Die Beurteilung der Rezeption als Überfremdungserscheinung ist eine professorale Theorie der deutschen Germanisten des 19. Jahrhunderts, die übrigens zu der Zeit, da sie aufgestellt wurde, schon längst durch die Ereignisse überholt war" (729). Soll man, was offenbar der Fall ist, die-

sen Ausführungen entnehmen, daß deshalb, weil die Zeitgenossen die Rezeption nicht als Überfremdung empfunden haben - die sachliche Richtigkeit dieser Behauptung steht an dieser Stelle nicht zur Diskussion (730) -, diese auch heute nicht mehr als solche gewertet werden kann, so ist diese Argumentation kaum schlüssig. Denn wenn nach dem Sprachgebrauch der Begriff der Überfremdung ein objektiver ist, so kann nicht der subjektive Eindruch einer bestimmten Generation darüber entscheiden, ob tatsächlich eine Überfremdung vorlag; ja die Zeitgenossen der Rezeption scheinen zu einem solchen Urteil sogar am allerwenigsten berufen zu sein, denn einmal war ihre Vorstellung vom Geltungsgrund des römischen Rechts in Deutschland noch eine völlig falsche (731), und zweitens ist es eine geschichtliche Tatsache, daß historisch bedeutsame Vorgänge in den seltensten Fällen schon von den Zeitgenossen in ihrer vollen Tragweite erkannt werden. Immerhin erscheint es richtig, für die Frage der Überfremdung auch den Eindruck der unmittelbaren Zeitgenossen, überhaupt den anderer Epochen zu berücksichtigen; Stellungnahmen, die nur die eigene, in einer bestimmten Zeitsituation ruhende Meinung gelten lassen, werden heute kaum noch ein gültiges Bild entwerfen können. Während also Koschakers Ansicht zur Überfremdung nur mit Vorbehalt aufgenommen werden kann, führt er zur Frage des Verhältnisses von Leibeigenschaft und Rezeption aus (732): "Es wäre aber eine Überschätzung der Kraft des römischen Rechts, wenn man es für das 'Legen' der Bauern in den ostelbischen Grundherrschaften verantwortlich machte. Richtig ist nur, daß das römische Recht dafür die Argumente lieferte, indem es ermöglichte, das Recht des grundhörigen Bauern als einfache Pacht zu konstruieren. Aber der Vorgang war letzten Endes eine Machtfrage, zu deren Einkleidung in juristische Formen man sich die Argumente anderswo geholt hätte, wenn das römische Recht nicht zur Verfügung gewesen wäre" (733). Vor allem hat Koschaker - in diesem Umfange als erster (734) - das Wiederaufleben des römischen Rechts und die Rezeption im gesamteuropäischen Rahmen und seine Bedeutung für die gemeineuropäische Kultur gesehen (735).

Der Eindruck, daß Koschaker der Rezeption positiv gegenübersteht - ausgesprochen wird das freilich nirgends - wird noch durch weitere Bemerkungen verstärkt, besonders durch seine wohl etwas zu einseitige Darstellung der Germanistentage 1846/47 (736), die einer Überprüfung der Protokolle nicht standhält. Die leidenschaftlichen Kriegserklärungen, die übrigens außer Christ niemand in dieser Form ausgesprochen hat, müssen aus der Zeitsituation heraus verstanden werden. Sie wurden aus an sich anerkennenswerten Motiven geäußert (737); persönliche Angriffe sind aus den Protokollen nicht ersichtlich. Im Gegenteil könnte das Verhältnis des Romanisten v.d. Pfordten und des streitbaren Beseler in Lübeck noch heute in mancher Beziehung als Vorbild gelten (738).

Hervorzuheben ist aus der Darstellung Koschakers jedoch die Tatsache, daß die Beurteilung der Rezeption hier bereits deutlich auf das schon am Ende des 5. Kapitels angedeutete Ziel zusteuert, nämlich auf die Erkenntnis der Relativität eines solchen Werturteils, auf das Abrücken von der Auffassung, es könne nur eine Meinung - in der Regel die eigene - über den Wert dieses Ereignisses geben. So schreibt Koschaker von Werturteilen über die Rezeption (739): "Solche Wertungen sind an sich das Recht jedes Geschichtsschreibers. Er mag, je nach seiner Einstellung, in dem selben Ereignis Unheil oder Segen erblicken ... Nur wird man zugeben müssen, daß solche Wertungen immer ein stark subjektives und zeitbedingtes Moment enthalten".

2. Gegenüber dieser umfassenden und in vielen Einzelheiten neuartigen Darstellung Koschakers erscheinen auf germanistischer Seite zunächst nur einige Neuauflagen bewährter Lehrbücher, die, in der zweiten Hälfte der nationalsozialistischen Ära erschienen, weder typisch nationalsozialistisch sind, noch in sonstiger Weise mit dem Nationalsozialismus in Zusammenhang gebracht werden können, und daher erst jetzt berücksichtigt werden. Sie bringen im übrigen nur Argumente, die uns bereits seit längerer Zeit bekannt sind; diese allerdings vollständig und nur mit Ausnahme derer, deren Weiterführung nach ihrem Mißbrauch durch den Nationalsozialismus nicht in Frage kam.

Von diesen Lehrbüchern ist Z y c h a s "Deutsche Rechtsgeschichte der Neuzeit" für uns die wichtigste. In einer ausführlichen Darstellung der Rezeption (740) geht Zycha vor allem auf die Frage der Entfremdung von Volk und Recht ein. Er bezeichnet das rezipierte Recht als "unvolkstümlich" (741) und schreibt weiter (742): "Zugleich aber entfernte sich das Recht vom Leben. Denn was von den Juristen gelehrt wurde, bestand zu einem nicht geringen Teil nur in den Vorstellungen der Theorie. Der Alltag verhielt sich anders, schon deshalb, weil es den breiten Bevölkerungsschichten an der Kenntnis der Rechtslehre gebrach. Weder spielte sich das Leben des Bauern auf dem Lande, noch des Handwerkers in der Stadt, noch des adeligen Herrn auf seiner Burg nach römischem Recht ab; erst wo es zum Streit kam und die Juristen das Wort nahmen, wurde es Ernst mit dem Corpus Juris ... Hand in Hand damit ging eine völlige Verwilderung der deutschen Rechtssprache ... und eine Verdunkelung deutscher Rechtseinrichtungen auch dort, wo sie anerkannt, aber durch die romanistische Brille gesehen wurden ... Was sie (die Rezeption) an Übeln mit sich brachte, war außer der völligen Volksfremdheit der prozessualen Rechtsdurchsetzung materiell eine oft ins Seltsame gehende sachliche Abhängigkeit vom Recht einer anderen Zeit und eines anderen Volksgeistes, eine gewaltsame Rechtserneuerung, die selbst vor rückschrittlicher Entwicklung nicht halt machte, wie sich dies unter anderem im Liegenschaftsrecht erwies. Im Ganzen hat die Zeit unbesehen die Überfremdung (743) hingenommen ..." Aber Zycha erkennt auch positive Seiten der Rezeption an. So rühmt er die Befreiung von kirchlicher Bevormundung (744): "Alle Gelehrsamkeit war einst im Mittelalter eine kirchliche gewesen. Mit der Herrschaft eines Juristentums, das selbst unter dem methodischen Einfluß der Theologie emporgekommen war, entstand nunmehr eine weltliche Rechtsgelehrtheit". "Gleichwohl hing an ihrem Wirken der stolze Fortschritt zur ersten begriffsmäßigen Durchdringung der Rechtsordnung, der Übergang von der kasuistischen, auf das einzelne Lebensverhältnis bezogenen zur abstrakten Denkweise, mit anderen Worten die Rechtszivilisation" (745). Es lag also, wie man gerade aus dieser Äußerung sieht, auch auf germanistischer Seite das Stichwort "Verwissenschaftlichung" in greifbarer Nähe. Schließlich setzt sich Zycha von der Ansicht einiger nationalsozialistischer Autoren, wonach das römische Recht den Absolutismus verschuldet habe und der moderne Staat ebenfalls nur durch das römische Recht habe entstehen können, energisch ab (746): Nur "unhistorische Betrachtungsweise" könne behaupten, daß ohne Hilfe des römischen Rechts der moderne Staat nicht hätte zum Durchbruch kommen können.

3. In gleicher Weise wie bei Zycha muß auch die Stellungnahme von Dahm hier nachgetragen werden; dabei ist trotz der starken Änderungen, die sein "Deutsches Recht" in der zweiten Auflage von 1951 gegenüber der ersten von 1944 erfahren hat, sein Urteil über die Rezeption unverändert geblieben und erscheint im gleichen Wortlaut.

Auch für Dahm ist die Entfremdung von Volk und Recht das wichtigste Merkmal der Rezeption (747): Die Rezeption habe "die Idee des guten alten Rechts endgültig zerstört. Sie machte als die Übernahme eines trotz aller Annäherungen eben doch fremden Rechts der alten Vorstellung ein Ende, die das Recht als eine in Gott begründete, unverbrüchliche, heilige Ordnung, die Recht, Religion und Sitte, Gerechtigkeit und positives Recht als Einheit begreift. Das rezipierte Recht empfand das Volk ... nicht mehr als sein Recht". "Das Recht wird abstrakt und begrifflich ... Die Rechtsfindung, einst Sache der Lebenserfahrung und des Rechtsgefühls, wird jetzt zu einer erlernbaren Kunst". Die Rezeption des römischen Rechts sei "mit einer tiefgreifenden Erschütterung des deutschen Rechtsbewußtseins verbunden ... Wo die Rezeption siegte, da hörte das Recht endgültig auf, ein persönliches Besitztum der Gemeinschaft zu sein, erlosch die unmittelbare, im Gemüt wurzelnde Beziehung des Menschen zum Recht, das jetzt mehr oder weniger gleichgültig eine Sache des Staates und der Juristen wurde". An anderer Stelle jedoch warnt Dahm vor einer Überschätzung der Schädigung der Volksordnung durch die Rezeption (748): "Die These, es habe die Aufnahme des fremden Rechts die deutsche Volksordnung zerstört oder auch nur dauernd geschädigt, stellt eine unzulässige Vereinfachung dar". Auch kann nach Dahms Ansicht die Rezeption nicht für die Entstehung des Absolutismus verantwortlich gemacht werden (749): "In der Tat hat wohl das spätrömische Staatsrecht, haben Aussprüche wie der seit dem Dominat im absolutistischen Sinne verstandene Satz princeps legibus absolutus oder quod principi placuit, legis habet vigorem auf die Entwicklung des deutschen Verfassungsrechts keinen entscheidenden Einfluß ausgeübt". Dahm trat, hier einem zumal durch v. Schwerin (750) vertretenen Gedanken folgend, besonders auch der Auffassung entgegen, daß das deutsche Recht einer Weiterbildung nicht fähig gewesen sei (751): "Nicht weil das deutsche Recht unmodern war, hat man das römische Recht rezipiert, sondern im Gegenteil, weil es sich dem rationalen und begrifflichen italienischen Recht schon bis zu einem gewissen Grade genähert hatte, wurde das fremde Recht nicht als solches empfunden". Für Dahm war, wie er an anderer Stelle ausführlicher darlegt (752), die Rezeption Ausdruck eines umfassenden Rationalisierungsprozesses. Für diesen habe das deutsche Recht schon Vorarbeiten geleistet, so daß dieser Rationalisierungs- und Spezialisierungsprozeß nicht notwendig der Rezeption eines fremden Rechts bedurfte. Damit brachte Dahm Gedanken in die Diskussion, die später vor allem von Wieacker (753) aufgegriffen wurden.

4. Als weitere Neuauflagen bewährter Lehrbücher erscheinen die von v. Schwerin und Fehr, beide in den hier interessierenden Partien unverändert. Das bedeutet bei v. Schwerin nicht zuletzt auch die Beibehaltung des stark rezeptionsfeindlichen Satzes (754), daß die Reichsgesetzgebung "den Strom des römischen Rechts nicht in unschädliche Bahnen" habe ablenken können. Auch Fehr hat sein Urteil über die Rezeption nicht revidiert, insbesondere auch das Wort von der Notzucht am deutschen Recht beibehalten. Im übrigen sind die Urteile beider Autoren, bei Fehr auch mit Würdigung der verschiedenen Auflagen, bereits oben wiedergegeben worden (755).

Es zeigt sich damit, daß ein beträchtlicher Teil der Germanistik die kaum übersehbare Fülle von neuen Betrachtungsweisen und Wertungsmöglichkeiten, die der Nationalsozialismus und die ihm folgende Katastrophe an das römische Recht und die Rezeption herangetragen haben, kaum beachtet und die Behandlung dieser Fragen in einer Weise fortsetzt, die "sich nicht wesentlich unterscheidet von demjenigen, was wir 1932 oder 1939 referiert, publiziert oder diskutiert haben" (756). Dieses "schreckliche Vergessen", vor dem Thieme (757) eindringlich warnte, ist hier um so bedenklicher, als die Romanistik diese Möglichkeiten klar erkannt hat und unverzüglich zu deren Auswertung geschritten ist (758).

5. Das Gleiche muß auch für das neue Lehrbuch von Heinrich Mitteis, wenigstens für die hier interessierende Frage der Wertung der Rezeption, gelten. Für Heinrich Mitteis bedeutete die Rezeption "ein verhängnisvolles Versiegen, eine Sterilisation des volkstümlichen Rechtsempfindens" (759), und in anderem Zusammenhang schreibt er (760): "So hat ein 'unsäglich bornierter Juristenstand' (H. Brunner) den Segen der Rezeption in Unsegen verwandelt ... Die Rezeption brachte nicht die ersehnte Rechtseinheit, vielmehr weitere Rechtszersplitterung ... Eine Eindeutschung des fremden Rechts konnte nimmermehr gelingen, weil der deutsche Rechtsgeist durch die Rezeption seiner schöpferischen Kraft beraubt worden war. Das Recht galt nicht mehr als Besitz des Volkes, es wurde Sache des Staates, positives Recht zu setzen; dieses wurde zu einer Geheimwissenschaft in der Hand bürokratischer Fachleute. So öffnete sich ein Abgrund von Mißtrauen zwischen Volk und Recht, Volk und Juristen; dieser hat sich bis heute noch nicht geschlossen, und die Rechtsfremdheit des deutschen Volkes ist das unselige Erbe des Rezeptionszeitalters geblieben".

Diese Stellungnahme, die nicht nur durch die Wiederaufnahme des Wortes vom unsäglich bornierten Juristenstand, sondern auch in Stil und Argumentation die kampfesfreudige Linie Brunner - v. Schwerin fortsetzt, läßt ebenfalls einen Hinweis auf die jüngste Entwicklung der Legende der Rezeption vermissen, der auch im Rahmen eines Kurzlehrbuches eine knappe Bemerkung hätte gewidmet werden können.

6. Bei Planitz bemerken wir das Bemühen, der Rezeption auch einige positive Seiten abzugewinnen und sie weniger einseitig zu sehen. Auch bei ihm liegt das Wort "Verwissenschaftlichung" wieder in greifbarer Nähe (761): "Die Rezeption ... hat unstreitig den Weg für eine wissenschaftliche Durchdringung einer einheitlichen Rechtsordnung gebahnt und damit eine künftige Rechtssicherheit eingeleitet. Die Aufnahme der fremden Rechte hat den Übergang zu einer neuzeitlichen Rechtsordnung wesentlich erleichtert und beschleunigt". Allerdings "ersparte die Aufnahme der fremden Rechte den deutschen Juristen vielfach, selbständig zu denken". Planitz zeigt weiter am Beispiel der rezeptionsfreien Gebiete, daß das deutsche Recht durchaus fähig gewesen sei, aus eigener Kraft ein den Verkehrsbedürfnissen angepaßtes Recht zu entwickeln (762). Dieses Argument, obgleich seit v. Below (763) nicht mehr ernstlich angezweifelt, erscheint damit wieder in hellerem Licht (764); in der Tat mußte es die geeignete Erwiderung auf den Gesichtspunkt der Verwissenschaftlichung des deutschen Rechtslebens durch die Rezeption sein, der seit Wieacker, auch schon vor Erscheinen seiner "Privatrechtsgeschichte der Neuzeit", sich wieder stärker in den Vordergrund geschoben hatte (765).

6a. An Hand eines Einzelbeispieles untersucht Coing die Entwicklungsfähigkeit des deutschen Rechts. Bei der Darstellung der Ursachen der Rezeption in Frankfurt am Main, einer Stadt also, deren weitreichende Handelsbeziehungen die Entwicklung eines besonders durchgebildeten Schuldrechts erforderlich machten, befaßt sich Coing mit der Frage, ob das heimische Recht den veränderten wirtschaftlichen Verhältnissen nicht mehr genügt habe und ob es deshalb zur Rezeption des römischen Rechts gekommen sei (765a). Dies verneint Coing aus zwei Gründen: Einmal schließe das zeitliche Verhältnis zwischen der wirtschaftlichen Entwicklung von der Handwerkerwirtschaft zur frühkapitalistischen Wirtschaftsgestaltung einen solchen Zusammenhang aus, und zum anderen ließen die Dokumente, die sich auf den Geschäftsverkehr der großen Handelshäuser beziehen, eine Verwendung römischer Rechtsbegriffe oder Rechtsinstitute nicht erkennen; überhaupt sei der kaufmännische Handelsverkehr vom Einfluß der Juristen freigeblieben. "Vielmehr stellte das heimische Recht dem Handel alle Rechtsformen zur Verfügung, die er brauchte, oder besser gesagt, konnte sich das Handelsrecht auf dem Boden des heimischen Rechts so frei aus kaufmännischer Übung und Sitte entwickeln, wie man es sich nur denken kann ..." (765b) Erscheinen bereits diese Sätze als eine vorweggenommene Entgegnung auf das sich ankündigende Argument der Verwissenschaftlichung, so hat Coing auch auf deren Schattenseiten schon eindringlich hingewiesen (765c): "Nicht besser könnte man das Ergebnis der Untersuchungen der Frankfurter Rezeptionsgeschichte zusammenfassen als eben dahin, daß an Stelle eines unmittelbar mit dem Leben verbundenen Rechts ein gedankliches juristisches System tritt, das sich zwischen die Lebenstatsachen und den urteilenden Menschen schiebt und sich anheischig macht, dieses Leben zu normieren". In gleichem Sinne spricht Coing an anderer Stelle (765d) von der "dominierenden Stellung des juristischen Denkens gegenüber dem Leben, das von ihm geordnet werden soll ..."

7. Tiefergehend als viele andere hat sich Schönfeld mit der Frage nach einem Werturteil über die Rezeption auseinandergesetzt. Sein Urteil gewinnt nicht zuletzt dadurch ein besonderes Interesse, daß mit ihm das gefühlsmäßige Element, welches seit Otto v. Gierke so gut wie ausgeschlossen war, wieder seinen Platz findet, ohne daß dadurch die Erörterung der wichtigsten einzelnen Argumente, die teilweise unter neuen Aspekten gesehen werden, zu kurz käme (766): "Es hat in jedem Falle etwas Erschütterndes, wenn ein Volk ... etwas einbüßt oder gar aufgibt, was ihm durch die Jahrhunderte heilig war. Das ist bei der Annahme des Christentums durch die Germanen so gewesen ... und das ist bei der Rezeption des römischen Rechts im 15./16. Jahrhundert erst recht so, wo doch ebensowenig ein Zweifel sein kann, daß das deutsche Recht der damaligen Zeit, so zurückgeblieben und verbesserungsbedürftig nach Form und Inhalt es auch sein mochte, dennoch Werte enthielt, die das, was man dagegen eintauschte, auch nicht bei weitem aufzuweisen hatte ... Das wird nicht dadurch aufgehoben, daß man sich und anderen zum Trost sagt: es sei das Kaiserrecht und obendrein weitgehend germanisiert gewesen und habe manches Gute, insbesondere eine gewisse Rechtseinheit, gebracht, was nicht zu übersehen sei. Das alles mag wohl sein; aber es ging noch viel genug verloren, was nicht verloren gehen durfte, wofür die Franzosen und die Engländer, indem sie sich dagegen wehrten, ein besseres Gefühl gehabt haben als wir Deutschen. Und wenn man dann noch geltend macht, daß das deutsche Recht in nicht wenigen Dingen früher oder später zu denselben Lösungen gekommen wäre, die es der Rezeption verdankt, so sind das technische Erwägungen, die an Ort und Stelle ihr Gewicht haben. Aber sie entscheiden nicht die Frage, die uns hier gestellt ist, nämlich die Ehrenfrage, die jedem deutschen Juristen, den Lehrern des römischen Rechts genau so wie denen des deutschen, zu schaffen machen sollte, auch wenn die Rezeptionsjuristen in ihrer Kurzsichtigkeit anders darüber gedacht haben. Man mag es drehen und wenden, wie man will, der erste Eindruck, den die Rezeption des römischen Rechts ... in Deutschland auf uns macht, der Eindruck des Beschämenden, des Würdelosen, wie Otto v. Gierke es richtig beim Namen nennt, verliert sich nicht, auch nicht bei tieferem Nachdenken, und zwar um so weniger, je mehr man für die Größe des Römischen offene Augen hat und deshalb sehr wohl weiß, daß ein Hauch von seinem Geist uns Deutschen durchaus heilsam sein kann, weil Freiheit ohne Autorität ebenso tödlich ist wie Autorität ohne Freiheit. Verhängnisvoll war und blieb, ... daß jetzt 'an Stelle eines unmittelbar mit dem Leben verbundenen Rechts ein gedankliches System tritt, das sich zwischen die Lebenstatsachen und den urteilenden Menschen schiebt und sich anheischig macht, dieses Leben zu normieren' (H. Coing). Damit wird die Wissenschaft vom Recht aus einem Urerlebnis des Gerechten ... zu einem Bildungserlebnis aus zweiter Hand,

weil der Rechtskundige ein reiner Buchgelehrter zu werden droht, was nicht notwendig "Schriftgelehrter und Pharisäer' zu heißen braucht, aber wohl heißen kann und oft geheißen hat und heißt bis auf den heutigen Tag".

8. Kehren wir jetzt zunächst einmal wieder auf die romanistische Seite zurück, die wir seit Koschaker verlassen hatten, so muß gerade im Anschluß an die letzten Urteile, insbesondere an Schönfeld, die Auffassung von Dulckeit Aufmerksamkeit beanspruchen. Denn ebenso wie viele germanistische Autoren befaßt sich Dulckeit mit der Frage nach dem Verhältnis von Recht und Sittlichkeit unter dem Einfluß der Rezeption, kommt aber in neuartiger Betrachtungsweise zu einem anderen Ergebnis als diese (767): "Die begriffliche Schärfe und Klarheit, mit der das römische Rechtsdenken das Recht als eine eigenständige Erscheinung des sozialen Lebens hingestellt hatte, mußte daher eine ideelle Werbekraft entfalten, der gegenüber alle sonstigen Ursachen der Rezeption nur als äußere Vorbedingungen erscheinen: das innere Ziel jeder Rechtsentwicklung, die Idee einer echten und bewußt-vermittelten objektiven Versittlichung des Rechts, kann immer nur dann erreicht werden, wenn in dieser Einheit auch die Unterscheidung zwischen Recht und Sitte als aufgehobener begrifflicher Prozeß gewahrt bleibt. Dieser Prozeß aber war im römischen Recht grundsätzlich bereits vorgebildet; das römische Recht hatte nicht nur erstmalig in der Geschichte die strenge begriffliche Scheidung zwischen Recht und Sitte durchgeführt, sondern auch schon die entscheidenden Schritte zur Wiederversittlichung des Rechts getan".

9. Die unverhohlene Feindschaft, mit der der Nationalsozialismus dem römischen Recht entgegentrat, und die lebensgefährliche Bedrohung, der die Romanistik im Dritten Reich ausgesetzt war, ließen verständlicherweise manche Erbitterung zurück; indessen ist die Reaktion zu heftig, wenn einige Äußerungen romanistischer Autoren der Ansicht Ausdruck zu geben scheinen, daß schlechthin alle negativen Äußerungen über das römische Recht nationalsozialistischem Denken entspringen oder dazu führen müßten (768) und sich so selbst einige Germanisten des 19. Jahrhunderts sowie der Freirechtler Fuchs, der wie erwähnt Jude war, plötzlich als Vorläufer des Nationalsozialismus wiederfinden (769). Kritisch äußert sich z.B. Genzmer über die Angriffe einiger Germanisten des 19. Jahrhunderts (770): "Daß eine solche Engigkeit antieuropäischer geistiger Autarkie, deren massiv vergröberte Konsequenz später bekanntlich im nationalsozialistischen Parteiprogramm paradieren sollte (und da gehörte sie auch hin) (771) heute wenig Anhänger mehr findet, versteht sich. Unter ihren Ahnherren erscheint nicht Goethe, sondern der Turnvater Jahn. Aber ihre Redeweise regelt allzu oft noch die Sprache deutscher Rechtshistoriker, die es gar nicht so meinen. Wer aus Gewöhnung fortfährt, das rezipierte oder bei uns anpassend weiter entwickelte römische Recht heute noch, in Bezug auf die Gegenwart oder jüngste Vergangenheit, das 'fremde' Recht zu nennen, nimmt keine Rücksicht darauf, daß es in einer halbtausendjährigen Geschichte zum Bestandteil unseres eigenen Rechts geworden ist; er bedenkt in momentaner Zerstreutheit auch nicht, daß es einen großen europäischen Kulturfaktor darstellt, und daß Deutschland einen Teil Europas bildet. Ein

guter Europäer wird sich von diesem Sprachgebrauch lieber lossagen". Ähnlich schreibt Genzmer in anderem Zusammenhang (772): "Unbestreitbar ist jedenfalls, daß das rezipierte Recht zu einem Bestandteil unserer deutschen Geschichte und Kultur geworden ist. Ob man das zu begrüßen oder zu bedauern hat, ist wissenschaftlich zwingend vielleicht ebenso wenig zu beweisen wie manche andere historische Wertung".

10. Schon zu Eingang dieses Kapitels hatten wir bemerkt, daß die Germanistik die Gelegenheit, in einer Darstellung der Privatrechtsgeschichte der Neuzeit ein gewichtiges Wort zur Rezeption zu sagen, noch nicht genügend genutzt hat (773). Der schmale Grundriß von Molitor läßt diesen Mangel deutlich hervortreten, denn er enthält sich eines Urteils über die Rezeption fast völlig und bringt - wie so viele germanistische Lehrbücher dieser Zeit (774) - auch sonst nichts Neues zu den damit zusammenhängenden Fragen.

Molitor streift kurz den alten Gedanken der Überfremdung (775): "Wertvolles nationales Rechtsgut wurde auf diese Weise beseitigt", und auch hinsichtlich der politischen Entwicklung hält er die Rezeption überwiegend für einen Schaden (776): "Der Gedanke der absoluten Gewalt des Herrschers, der für die Spätantike bezeichnend ist, kam (bei der Rezeption) nicht dem Kaiser, sondern den Territorialherrn zu gute". Als positive Seite hebt er, jedoch ebenfalls nur in einer kurzen Bemerkung, das bekannte Argument der Überwindung des Mittelalters hervor (777): "Die Rezeption war eine Notwendigkeit, die dem allmählichen Übergang von mittelalterlichem zu neuzeitlichem Denken entsprach".

11. Dieser kurzen Darstellung stehen die ausführlichen Untersuchungen gegenüber, die die Rezeptionsgeschichte durch Wieacker erfahren hat.

Für eine gültige "Bilanz der Rezeption" steht bei Wieacker die durch sie erfolgte Verwissenschaftlichung des Rechtsbetriebes beherrschend im Vordergrund: sie ist für ihn das tragende und alles entscheidende Element der Rezeption in dem Maße, daß er von einer "Verwissenschaftlichung des Rechtsbetriebes, wie sie sich unter dem heutigen Stichwort einer Rezeption des römischen Rechts in Deutschland vollzog" (778), spricht. Unter diesen Vorstellungen entwickelt Wieacker seinen Rezeptionsbegriff (779). Den Begriff Rezeption = Aufnahme als mißverständlich ablehnend, sieht er nicht, "wie romantische und nationalstaatliche Auffassungen" in der Rezeption die "materielle Übernahme eines fertigen stofflichen Fremdkörpers" (780), sondern, das Schwergewicht auf methodische Veränderungen legend, als den Aufbau einer neuen Entwicklungsstufe (781): "... eine Verwissenschaftlichung des deutschen Rechtswesens ... mit allen ihren Folgen, wobei der kleinliche Tadel einer Überfremdung des Eignen nur mehr daran anknüpfen könnte, daß diese Wissenschaft von italienischen Männern, ... und zwar vorbildlich für das ganze übrige Europa, geschaffen worden ist. Nur unter diesem Vorbehalt wird hier das übliche Wort "Rezeption" weiter gebraucht". Nicht weniger eindringlich als Koschaker betont Wieacker die europäische Bedeutung der Rezeption (782), die er auch schon früher prägnant als den "deutschen Sonderfall der Ausbreitung der Wissenschaft in Europa" (783) bezeichnete.

Von diesen Grundlagen ausgehend, bemüht sich Wieacker um ein Werturteil über die Rezeption. Demgemäß kommt es Wieacker nicht so sehr auf die materielle Überfremdung des deutschen Rechts an, deren Umfang er unter Hervorhebung der "deutschrechtlichen Inseln" in dieser "Überflutung" eingehend darlegt (784) und hinsichtlich welcher er zu dem Ergebnis kommt, es gebe nur "wenige Fälle, in denen man inhaltlichen Sätzen des Gemeinen Rechts ... eine Wirkung beimessen kann, die sich nicht schon auf die allgemeine Rationalisierung des Rechtsdenkens zurückführen ließe und daher auch ohne die Rezeption denkbar gewesen wäre. Kennzeichnenderweise entzogen Rechtskreise, die sich schwer rationalisieren lassen, wie Familiengüterrecht, Liegenschaftsrecht und das materielle Erbrecht, sich auch der Rezeption weithin" (785). Jedenfalls könne "im großen und ganzen nicht davon die Rede" sein, "daß die Rezeption das deutsche Recht inhaltlich von Grund auf verändert habe, ... denn die Wirklichkeitsverschränkung der Rechtsordnung läßt nicht zu, daß ein Volk ohne äußere Lebenskatastrophen sein Recht von einem Tag auf den anderen wechselt" (786). Für Wieacker sind vielmehr methodische und grundsätzliche Änderungen ausschlaggebend (787): "Die Rezeption war uns wesentlich Ausdruck einer Wendung vom Handeln aus der unreflektierten Überlieferung zum Handeln aus der Theorie; da diese Theorie zum Herrn und Diener des Lebens wurde, ein Rationalisierungsprozeß, wie er in den Bedingungen des modernen Staats, vor allem in seinem Rechts- und Gerichtsmonopol lag ... Nicht aus einer 'Verwelschung', nicht aus der überstürzten Verwissenschaftlichung des Rechts, sondern aus dieser Verwissenschaftlichung selbst könnten somit Einwendungen gegen die Rezeption hergeleitet werden, die sich also gegen den Übergang von einer traditionell-ständischen zu einer logisch-rational-staatlichen Rechtsfindung richten würden" (788). Nachdem Wieacker die Frage nach einer Bewertung der Rezeption auf diese Weise schon stark eingeengt und präzisiert hat, zeigt er in näherer Klärung der beiden Alternativen (789), wie das allgemein zugängliche und verständliche, in der natürlichen Anschauung aller Rechtsgenossen wurzelnde Gerichtsverfahren der Schöffenverfassung durch eine gelehrte, dem Rechtsgenossen sprachlich unverständliche und theoretisch unzugängliche Rechtspflege abgelöst wurde. Dabei hätten die Juristen nunmehr ihre Autorität und die Anerkennung ihres Monopols von der Macht des Landesherrn abgeleitet, also von der weltlichen Obrigkeit, die zwar nach der herrschenden Staatsethik sittlich und christlich gebunden, aber eben doch eine Obrigkeit mit alle ihren Schwächen gewesen sei. "Diese Verbindung zwischen staatlichem Absolutismus und römischem Recht ist typisch" (790), wenn sie auch nicht notwendig gewesen sei.

Damit kann Wieacker mit einer Wertung der Rezeption beginnen (791): "So ist die Wertung der Rezeption mindestens in Deutschland eng mit der Frage nach Wohl und Wehe des Obrigkeitsstaates verknüpft ... Der Trägheit, den Sonderinteressen und den Mißbräuchen der alten Rechtspflege gegen-

über erscheint die moderne Rechtspflege des Obrigkeitsstaates als überlegen, gerade auch in sozialer Hinsicht - so wie heute die gelehrte und begriffliche Rechtswissenschaft der kontinentalen Staaten vielleicht zu gleichmäßigerem, verständlicherem und billigerem Rechtsschutz des Untertanen führt als die traditionalistische Rechtskultur Englands. Aber das englische Gegenbeispiel zeigt auch den hohen Preis dieses kontinentalen Rechtsideals: nämlich den Verlust der unmittelbaren Beteiligung des Staatsbürgers an der Rechtspflege und ihren Funktionen, die dem englischen Staatsbürger als Gemeinbesitz erscheint, dem kontinentalen noch heute als etwas Fremdes und Unzugängliches gegenübertritt, dem sich der staatsgläubige Untertan auf Treu und Glauben, der verdrossene notgedrungen fügt ... Seitdem aber sind prinzipielle Widersprüche zwischen dem Rechtsbewußtsein der Individuen oder Klassen und der staatlichen Rechtsanwendung und damit nationale Rechtskrisen möglich. Diese Risse klafften weit, sooft der Staat individuelles oder soziales Unrecht bestehen ließ ... Wo immer die Autorität des staatlichen beamteten Richtertums sich heute der öffentlichen Kritik ausgesetzt sieht, ist der Grund dazu durch die obrigkeitsstaatliche gelehrte Rechtspflege gelegt worden". Von Kritik getroffen werden könne daher "nicht diese europäische Aufgabe des römischen Rechts, sondern die rationale Rechtspflege des Staates selbst ... Während also der Kampf romantischer und nationalistischer Gegner des römischen Rechts gegen 'Fremdrecht', 'Verwelschung' oder auch 'begriffliche Lebensfremdheit' wesentlich ins Leere trifft, weil er die Geschichte und das Gesetz unserer Kulturentwicklung Lügen straft, ist der Kampf des Liberalismus wie der Demokratie gegen das Rechtsmonopol des Staates und den gelehrten Beamtenprozeß und für richterliche Unabhängigkeit vom Staat und Laienanteil an der Rechtspflege ein tief berechtigter Versuch, die persönliche Verantwortung der Rechtsgenossen für das Recht wieder herzustellen".
"Es ist zuletzt die ewige Frage nach dem Staatszweck und dem Verhältnis des Einzelnen und der engeren Verbände zum Staat, die den Ausschlag gibt für das Urteil über das Rechtsmonopol des Staates, das zugleich ein Monopol des gelehrten Rechts geworden ist ... Ein Urteil gegen die Verwissenschaftlichung und Verstaatlichung des Rechts muß den Staat der Neuzeit selbst verwerfen ... Ohne sie wäre den Regierungen des Obrigkeitsstaates weder eine gleichmäßige und unparteiliche Rechtspflege, noch eine umfassende Wahrnehmung öffentlicher Wohlfahrtsaufgaben, noch das Streben nach sozialer Gerechtigkeit gelungen, die heute als der oberste Staatszweck erscheint. Der Blick auf die angelsächsische Rechtskultur der vorigen Jahrhunderte zeigt sehr eindrucksvoll ein Zurücktreten dieser Werte zu gunsten der Freiheit der Personen und der alten Stände, wie es für eine freiheitliche und kooperative, wirtschaftlich expansive Industrie- und Pioniergesellschaft kennzeichnend war. Deutschland und der größte Teil des europäischen Festlandes haben einen hohen Preis dafür gezahlt, daß der Weg zum Staat sie über den rationalisierten und zentralistischen Obrigkeitsstaat geführt hat. Das Rechtsgewissen widersetzt sich der unbegrenzten Rationalisierung des Rechts mit gutem Grund: ein rationales Recht, das sich nicht jeden Tag aus den persönlichen Kräften der Gerechtigkeitsliebe erneuert,

ist keine geringere Gefahr für die Herrschaft der Gerechtigkeit als die offene Rechtsverletzung oder die ungeordnete Willkür. Das Grundthema aller folgenden Perioden der neueren Rechtsgeschichte ist diese große Antinomie des modernen Staates: eine rationale Staatstechnik, welche die irrationale Fülle der menschlichen Existenz nicht verkümmern, sondern steigern soll; ein gelehrtes Recht, das nicht der Erkenntnis, sondern dem rechten Zusammenleben der Menschen dienen soll" (792).

Daß der Gedanke der Verwissenschaftlichung und damit die Betonung der methodisch-grundsätzlichen gegenüber den materiellen Wandlungen durch die Rezeption an sich nicht neu war, hat sich bei der Verfolgung der einzelnen Argumente Wieackers gezeigt, die bereits durchweg in seinen früheren Schriften nachgewiesen werden konnten. Aber auch schon vor Wieacker war diese Betrachtungsweise weit verbreitet; darüber hinaus wird man sagen können, daß im Grunde alle die zahlreichen Stimmen, die die Rezeption unter dem Gesichtspunkt der Überwindung des Mittelalters, der Entwicklung zum modernen Staatswesen, aber auch der Entfremdung von Volk und Recht begrüßten oder bedauerten, damit - vielleicht unbewußt - zugaben, daß die materielle Überfremdung demgegenüber eine Nebenrolle gespielt habe.

Ohne daß es sonst Aufgabe dieser Arbeit sein kann, die Stichhaltigkeit der vorgebrachten Argumente nachzuprüfen, erscheint es in diesem Falle doch angebracht, auf eine bemerkenswert schwache Stelle im Gedankengebäude Wieackers hinzuweisen, an der eine germanistische Entgegnung ansetzen könnte; dieses um so mehr, als sie ohne weitere Untersuchungen aus den bereits in dieser Arbeit vorgetragenen Argumenten ersichtlich ist. Es muß nämlich auffallen, wie flüchtig sich Wieacker mit der Frage auseinandersetzt, ob die deutsche Rechtsentwicklung, sich selbst überlassen, den Übergang zu einem modernen, den Verkehrsbedürfnissen entsprechenden Rechtssystem nicht auch aus sich heraus gefunden hätte. Diese Frage war, wie wir schon gesehen hatten, bereits von v. Below bejaht und gerade in den letzten zwei Jahrzehnten von der Germanistik als "Waffe" gegen das sich ankündigende Argument der Verwissenschaftlichung ständig in Bereitschaft gehalten worden (793). Wieacker spricht zwar von einem "Modernisierungsprozeß, der auf Deutschland nicht beschränkt war und nicht notwendig des römischen Rechts als Medium bedurfte" (794), während die inhaltliche Veränderung des Rechts durch die Rezeption "sich auf die allgemeine Rationalisierung des Rechtsdenkens zurückführen ließe und daher auch ohne die Rezeption denkbar gewesen wäre" (795). Zu einer Rechtfertigung der Rezeption, für die er sonst mancherlei vorträgt, benutzt Wieacker diese Tatsachen aber nicht. Es kann Wieakcer auch nicht zugestimmt werden, wenn er der Auffassung ist (796), daß Deutschland ohne das Corpus Juris zwar auch zu einem fachlich-wissenschaftlichen Recht, aber nach dem schon oft gebrachten Beispiel Englands zu einem Präjudizien- und Statutenrecht mit alle seinen Auswirkungen auf das Rechtsbewußtsein gelangt wäre. Denn das Beispiel Englands, wo die politischen Verhältnisse die Entwicklung eines im wesentlichen landeseinheitlichen und daher heute noch brauchbaren

Präjudizienrechtes ermöglichten, erscheint unglücklich gewählt in Anbetracht der gänzlich andersartigen politischen Situation in Deutschland, wo zum mindesten in den größeren Territorien sich eine verschiedene Rechtsanwendung entwickelt hätte, die nach erfolgter politischer Einigung nur im Wege einer Kodifikation, also schließlich doch einer Inthronisierung des abstrakten Rechtssatzes, zu überwinden gewesen wäre. So erscheint hier als Beispiel für die Entwicklung eines rezeptionsfreien Gebietes eher die Schweiz geeignet, die, bis zur bundesstaatlichen Verfassung in der Mitte des 19. Jahrhunderts ein lockerer Verband rivalisierender und recht unterschiedlicher Kantone, schließlich auch nur im Wege der Kodifikation einige wichtige Rechtsgebiete vereinheitlichen konnte. Obgleich also auch hier der abstrakte Rechtssatz schließlich die Herrschaft erlangte, blieb er doch - etwa im ZGB - wesentlich volkstümlicher als im BGB, weil er aus einer rezeptionsfrei gebliebenen Rechtsüberlieferung schöpfen konnte. So erscheint nicht nur der Weg zur Verwissenschaftlichung, sondern auch der zur Fixierung des Rechtslebens in abstrakten Begriffen und damit zum Obrigkeits- und Sozialstaat im Sinne Wieackers nicht notwendig über eine Rezeption des römischen Rechts zu führen. Ist Wieacker zuzugeben, daß eine solche Fixierung sich immer bis zu einem gewissen Grade als Keil zwischen Rechtspflege und Volksbewußtsein schieben muß, so zeigt das Beispiel der Schweiz, daß dieses nicht notwendig eine völlige Trennung zu bewirken braucht, wie sie in Deutschland die zusätzliche Einführung des spezifisch fremdländischen, unpopulären und unverständlichen Elements in die Rechtspflege nach sich gezogen hat.

Wenn als Ergebnis zu erkennen ist, daß Wieacker in überwiegender Bejahung gerade der politischen und gesellschaftlichen Folgeerscheinungen der Rezeption dieser im Ganzen positiv gegenübersteht, so erscheint doch weit wichtiger als diese tatsächliche Feststellung sein scharfes Herausarbeiten der Relativität eines solchen Werturteils, seiner Abhängigkeit von politischen und sonstigen Zeitsrömungen, seiner Eigenschaft schließlich, ein Teil unserer ganzen Lebensauffassung zu sein. Nur in klarer Erkenntnis dieser Einschränkungen will Wieacker sein Urteil verstanden sehen. Von wie hoher Warte aus Wieacker das Rezeptionsproblem sieht und beurteilt, ist daher auch von germanistischer Seite bereits hervorgehoben worden (797). In der Tat konnten wir schon in anderem Zusammenhang bemerken (798), wie weit Wieacker davon entfernt ist, Fragen der Rezeption vom einseitig romanistischen Standpunkt aus zu sehen. So erscheint es nicht zu kühn, in Wieackers Urteil vielleicht das Begründetste zu sehen, was bisher über die Rezeption gesagt worden ist.

12. Dieser größtenteils erschöpfenden Darstellung Wieackers vermag der knappe Grundriß W e s e n b e r g s nichts für unser Thema Neues hinzuzufügen; bemerkenswert ist immerhin die Betonung des Arguments der Verwissenschaftlichung, das jetzt nach Wieacker überhaupt starke Beachtung finden dürfte (799). Nachdem Wesenberg die Bezeichnung "Überfremdung" für die Rezeption genau wie Koschaker (800) mit Hinweis auf die Stimmung der Zeitgenossen abgelehnt hat, fährt er an gleicher Stelle fort (801): "Für

eine Beurteilung des Rezeptionsvorganges ex post empfiehlt sich nicht der Gesichtspunkt der Überfremdung, sondern der der Verwissenschaftlichung, der Erfassung des Rechtslebens in romanistischen Denkformen. An die Stelle einer Honoratiorenrechtsprechung, die sich auf die Lebenserfahrung der Urteiler stützte und durch ein irrationales Beweisverfahren oft nicht berechenbar war, trat das Urteilen durch rechtsgelehrte Juristen, die den Rechtsfall in einem zwar umständlichen, aber doch eine gründliche Erörterung sichernden Verfahren behandelten".

13. Von einer bisher wenig in Erscheinung getretenen Position, nämlich von Seiten der Strafrechtswissenschaft aus, setzt sich Eberhard Schmidt mit Fragen der Rezeption auseinander. Entsprechend dem auf diesem Gebiet besonders auffälligen Fortschritt, den das Strafrecht der Neuzeit gegenüber dem des Mittelalters erbrachte und der Tatsache, daß es der italienische Prozeß war, der diesen Fortschritt entscheidend herbeiführte, hat Eberhard Schmidt die Rezeption - unter ausdrücklicher Beschränkung auf das Gebiet des Strafrechts (802) - recht günstig beurteilt. Über die Ursachen des Rechtsstudiums in Italien schreibt er (803): "Dieses ... ist aus einer tiefen Unzufriedenheit entstanden, die sich im 15. Jahrhundert hinsichtlich der herkommlichen Laienrechtspflege hat verbreiten müssen. Die Kulturkrise des 15. Jahrhunderts hat die Unzulänglichkeit und die schweren Schäden der überkommenen Rechtspflege und ihrer Methoden deutlich fühlbar gemacht. Sie beruhten, von Rechtsversagungen und groben gewaltsamen Störungen der Rechtspflege ganz abgesehen, namentlich bezüglich der so wichtigen Strafrechtspflege darin, daß der Geist einer vorschnellen, polizeilichen 'Zweckmäßigkeit' die Idee der Gerechtigkeit ständig überrannte und verdrängte". Daher sieht Eberhard Schmidt in der Wormser Reformation (1498) und besonders in der Bambergischen Halsgerichtsordnung (1507), die als erste deutsche Gesetze weitgehend auf dem italienischen Strafprozeß fußen, einen erheblichen Fortschritt (804) und beurteilt die Persönlichkeit Schwarzenbergs (805): "Da CCB und CCC das gesamte peinliche Strafrecht und Strafprozeßrecht umfassen, dürfen wir es zu den bemerkenswertesten Tatsachen in der Geschichte der deutschen Strafrechtspflege rechnen, daß der Rezeptionsvorgang hier - ganz anders als im Bereich der Zivilrechtspflege - durch einen bewußten großartigen Rechtsgestaltungs- und Rechtssetzungsakt eingeleitet und damit in einheitliche feste Bahnen gelenkt worden ist". Schwarzenberg habe "die Ergebnisse der italienischen Strafrechtswissenschaft für die Strafrechtspflege seiner ... Heimat nutzbar gemacht". Eine Überfremdung des deutschen strafrechtlichen Denkens habe er jedoch auf das glücklichste vermieden, da er das italienische Vorbild in einer dem deutschen Rechtsempfinden angepaßten Weise übernommen habe. "Das Vorhandensein solcher einheitlichen rechtsschöpferischen Leistungen, wie sie in den genannten Rezeptionsgesetzen vor uns stehen, macht es uns für den Bereich der deutschen Strafrechtspflege verhältnismäßig leicht, Sinn und Bedeutung der Rezeption zu bestimmen ... Das Ziel der Rezeptionsgesetze ist gewesen, die mittelalterliche Rechtsentwicklung da, wo sie unfertig stehen geblieben war und Entwicklungshemmungen in Gestalt alter Rechtsauffassungen nicht zu über-

winden vermochte, zu Ende zu führen und zu vollenden. Das gilt vor allem für die Verstaatlichung der Strafrechtspflege ... Fremde Rechtsgedanken sind es hier nicht, die die Bedeutung der Rezeption ausmachen". Es seien daher in erster Linie Rechtsprinzipien und -erfahrungen und wissenschaftlich erarbeitete Lehren, "die mangels einer deutschen Rechtswissenschaft überhaupt nicht oder nicht mit hinreichender Klarheit gesehen worden waren, übernommen und den überkommenen deutschen Anschauungen behutsam aufgepflanzt oder angepaßt" worden (806). Im folgenden zeigt Eberhard Schmidt im einzelnen die durch die Rezeption erbrachten Fortschritte (807) und kommt z.B. hinsichtlich des allgemeinen Teils zu dem Ergebnis (808): "Hier ist der gewaltige Fortschritt der CCB und CCC gegenüber der Maximilianischen Halsgerichtsordnung und damit gegenüber dem ganzen Strafrecht der mittelalterlichen Jahrhunderte evident. Das aber ist nur auf eine Wirkung der Rezeption fremdrechtlicher Anschauungen zurückzuführen". Mit diesen Äußerungen dürfte feststehen, daß Eberhard Schmidt die Rezeption auf dem Gebiete der Strafrechtspflege begrüßt. Dieser Eindruck wird noch verstärkt durch die Tatsache, daß er - soweit ersichtlich, als einziger deutscher Rechtsgelehrter - die Juristen des Rezeptionszeitalters nachdrücklich in Schutz nimmt (809). In einer eingehenden Untersuchung zu dieser Frage an anderer Stelle kommt er zu dem Ergebnis (810): "Aber aufs Ganze gesehen, muß es mit diesem Juristenstande doch nicht so schlecht bestellt gewesen sein".

Die Darstellung der Literärgeschichte der Rezeption an diesem Punkte abzubrechen, muß jedem, der nur die einzelnen Stellungnahmen im Auge hat, als unglücklich erscheinen. In der Tat scheinen die Meinungen sich selten so im Fluß befunden zu haben wie gerade jetzt, da Wieacker die bisher umfassendste und tiefgründigste Wertung der Rezeption gegeben hat und eine Stellungnahme von germanistischer Seite zu vielen der neu aufgeworfenen Gesichtspunkte noch aussteht. Eine unserem Thema gemäße Betrachtung verlangt jedoch einen Blick über weite Zeiträume, und eine solche Schau wird gerade in der Mitte des 20. Jahrhunderts einen Einschnitt erkennen können, der vielleicht der bemerkenswerteste bisher ist und es als berechtigt erscheinen läßt, die Legende der Rezeption von Conring bis auf die Gegenwart gegenüber der künftigen Entwicklung in höherem Sinne als ein Ganzes zu betrachten. Denn wenn bisher der Gegensatz zwischen Germanisten und Romanisten, zwischen sonstigen Forschungsrichtungen oder Anschauungsgruppen das wesentliche, die Auseinandersetzung belebende Element war, so wird uns dies zwar erhalten bleiben; es wird aber in Zukunft doch insoweit eine Änderung erfahren, als die Relativität jedes Werturteils über die Rezeption zuletzt von Wieacker mit solcher Schärfe herausgearbeitet worden ist, daß niemand mehr ein Urteil ohne das Bewußtsein dieser Relativität fällen kann, will er sich nicht dem Vorwurf mangelnden Verständnisses oder der Einseitigkeit aussetzen. So besteht berechtigte Hoffnung, daß gerade in diesem Punkt unnötige Polemik sich von nun ab wird vermeiden lassen. Die Grundlage, auf der künftige Werturteile beruhen könnten, wird eine noch sachlichere und noch tiefer eindringende Forschungsarbeit an Hand der Quellen sein müssen. Für unser Thema kann daher nicht ohne Grund die Hoffnung ausgesprochen werden, daß die Fortsetzung der Literärgeschichte der Rezeption, von dieser gemeinsamen Erkenntnis der Relativität aller Werturteile ausgehend, ein gewisses Zusammenklingen der Urteile von Germanisten und Romanisten ergeben wird, das zwar noch nicht auf den Gesetzen der Harmonielehre, wohl aber auf denen des Kontrapunktes beruht und so nicht zuletzt dazu beitragen kann, die Krise der Rechtsgeschichte, mit der beide Richtungen heute kämpfen, zu überwinden.

ANMERKUNGEN

1 Wieacker S 9f., 10, 11 mit Würdigung von Kantorowicz "Die Epochen der Rechtswissenschaft" (1914; abgedruckt bei Radbruch, Vorschule der Rechtsphilosophie /1947/ S 61f.); Koschaker S 55.

2 Den plastischen Ausdruck einer Einteilung durch Quer- nicht Längsschnitte gebrauchen daher Hedemann, Privatrechtsgeschichte der Neuzeit in: Festschrift für Hübner (1935) S 7; Schwerin-Thieme S 4; Thieme in Festschrift für Gierke (1950) S 282.

3 Wieacker S 130f.; vgl. auch Koschaker S 155; über die Problematik eines geschichtlichen Werturteils allgemein vgl. Mitteis, Vom Lebenswert der Rechtsgeschichte (1947) S 26.

4 Vgl. Wieacker S 131; Koschaker S 155.

5 Schwerin-Thieme S 3.

6 Schwerin-Thieme S 4, 5.

7 Wesenberg S 14.

8 Wieacker S 9f.

9 Hierzu statt aller Mitteis, Die Rechtsgeschichte und das Problem der historischen Kontinuität in: Abh. der deutschen Akademie der Wissenschaften Berlin (1947) Nr. 1.

9a Hierzu Stintzing Bd II 172f.; v. Moeller, Hermann Conring (1915) S 67f.; vgl. auch unten S 30, 31.

10 So z.B. für die Urteile von Koschaker und Wesenberg (vgl. diese unten S 115 = Anm. 727; S 127 = Anm. 801). Auch der Nationalsozialismus hat sich für seine ablehnende Haltung dem römischen Recht und der Rezeption gegenüber oft auf Äußerungen aus dem 16. Jahrhundert berufen (vgl. u. S 106f.)

11 Wieacker S 111; vgl. dazu Thieme in: ACP 1955 S 177.

12 Bereits die Gründer der Zeitschrift für Rechtsgeschichte hatten offenbar die Absicht, zur Entspannung des Verhältnisses zwischen Romanisten und Germanisten beizutragen; vgl. die Einleitungen zu Bd I (1861). Dazu § 1 des Statutes der Savigny-Stiftung vom 27.3. 1863, wonach es Zweck der Stiftung ist, wissenschaftliche Arbeiten zu fördern, "namentlich solche, welche das römische Recht und die verschiedenen germanischen Rechte, sowohl für sich, als auch im Verhältnis zu einander, behandeln" - ZSS(G) Bd I (1880) S IX.

12a Dieses um so mehr, als dem Nationalsozialismus in Gegensatz zu anderen Perioden eine Nachwirkung auf die folgende geistesgeschichtliche Entwicklung glücklicherweise weitgehend versagt blieb (vgl. hierzu unten S 181).

12b Hierzu vgl. unten S 108, 109.

13 Vgl. unten S 82 = Anm. 486.

13a z.B. Luther (vgl. unten S 25f.)

13b z.B. v.Below (vgl. unten S 91f.)

14 Zu diesen oft untersuchten Fragen vgl. statt vieler: Dahm S 112f., v.Below, Die Ursachen der Rezeption (1905); Moddermann, Die Rezeption des römischen Rechts (1874)

15 Von einem wirklichen Abschluß der Rezeption kann zu diesem Zeitpunkt ebenso wenig die Rede sein wie bei Ausgang des Usus modernus, vielmehr erst beim Inkrafttreten des BGB. Ist doch im 19. Jahrhundert unter dem Einfluß der Historischen Schule gerade wieder ein besonders lebhafter Rezeptionsvorgang zu beobachten!

16 Koschaker S 84.

17 "Politische Romidee" (Koschaker S 38f.). Zu diesen Fragen vgl. insbesondere Krause, Kaiserrecht und Rezeption (1952)

18 z.B. pflegte man seit der zweiten Hälfte des 11. Jahrhunderts die deutschen Kaiser bis hinauf zu den römischen durchzuzählen; seit Otto II war die Bezeichnung Romanorum Imperator üblich geworden (dazu Schwerin-Thieme S 253; Koschaker S 39 mit Hinweisen).

19 Hierzu insbesondere Mitteis (Zit. 9); R.v.Jhering, Geist des römischen Rechts (1878) Bd I S 1f., 9, 13.

20 Aubin, Die Frage der historischen Kontinuität im allgemeinen in: Hist. Zeitschr. Bd 168 (1943) S 229.

21 Dieses, obgleich schon Justinian selbst andeutet, daß derartige Mängel im Corpus Juris vorhanden sind: "si quid in legibus eorum vel supervacuum vel inperfectum vel minus idoneum visum est, vel adiectionem vel deminutionem necessariam accipiat et rectissimis tradatur regulis". (§ 10 der constitutio Tanta)

22 Viel Wahres hat daher die These Koschakers (S 80): "Wäre auch das römische Recht hundertmal vollkommener gewesen, als man ihm nachrühmt, so wäre doch kein einziger Student zu den Glossatoren nach Bologna gezogen, wäre es nicht das Recht des Imperium Romanum gewesen", wenn auch hier der Einfluß der Humanisten eine weitere wesentliche Rolle spielte. Bedenken daher bei Genzmer in der Besprechung über Koschaker in: ZSS(R) Bd 67 S 598f., 602; Kunkel in der Besprechung über Coing, Die Rezeption des römischen Rechts in Frankfurt am Main in ZSS(G) Bd 61 S 441f., 445, 446.

23 Zu Unrecht schreibt daher Engelmann, Die Wiedergeburt der Rechtskultur in Italien (1938) S 4f., daß "ein höheres Kulturbedürfnis des deutschen Volkes" die Rezeption und die Aufgabe des "primitiven, laienhaften Rechtsformalismus" gefordert habe. In der Besprechung hierzu bemerkt Wieacker (in: ZGStW Bd 60 S 591f., 600): "... in den Wertungen erkennen wir leider die radikalen Irrtümer der Romanisten des 19. Jahrhunderts wieder".

24 Koschaker S 80, 107; Genzmer, Das römische Recht als Mitgestalter gemeineuropäischer Kultur in: Festschrift für Laun (1953) S 499f.

25 So bezeichnet z.B. Maximilian Justinian in der Verordnung gegen Gotteslästerer (1495); weitere Nachweise vgl. bei Stobbe Bd II S 110.

26 Vgl. Burckhardt, Die Kultur der Renaissance in Italien (7. Aufl. 1899) Bd I S 141f., Bd II S 25f.

27 Koschaker S 105.

28 Andreas, Deutschland vor der Reformation (5. Aufl. 1948) S 430f., 567f.; charakteristisch hierfür insbesondere der Streit Wimpfeling-Murner um die Reichszugehörigkeit des Elsaß. Vgl. Martin, Einleitung zur Germania von Wimpfeling 1895; E. v. Borries, Wimpfeling und Murner, 1926.

29 Stintzing Bd I S 95; Koschaker S 106.

30 Stintzing Bd I S 90; Stobbe Bd II S 33; Wieacker S 24; bezeichnend auch der Verswechsel zwischen Zasius und dem "Schöngeist" Amerbach (bei Wolf S 62)

31 Weitere Äußerungen dieser Art bei Stintzing Bd I S 92.

32 Vgl. Kunkel (Zit. 22) S 445; Kisch, Humanismus und Jurisprudenz (1955)

33 Sohm, Fränkisches Recht und römisches Recht (1880) S 75; optimistischer Stintzing, Ulrich Zasius (1857) S 69.

34 Wolf S 70; Genzmer (Zit. 24) S 513); Kunkel, Das römische Recht am Vorabend der Rezeption in: Koschaker-Gedächtnisschrift (1953) S 1f., 18; Wieacker, Einflüsse des Humanismus auf die Rezeption in: ZGStW Bd 100 (1940) S 423f.

35 Koschaker S 107; Andreas (Zit. 28) S 551.

36 Rüdiger, Wesen und Wandlungen des Humanismus (1937) S 86f., Koschaker S 108.

37 Vgl. Heckel, Lex charitatis (Abh. der bayerischen Akademie der Wissenschaften 1953) S 86; Heckel, Gesetz und Recht in: ZSS(K) Bd 26 S 313f.

38 Heckel (Zit. 37) S 86; näher hierzu noch unten S 25f.

39 Stintzing, Geschichte der populären Literatur des römisch-kanonischen Rechts in Deutschland (1867). Allerdings ist dieser Ausdruck nicht sehr glücklich, denn "populär" ist diese Literatur, ebenso wie das römische Recht in Deutschland, nie gewesen.

40 "Brant schrieb den Klagspiegel als Postglossator, nicht als Humanist" (Wieacker/Zit. 34/S 446)

41 Wieacker S 89.

42 Wieacker S 89.

43 Wolf S 64; weitere Nachweise bei Stobbe Bd II S 142f.; Stintzing (Zit. 39) S 77f. Daß bisweilen selbst bedeutenderen Humanisten jedes Mittel recht war, das römische Recht in dieser offenbar ganz einträglichen Weise zu popularisieren, zeigt Thomas Murners Erfindung eines Kartenspiels, durch welches man in der angenehmsten Weise das römische Recht erlernen könne. Vgl. Sieber, Tho-

43 mas Murner und sein juristisches Kartenspiel, Basel 1876; Erler, Thomas Murner als Jurist, 1956 S 51f.

44 Stobbe Bd II S 37, 38; Koschaker S 108; Andreas (Zit.28) S 530 über Erasmus: "Er hat sich über Holland nur mit dem abschätzigen Unverständnis kalter Verstandesbildung ausgesprochen; die saftstrotzende Bodenständigkeit seiner Landsleute kam ihm plump, ungeschlacht und primitiv vor. Holländisch sprach er nur selten, und allen lebenden Sprachen zog er das Latein vor."

45 Andreas (Zit.28) S 516, 555f.

46 Andreas (Zit.28) S 567.

47 Stobbe Bd II S 36; Kisch, Johannes Sichardus als Basler Rechtshistoriker (1952) S 31, 36, 37, 44 (Ausgabe verschütteter Rechtsquellen "veluti ex orco").

48 z.B. bei Trithemius von Sponheim (Andreas/Zit.28/S 556)

49 Stobbe Bd II S 36, 39, 40.

50 Hierzu vgl. Martin (Zit.28); Knepper, Jakob Wimpfeling (1902; Ergänzungsband zu Janssens "Geschichte des deutschen Volkes")

50a Wimpfeling, Apologia pro republica christiana (1506; zit. nach Janssen, Geschichte des deutschen Volkes seit Ausgang des Mittelalters 7.A. 1881 Bd I S 485)

50b Wimpfeling, De arte impressoria (1507; zit. nach Janssen/Zit.50a/Bd I S 480, 481, 485, 492, 493). Das gleiche Zitat vgl. teilweise auch bei Merk, Deutsche Rechtserneuerung (1934) S 259. - Janssen selbst nimmt aaO heftig gegen die Rezeption Stellung.

50c Hiermit dürfte nicht zuletzt Peter von Andlau gemeint sein, der 1460 geäußert hatte: "Kein Mißbrauch scheint mir größer zu sein, als der, daß Menschen, welche den Acker bebauen, in diesem Lande Recht sprechen" (Zit. nach Janssen/Zit.50a/Bd I S 481)

50d Janssen hat für diese Zitate Wimpfelings "De arte impressoria" noch selbst benutzt; wenig später jedoch scheint das einzige noch vorhanden gewesene Exemplar verloren gegangen zu sein (vgl. Knepper/Zit.50/S 236, 239)

51 Freigius, Neue Practica Juris und Formulen oder Concepten allerley (Basel 1574) Praefatio S 3f. Vgl. dieses Zitat teilweise auch bei Schmelzeisen, Deutsches Recht (1938) S 152. Die Bedeutung der Kritik Freigius' an der zeitgenössischen Lehrmethode darf allerdings nicht überschätzt werden, da Freigius sich als hitziger Verfechter der ramistischen Methode bei seinen Kollegen ständig unbeliebt machte (Stintzing Bd I S 442, 443). Ferner liegen zwischen Wimpfeling und Freigius immerhin bald 70 Jahre; letzterer gehörte bereits der "Post-Rezeption" an, d.h. einer späteren Generation, die zwar noch unter dem Einfluß der Lotharlegende stand, aber doch schon einen gewissen Abstand zur Rezeption gewonnen hatte.

52 Oldendorp, De jure et aequitate forensis disputatio (Köln 1541) Praefatio.

53 De jure et aequitate Tit. III S 20.
54 De jure et aequitate Tit. III S 27, 28.
55 De jure et aequitate Tit. IX S 104, 105. Dieses Zitat vgl. teilweise auch bei Koschaker S 154 N. 4.
56 De jure et aequitate Tit. X S 107.
57 Vgl. z.B. Andreas (Zit. 28) S 568f.
58 v. Hutten, Vorrede zu "Nemo" (1518). Abgedruckt ist diese bei Böcking, Ulrich v. Huttens Schriften (1860) Bd I S 178f.; Vgl. dieses Zitat auch bei Freisler auf dem Juristentag 1933 S 237.
59 v. Hutten, Dialog "Praedones" (1520) Böcking Bd IV S 363f., 381, 383; in deutscher Übertragung vgl. dieses Gespräch bei Münch, Des teutschen Ritters U. v. Huttens auserlesene Werke (1823) Bd III S 400f., 403, 404.
60 U. v. Hutten (Zit. 58) S 179.
61 Vgl. oben S 17, 18.
62 Stobbe Bd II S 112, 115; Stintzing Bd I S 272, 383f.
63 Melanchthon, Oratio de scripto jure et de dignitate interpretum juris (1535?), abgedruckt in: Bretschneider, Corpus reformatorum Bd XI (1843) S 218f., 221.
64 Melanchthon, Oratio de legibus (1525), abgedruckt in einer Ausgabe von Reden Melanchthons von Setzer (Hagenau 1532) S 3.
65 Melanchthon (Zit. 64) S 21.
66 Ähnliche Ausführungen Melanchthons, in denen er die Rezeption und die Qualitäten des römischen Rechts lobt, vgl. noch in seinen Reden De Irnerio et Bartolo (1537) C.R. Bd XI S 350f.; De legibus II (1550) C.R. Bd XI S 908f., 915, 916; De legum justitia (1552) C.R. Bd XI S 1016f.; De reverentia legum (1553) C.R. Bd XII S 12f. u.a.
67 Melanchthon, De dignitate legum I (1538) C.R. Bd XI S 363
68 Melanchthon, De dignitate legum II (1543) C.R. Bd XI S 633, 634. Auf diese Stelle beruft sich Savigny (u. S 95)
69 Ähnliche Befürchtungen vgl. Melanchthon (Zit. 63) S 218, 223; Melanchthon (Zit. 64) S 12, 16 u.a.
70 Chronica durch Magistrum Johan Carion fleissig zusamen gezogen, menigklich nutzlich zu lesen (1533) S CXVII; vgl. hierzu auch v. Moeller, Hermann Conring (1915) S 67f.
71 Fuchsberger, Übersetzung der Institutionen (1535) Praef.
72 Auf dieses Urteil beruft sich Puchta (vgl. u. S 69 - Anm. 419).
73 Zur Charakteristik des Autors vgl. Stobbe Bd I S 44 N 86.
74 Vigelius, Methodus de retractu (1586) Praef. S 20
75 Entsprechend der Herrschaft der Lotharlegende galt damals das römische Recht als das eigentliche alte deutsche, nur zeitweise verschollen gewesene Reichsrecht; die deutschen Gewohnheiten seien erst später aufgekommen. Sie seien ein durch das zeitweise Fehlen des römischen Rechts "eingeschlichener Rechtsmißbrauch" (Fichard); hierzu vgl. mit Beispielen Stobbe Bd II S 116.

76 Vigelius, Constitutiones Carolinae (3. Aufl. 1603) Praef. S 8.
77 Vgl. Schott, Sammlung zu den deutschen Stadt- und Landrechten Bd III S 59f., 102f.; das Protokoll dieser Verhandlung vgl. bei Schott Bd III S 106f.
78 Dagegen gelang es z.B. der Stadt Breslau, gestützt auf eine Reihe von Rechtsgutachten, ihr vom gemeinen abweichendes Stadtrecht zu behaupten. Es stellt hierbei dem Verfasser des bei weitem gründlichsten dieser Gutachten, Basilius Amerbach, ein schönes Zeugnis aus, wie er zu einer Bejahung der Gültigkeit des Breslauer Statuarrechts gelangt (Vgl. Thieme, Statuarrecht und Rezeption in: Festschrift für Kisch (1955) S 69f.)
79 Vgl. Heckel (Zit. 37) a.a.O.
80 Luther, An den Christlichen Adel Deutscher Nation (1520), abgedruckt in der Weimarer Ausgabe der Werke Luthers Bd VI S 460, 2; vgl. dieses Zitat auch bei Schmelzeisen (Zit. 51) S 152.
81 Weitere derartige Äußerungen Luthers über die Juristen vgl. bei H. W. Beyer, Luther und das Recht (1935) S 52.
82 Wieacker (Zit. 34) S 445, 446.
83 Luther, Tischrede (1532), W.A. Ti. Bd II X 2496.
84 Luther, Predigt (1544), W.A. Bd IL S 340, 16.
85 Heckel (Zit. 37) a.a.O.; Stintzing Bd I S 271, 272.
86 Luther, Auslegung des 101. Psalms (1535), W.A. Bd LI S 257, 33
87 Luther (Zit. 86) S 242, 20. Diese Äußerung Luthers war offenbar von einiger Wirkung, jedenfalls wurde sie später oft zitiert; vgl. sie z.B. als "Lutheri sententia de jure Romano" bei Sam. Stryk, Specimen usus moderni pandectarum (6. Aufl. 1723), Praefatio "De usu et autoritate juris Romani in foris Germaniae" § XLII = S 37.
88 Wieacker (Zit. 34) S 445.
89 Wieacker (Zit. 34) S 445.
90 "Cum jus municipale servandum sit, et antiquae consuetudines pro legibus habendae sint, fit ut multa his contraria fiant unde deceptiones, errores et turbae oriuntur. Illi enim juris professores nostrum morem ignorant, nec etjam si sciant, illis nostris consuetudinibus quicquam tribuere volunt". (Zit. z.B. bei Eichhorn, Deutsche Staats- und Rechtsgeschichte, 2. Aufl. 1818, Bd III S 344)
91 Stobbe Bd II S 52, 53.
92 Wieacker (Zit. 34) S 426; vgl. oben S 22, 23.
93 Wieacker S 41.
94 Dieses und viele andere Hinweise schon in den ersten Darstellungen des deutschen Privatrechts, z.B. Danz, Handbuch des deutschen Privatrechts (1796) Bd I § 26; Estor, Bürgerliche Rechtsgelehrsamkeit der Deutschen (1757) S 21f.
95 Estor (Zit. 94) S 21.
96 Abgedruckt ist diese bei Balke, Schriften von Thomas Murner und Ulrich v. Hutten (1890) S 57f., 146.

97 Diese und weitere Nachweise bei Stintzing Bd I S 69; Wieacker S 72; Wolf S 68; Beseler, Volksrecht und Juristenrecht (1843) S 163; v.Below (Zit. 14) S 67f.; Merkel, Der Kampf des Fremdrechts mit dem einheimischen Recht in Braunschweig-Lüneburg (1908) S 24f.; Weißler, Geschichte der Rechtsanwaltschaft (1905) S 236f.

98 Koschaker S 155; v.Below (Zit. 14) S 163.

99 Etwas eingehendere Darstellungen finden sich bisher nur bei Stintzing Bd II S 12f.; Wieacker S 111f.; Wieacker, Vom römischen Recht (1944) S 252f.

100 Vgl. oben S 11.

101 Vgl. oben S 17f. sowie das Urteil Oldendorps (Anm. 53, 54)

102 Zasius, Brief an Cantiuncula in: Wolf, Quellenbuch (1951) S 8; teilweise auch bei Wolf S 81.

103 Vgl. oben S 17, 18.

104 Koschaker S 109, 110; Wieacker S 43, 83; Andreas (Zit. 28) S 508 ("strohkauende Esel" u.ä.).

105 "Antiqui Juris sepulchris insident, obliterata scrutantur, ... jus sibi et scholae discunt docentque, forum non viderunt" (Mevius, zit. nach Koschaker S 119)

106 Stintzing Bd II S 3; vgl. auch Stobbe Bd II S 37; Koschaker S 112.

107 Koschaker S 118; Wieacker (Zit. 99) S 259.

108 Nämlich Samuel Stryks Werk "Usus Modernus Pandectarum" (begonnen 1690). Vgl. dazu auch Wieacker S 116; Koschaker S 234, 246.

109 Stintzing Bd II S 179; dort auch noch weitere Hinweise.

110 v.Gierke, Johann Althusius (3. Aufl. 1913) S 39; Wolf S 206.

111 Stintzing Bd I S 329, 331.

112 Stintzing Bd I S 735, 681, 738.

113 Ein ausführliches Verzeichnis der von Conring benutzten Quellen vgl. bei Kossert, Hermann Conring rechtsgeschichtliches Verdienst (Diss. Köln 1939) S 82f.

114 Calixt hatte in seiner Epitome Theologiae Moralis (1634) bei Erörterung der weltlichen Gesetze die Wahrheit der Lotharlegende bezweifelt (vgl. Stintzing Bd II S 172)

115 v.Moeller (Zit. 70) S 78.

116 v.Moeller (Zit. 70) S 79.

117 Dazu heute Engelmann (Zit. 23) S 15f.

118 Stintzing Bd II S 180f.; Wolf S 232.

119 Dahm S 128; Wieacker S 112; Wolf S 233. Über die Ansätze zur Überwindung der Lothar-Legende bei Amerbach vgl. Thieme u. Anm. 78 a.O.

120 Conring, De origine juris Germanici (für dieses und die folgenden Zitate wurde die 2. Aufl. 1649 benutzt)

121 Manches Gemeinsame haben die Urteile von Conring und Thomasius, wie sie z.B. beide das alte hebräische Recht über das römische stellen (vgl. unten S 39 = Anm. 193).

122 v.Moeller (Zit.70) S 87 gibt den Stil Conrings nicht richtig wieder, wenn er bei der Inhaltsangebe des 32.Kapitels schreibt: "Die Doktoren unterwerfen sich seiner (des römischen Rechts) Autorität und Deutschland den Doktoren."

123 Conring, De origine S 113.

124 Conring, De origine S 201.

125 Conring, De origine S 210.

126 Vgl. unten S 41 = Anm. 210f.

127 Conring, De origine S 133.

128 Auch durch die Herausgabe althochdeutscher Sprachdenkmäler (Thesaurus antiquitatum Teutonicarum 1726/28) machte sich Schilter verdient, vgl. Frensdorff, Das Wiedererstehen des deutschen Rechts in: ZSS(G) Bd 29 S 21, 41.

129 Praxis juris Romani in foro Germanico (2.Aufl. 1698)

130 Excerptum ex litteris Hermanni Conringi vom 22.April 1675 (als Einleitung aaO abgedruckt)

131 Thomasius in der Vorrede zur 4.Auflage von Schilters Praxis juris Romani in foro Germanico (1713)

132 Das dürfte sich wohl auf Schilters Auffassung von der Rezeption in complexu beziehen, von der Thomasius seine eigene, der herrschenden Lehre durchaus entgegengesetzte Meinung hatte (vgl. unten S 39 = Anm. 192)

133 Schilter, Manuductio philosophiae moralis ad veram nec simulatam jurisprudentiam (1676), Vorrede.

134 Stintzing Bd II S 161.

135 Struve, Jurisprudentia Romano-Germanica forensis (1670)

136 Struve, Syntagma juris civilis universi (1658/1683; benutzt wurde eine Auflage von 1718, herausg. P.Müller)

137 Struve, Syntagma S 82, 83; über Tabor vgl. Stintzing Bd II S 180.

138 Struve, Syntagma S 84-86.

139 Struve, Syntagma S 84.

140 Syntagma S 84.

141 Überhaupt war es seit Conring üblich geworden, Lehrbücher über das römische Recht mit einer Darstellung seines Geltungsgrundes zu beginnen.

142 Stryk, Usus Modernus Pandectarum (6.Aufl. 1723) § X = S 7.

143 Stryk, Usus Modernus Pandectarum § XIX (= S 13)

144 Stryk, Usus Modernus Pandectarum § XVII (= S 12)

145 Stryk, Usus Modernus Pandectarum § XXVII (= S 20)

146 Stryk, Usus Modernus Pandectarum § XLII (= S 36)

147 Allerdings wurde die autoritätenfeindliche Praxis des Usus modernus doch schon in vereinzelten Fällen als Bedrohung des römischen Rechts empfunden. So hielt Lyncker Maßnahmen für erforderlich, "die Integrität und Vigor des gemeinen beschriebenen und von Unsern Vorfahren am römischen Reich geordneten Juris civilis aufrecht zu erhalten und wider alle corruptelas zu retten" (nach Frensdorff/Zit. 128/S 46)

148 Wieacker S 112.
149 Hauptvertreter: Schilter (vgl. Stintzing Bd II S 185)
150 Dazu Landsberg, Über die Entstehung der Regel Quicquid non agnoscit glossa, non agnoscit curia (1880).
151 Wesenberg S 112.
152 Dazu etwa Dahm S 129f., Wieacker S 142f.
153 Koschaker S 249; Wieacker S 143, 144.
154 Koschaker S 250.
155 Dahm S 133.
156 Dahm S 137.
157 Hierzu Dahm S 137f.; Wesenberg S 132f.; Wolf S 308f.
158 Samuel Pufendorf, De officio hominis et civis (Abgedruckt bei Wolf/Zit. 102/S 145f., 155)
159 Samuel Pufendorf, Jus naturae et gentium Libri VIII (1672) Praefatio; vgl. auch bei Thieme, Naturrecht und europäische Privatrechtsgeschichte 1947 S 16.
160 Wieacker S 155; Thieme, Die Zeit des späten Naturrechts in: ZSS (G) Bd 56 S 226, 245 mit Hinweisen.
161 Koschaker S 248.
162 Koschaker S 247.
163 Savigny, Vom Beruf unserer Zeit für Gesetzgebung und Rechtswissenschaft (1814) S 5, 48, 126, 77: "gänzliche Nullität"; ebenso in: Zeitschrift für geschichtliche Rechtswissenschaft Bd I (1815) S 393; Bd IX (1838) S 422.
164 Jhering Jahrbücher 1861 X 357.
165 Hierzu vgl. Thieme (Zit. 160) S 202f.; Fleischmann, Christian Thomasius in: Beiträge zur Geschichte der Universität Halle (1931) Bd II S 56, 57.
166 Über die Anfänge von Vorlesungen über das deutsche Recht vgl. Stobbe Bd II S 416, 417.
167 Koschaker S 257.
168 Stobbe Bd II S 416.
169 Vgl. Thieme (Zit. 160) S 245f.; Wieacker S 155.
170 v. Gierke, Naturrecht und deutsches Recht (Antrittsrede Breslau 1882) S 25.
171 Thieme (Zit. 159) S 16.
172 Genzmer (Zit. 24) S 522; vgl. auch Landsberg Bd 3/1 S 3, 4.
173 Vgl. oben S 34 = Anm. 146.
174 van Eysinga, Hugo Grotius (deutsche Ausgabe von Kaegi 1952) S 15; Wolf S 264.
175 Florum sparsio ad Jus Justinianeum (Paris 1642).
176 van Eysinga (Zit. 174) S 24; Schätzel in der Einleitung zu seiner Ausgabe von "De jure belli ac pacis" (1950) S 24.
177 Thieme, Besprechung der Neuausgabe der "Inleidinge" von Dovring u.a. in: ZSS(G) Bd 70 S 413f., 415.

178 Feenstra, Zur Rezeption in den Niederlanden in: Koschaker-Gedächtnisschrift (1953) Bd I S 265, 266.

179 Grotius, De legibus et consuetudinibus in: Quaedam hactenus inedita ... Argumenti Theologici, Juridici, Politici (1652) S 114f., 122

180 Grotius (Zit. 179) S 127.

181 Wolf S 312, 323; Wieacker S 186.

182 Elementorum jurisprudentiae universalis Libri duo (1660); Jus naturae et gentium libri VIII (1672); De statu imperii Germanici (1667)

183 Hierüber vgl. Landsberg Bd 3/1 S 15.

184 a.a.O. lib IV cap. 4 § 1.

185 Am Einsetzen heftiger Kritik gegenüber den wohlwollenden oder indifferenten Stellungnahmen der alten Naturrechtler zeigt auch die Legende der Rezeption, daß mit Thomasius die zweite Generation ("Analytiker") des Naturrechts beginnt (vgl. Thieme, Einheit und Vielfalt in der europäischen Rechtsgeschichte in: JZ 1955 S 68; Thieme (Zit. 159) S 16)

186 Leibnitz nennt seine Philosophie "Silvestris et archipodialis"; vgl. Fleischmann (Zit. 165) S 50; Sauter, Die philosophischen Grundlagen des Naturrechts (1932) S 151f.

187 Stobbe Bd II S 421.

188 Stobbe Bd II S 420; Fleischmann (Zit. 165) S 93, 94.

189 Bluntschli, Geschichte der neueren Staatswissenschaft (3. Aufl. 1881) S 216, 217.

190 z.B. de rerum differentiis intuitu juris Germanici privati; De dominio et ejus natura in genere intuitu (beide 1721, in der Thomasius-Bibliographie von Lieberwirth/1954/Nr. 287 und 290); vgl. hierzu das Gesamtverzeichnis der Dissertationen bei Lieberwirth Anhang I.

191 Frensdorff (Zit. 128) S 30, 29.

192 In seinen "Notae ad singulos Institutionum et pandectarum titulos" (1713) und in seiner "Larva legis Aquiliae detracta actioni de damno dato, receptae in foris Germanorum" (1703), deren Geisteshaltung schon der Titel kennzeichnet. Vgl. dazu auch die unten zu Anm. 203 zitierte Stelle sowie die Art, wie Thomasius Pandekten zu lesen pflegte (bei Landsberg Bd 3/1 S 75)

193 In seiner Vorlesung über das jus decori (Zit. nach Fleischmann/ Zit. 165/S 91)

194 Hier eine Parallele zu Conring (vgl. oben S 32 = Anm. 121)

195 Thomasius, Gem. Discours bey der Deutung der lectionum publicarum über den Monzambano etc. 1692 (Zit. nach Wolf S 411)

196 Thomasius, Anmerkung zum Testament des Melchior von Osse (1717); Lieberwirth Nr. 277) Anm. 17 (= S 45)

197 Testament Anm. 100 (= S 206)

198 Testament Anm. 177 (= S 389)
199 Testament Anm. 188 (= S 409)
200 Thomasius, Delineatio Historiae Juris Romani et Germanici (4. Aufl. 1750; Lieberwirth Nr. 174) § 72 (= S 15)
201 Delineatio § 133 (= S 30)
202 Delineatio § 171 (= S 40)
203 Delineatio § 178 (= S 44)
204 Delineatio § 193 (= S 48)
205 Hiermit dürfte Thomasius nicht nur, wie bereits zahlreiche Vorläufer (z.B. Conring) das Staatsrecht meinen, sondern gerade auch das deutsche Privatrecht. Dieses kannte er durchaus; er hielt Vorlesungen hierüber (Landsberg Bd 3/1 S 90) und ließ durch seinen Schüler Beyer die "Delineatio historiae juris civilis" (1704) herausgeben. Hieraus und aus der Tatsache, daß Ludovicis Sachsenspiegelausgabe (1720) Thomasius zu verdanken ist, läßt sich auch auf eine gute Kenntnis der deutschen Quellen schließen (vgl. Landsberg Bd 3/1 S 88; Frensdorff (Zit. 128) S 30, 31)
206 Thieme (Zit. 160) S 241 mit Hinweisen.
207 Nach Wolf S 411.
208 z.B. Otto v. Gierke (Zit. 170) S 25: "Nicht nur aus der Vernunft, auch mit vollem Bewußtsein kämpften unsere Naturrechtler für das deutsche gegen das römische Recht".
209 Wolf S 411f.
210 Vgl. oben S 32 = Anm. 127.
211 Landsberg Bd 3/1 Noten S 55.
212 Thomasius, Vollständige Erläuterung der Kirchen-Rechts-Gelahrtheit (1738; Lieberwirth Nr. 303) Teil I Vorw. S 1.
213 Thomasius (Zit. 196) S 28.
214 Vgl. an den unter Anm. 196-199 wiedergegebenen Stellen.
215 Fleischmann (Zit. 165) S 90, 91; vgl. auch die oben zu Anm. 204 wiedergegebene Stelle. Das gleiche gilt für das kanonische Recht, dessen Studium Thomasius als Lehrer wegen seiner Unentbehrlichkeit immer empfohlen hat - vgl. Landsberg Noten Bd 3/1 S 55 mit Hinweis auf Thomasius' Vorrede zur "Historia juris Canonici et Pontifici" (1704) Lieberwirth Nr. 175)
216 Wolf S 411.
217 Koschaker S 149, 150.
218 Koschaker S 250.
219 Thieme (Zit. 160) S 224.
220 Dazu Wieacker S 191f., Wesenberg S 133; Landsberg Noten Bd 3/1 S 132, 133.
221 Landsberg Noten Bd 3/1 S 133.
222 Landsberg Bd 3/1 S 202, 203.
223 In: Hallesche Jahrbücher Bd I S 207f., 242.
224 Landsberg Noten Bd 3/1 S 133.

225 Landsberg Bd 3/1 S 202, 203.
226 Landsberg Bd 3/1 S 203.
227 Landsberg Bd 3/1 X 114. Sein Vater, Heinrich v. Cocceji, hielt zwar auch das römische Recht für das einzig wissenschaftliche und datierte den Beginn der Rechtskultur erst vom Auftreten der Römer ab, war aber von einer Kongruenz von römischem und Naturrecht nicht überzeugt.
228 v. Cocceji, Novum Systema justitiae Naturalis et Romanae (1740); vgl. dazu Landsberg Bd 3/1 S 215.
229 z.B. Novum Systema Einl. S III, V.
230 vgl. oben S 38, 39 sowie S 34 = Anm. 146.
231 Novum Systema Einl. S I.
232 Novum Systema Einl. S V.
233 Novum Systema Einl. S V.
234 Novum Systema Lib. I § 2 (= S 1)
235 Hierzu: Thieme, Die preußische Kodifikation in: ZSS(G) Bd 57 S 362.
236 Stölzel, 15 Vorträge aus der brandenburg-preußischen Staats- und Rechtsgeschichte Nr. 12 S 140.
237 v. Cocceji, Projekt des Corpus Juris Fridericiani (2. Aufl. 1750) Vorrede § 10.
238 Das ergibt sich auch gut aus dem Titelblatt der Ausgabe.
239 Projekt Vorrede § 14
240 Das Gleiche äußert Cocceji gekürzt in § 28 IV a.a.O.
241 Projekt Vorrede § 23.
242 Dieses Zitat vgl. auch bei Frensdorff (Zit. 128) S 47.
242a "Volksgeist" im Sinne der Romantik (dazu vgl. unten S 55) kannte Friedrich II allerdings noch nicht; der Ausdruck dürfte hier wohl soviel wie Popularität, Gemeinverständlichkeit u.ä. bedeuten.
243 Koser, Friedrich der Große (1893) Bd IV S 342; vgl. auch Springer, Die Coccejische Justizreform (1914) S 15 und die heftige Kritik Stölzels (Zit. 236) Nr. 13 S 147f.
244 Vgl. Trendelenburg in: Kleinere Schriften (1871) Nr. 7 S 169.
245 Landsberg Noten Bd 3/1 S 141
246 Frensdorff (Zit. 128) S 43 sowie ausführlich v. Moeller, Die Trennung der deutschen und römischen Rechtsgeschichte (1905) S 27f., 32f.
247 Wieacker S 196.
248 Heineccius, Elementa juris Germanici (1746) Einl. S IV.
249 Elementa Einl. S IV.
250 Heineccius, Historia juris civilis Romani ac Germanici (1765) Lib. 1 S 580f.
251 In seiner Ausgabe des Corpus Juris Civilis (1735) Praefatio S III.
252 Vgl. diese oben Anm. 146.
253 Heineccius (Zit. 250) Lib. 2 S 70.
254 Landsberg Bd 3/1 S 247, 248 und Noten S 165; Frensdorff (Zit. 128) S 34.

255 Senckenberg, Methodus Jurisprudentiae (1756) Cap. "De receptione juris Romani in Italia et Germania" S 95.
256 Methodus S 98.
257 Methodus S 101.
258 Methodus S 102; zu diesem Argument vgl. unten Anm. 561.
259 Methodus S 138.
260 Senckenberg, Gedanken von dem jederzeit lebhaften Gebrauch des uralten deutschen Bürgerlichen und Staatsrechts (1759).
261 Gedanken cap. I S 3.
262 Gedanken cap. I S 37.
263 Senckenberg (Zit. 255) S 103.
264 Wolf S 429.
265 Wieacker S 194; Landsberg Bd 3/1 S 285.
266 Darjes, Institutiones Jurisprudentiae privatae Romano-Germanicae (2. Aufl. 1749) Praefatio S IV.
267 Institutiones cap. III § 66 (= S 33).
268 Institutiones cap. II § 81 (= S 43, 44).
269 Landsberg Bd 3/1 S 337.
270 Pütter, Juristische Enzyklopädie und Methodologie (2. Aufl. 1767) § 48 (= S 27).
271 Enzyklopädie § 58 (= S 31).
272 Enzyklopädie § 59 (= S 32).
273 Pütter, Deutsche Reichsgeschichte (1778) § 136).
274 Reichsgeschichte § 137 (= S 337, 338).
275 Pütter, Historische Entwicklung der heutigen Staatsverfassung des Deutschen Reichs (1786) Bd I S 273.
276 Pütter, Patriotische Abbildung des heutigen Zustandes beider höchsten Reichsgerichte (2. Aufl. 1756) S 29, 30.
277 Pütter (Zit. 276) S 61.
278 Pütter (Zit. 276) S 61.
279 Pütter (Zit. 276) S 62.
280 Wolf S 481f.
281 Auf der Gegenseite sehen wir z.B. den bereits zur Historischen Schule zu rechnenden Hugo noch stark im Positivismus des späten Naturrechts verhaftet.
282 Daher Martin Wolffs treffende Bezeichnung des ALR als "Sparbüchse germanischer Rechtsgedanken"; vgl. dazu auch Thieme (Zit. 235) S 390; Stölzel, Carl Gottlieb Svarez (1885) S 279 sowie das Publikationspatent zum ALR vom 20. März 1791 (vgl. teilweise bei Thieme/ Zit. 235) S 375, 376.
283 Wolf S 458.
284 Achim v. Arnim, Brief an Savigny (abgedruckt in: ZSS(G) Bd 13 S 228f.); vgl. dazu Thieme (Zit. 235) S 407.
285 Kritisch zum Optimismus Thiemes (vgl. Thieme/Zit. 235/S 405) Koschaker S 360.

286 Zit. nach Thieme (Zit. 235) S 391 N 4.
287 Wolf S 458.
288 Hierzu eingehend Stölzel (Zit. 282) S 280f.
289 Vorträge Bd I S 171 (teilweise auch bei Wolf S 459).
290 Vorträge Bd I S 171.
291 Vorträge Bd III S 310 (Zit. nach Wolf S 459).
292 Vorträge Bd III S 307 (Zit. nach Thieme/Zit. 235/S 390).
293 Vorträge Bd I S 171, 172.
294 Vgl. oben S 37.
295 Koschaker S 150; vgl. dazu bereits oben S 42.
295a In seiner Dissertation de crimine bigamiae (1685); vgl. Landsberg Bd 3/1 S 73. Ähnliches gilt für das Konkubinat - vgl. Landsberg 3/1 S 98; 3/1 Noten S 48, 60; Wolf S 376.
296 Koschaker S 254f.
297 Bergbohm, Jurisprudenz und Rechtsphilosophie (1892) Bd I S 190.
298 Thieme, Der junge Savigny in: Deutsche Rechtswissenschaft VII 1942 S 53.
299 Dazu Dahm S 145f.
300 Dazu Srbik, Geist und Geschichte vom deutschen Humanismus bis zur Gegenwart (1951) Bd I S 164f., 170.
301 Dazu Brie, Der Volksgeist bei Hegel und in der Historischen Rechtswissenschaft (1909) S 22, 30.
302 Wesenberg S 153.
303 Zit. nach Poetzsch, Studien zur frühromantischen Politik und Geschichtsauffassung (Leipziger Diss. 1907) S 52.
304 Conrad, Aus der Entstehungszeit der Historischen Rechtsschule in: ZSS(G) Bd 65 S 261f., 263.
305 Wieacker S 228.
306 Dazu ausführlich Windscheid, Die geschichtliche Schule in der Rechtswissenschaft in: Reden und Abhandlungen (herausgegeben von Oertmann 1904) S 66f.
307 Thieme (Zit. 298) S 61.
308 "Herrschaft der Toten über die Lebenden": Kantorowicz, Was ist uns Savigny? in: Recht und Wirtschaft Bd I 1911 S 54.
309 Savigny, Juristische Methodenlehre (Nach einer Kollegnachschrift Jakob Grimms herausgegeben von Wesenberg 1951) S 28; vgl. auch Thieme (Zit. 298) S 59.
310 Savigny, Über den Zweck dieser Zeitschrift in: Zeitschrift für geschichtliche Rechtswissenschaft Bd I S 12; vgl. auch v. Gierke, Die Historische Rechtsschule und die Germanisten (1903) S 16.
311 Savigny (Zit. 309) S 32, Thieme (Zit. 298) S 57.
312 Vgl. Savigny, System des heutigen römischen Rechts.
313 Thieme (Zit. 298) S 54.
314 Kantorowicz (Zit. 308) S 62; Thieme (Zit. 298) S 62; auch schon v. Gierke (Zit. 170) S 11f.

315 Savigny (Zit. 310) S 10; vgl. dazu auch v. Gierke (Zit. 310) S 10; Landsberg Bd 3/2 S 205f.; Wesenberg S 149.
316 v. Moeller (Zit. 246) S 17.
317 vgl. unten S 60f.
318 v. Gierke (Zit. 310) S 11f.; Thieme (Zit. 298) S 62; Koschaker S 151.
319 Koschaker S 152.
320 Fritz v. Hippel, Gustav Hugos juristischer Arbeitsplan (1931) S 19f.
321 Typisch etwa die Schilderung des Gerichtswesens des Rezeptionszeitalters, wie sie der junge Goethe gibt und die, ungeachtet der rezeptionsfeindlichen Volksstimmung, der Romantik mehr als dem 16. Jahrhundert gemäß ist (Götz von Berlichingen II, 9): "Wie lange habt Ihr prozessiert?" - "An die acht Jahr. Das ist ein Gezerre, ihr glaubt's nicht, bis man den Perücken ein Urteil vom Herzen reißt, und was hat man danach? Der Teufel hole den Assessor Sapupi! 's ist ein verfluchter schwarzer Italiener ..." (I, 4): "Der Pöbel hätte mich fast gesteinigt, als er hörte, ich sei ein Jurist..." Vgl. dazu auch K. H. Below, Goethe in seinem Verhältnis zum römischen Recht in: Koschaker-Gedächtnisschrift (1953) S 231f., 250.
322 Dazu Sinzheimer, Jüdischer Klassiker der deutschen Rechtswissenschaft (1938, Neuaufl. 1953) S 111f.; Landsberg 3/2 495f.; Reyscher, Über den Zweck dieser Zeitschrift in: Zeitschrift für deutsches Recht Bd I S 1f.
323 Christ auf dem Germanistentag zu Frankfurt (1846), Verhandlungen S 187.
324 Christ auf dem Germanistentag zu Lübeck (1847), Verhandlungen S 210. Selbst in einer Quellensammlung findet sich - wohl als Reaktion auf Puchtas "Gewohnheitsrecht", - vgl. unten S 67 - eine solche Kampfansage: "Für den Germanisten gibt es keinen schlimmeren Vorwurf als den des Romanisierens ... Wir Germanisten sind die natürlichen Gegner der Romanisten, und die Feindschaft kann nicht aufhören, solange diese Leute hier noch Praxis haben oder gar neue suchen" (Maurenbrecher, Die Rheinpreußischen Landrechte/1830/Bd I S 62)
325 Koschaker S 152, dessen Darstellung der Germanistentage sonst aber etwas zu einseitig ist - vgl. unten S 116f. Anm. 736f. Hierzu vor allem auch Landsberg Bd 3/2 519f., 521.
326 Vgl. hierzu bereits ausführlich oben S 6.
327 Koschaker S 150f., 152.
328 Savigny, Der 10. Mai 1788 in: Vermischte Schriften Bd IV S 195f.
329 Richtiger sieht wohl die heutige Auffassung (Wolf S 487; Conrad/Zit. 304/S 261) in Savigny den eigentlichen Gründer der Historischen Schule, in Hugo mehr den methodischen Wegbereiter mit noch aufklärerischer Geschichtsauffassung; a.A. Savigny (Zit. 328) S 195f., 205f.
330 Vgl. oben S 37 Anm. 163, 164.

331 Hugo, Lehrbuch eines civilistischen Kurses (1819) Bd I Vorwort S IX, S 20, 31. Vgl. auch die - schon wieder von Savigny beeinflußte - Äußerung Hugos: ..."Daß im 18. Jahrhundert, wie man erst ganz neuerlich zu gestehen gewagt hat, Deutschland wenig große Rechtsgelehrte, besonders im Privatrechte, hatte. Eine Folge dieses Verfalls waren auch dies Mal die Versuche, das Recht durch Bücher von oben herab festzustellen, wie zuerst im Preußischen..."

332 Hugo, Lehrbuch der Rechtsgeschichte bis auf unsere Zeiten (1790) S 227.

333 Hugo (Zit. 332) S 242.

334 Thibaut, Juristische Enzyklopädie und Methologie (1797) § 102.

335 Thibaut, Über die Notwendigkeit eines allgemeinen bürgerlichen Rechts in Deutschland (1814) S 13.

336 Thibaut (Zit. 335) S 14.

337 Thibaut (Zit. 335) S 15.

338 Thibaut (Zit. 335) S 16, 18.

339 Thibaut (Zit. 335) S 20.

340 Abgedruckt sind diese bei Stern, Thibaut und Savigny (1914) S 167f.

341 Thibaut, Lehrbuch der Geschichte und der Institutionen des Römischen Rechts (herausgegeben von Guyet 1842) S 97.

342 v. Gierke (Zit. 310) S 6. Vgl. auch Wieacker, F.C.v. Savigny, ZSS(R) Bd 72 S 1f.

343 z.B. Wesenberg S 148f., Koschaker S 261f., Dahm S 150f.

344 Savigny, Rezension über Gönner in: Vermischte Schriften Bd V S 138; dazu auch Savigny (Zit. 328) S 195f.

345 Thieme (Zit. 298) S 55; bestritten von Wolf S 480.

346 Dem entspricht jedenfalls das glänzende Bild, das Savigny vom römischen Juristen entwirft (vgl. Savigny, System des heutigen römischen Rechts 1840 Bd I S 83f.)

347 Über diesen vgl. Stoll, Friedrich Karl v. Savigny (1927-1939) Bd I S 30f.

348 Stoll (Zit. 347) Bd I S 30, 31; Wolf S 470.

349 Stoll (Zit. 347) Bd I S 32; Landsberg Bd 3/2 S 187, 190.

350 Nach Stoll (Zit. 347) Bd I S 33; vgl. auch Savigny selbst in seiner Vorrede zur Geschichte des römischen Rechts im Mittelalter (1834) Bd I S III.

351 Wolf S 470, 484.

352 Wolf S 495, 497.

353 Stoll (Zit. 347) Bd II S 23f.; Koschaker S 261; Manigk, Savigny und die Kritik der Rezeption in: ZSS(R) Bd 61 S 189.

354 Den Vorschlag Gönners, den Code Civil in den Rheinbundstaaten einzuführen, nannte Savigny eine Napoleonische Teufelei (Nach Manigk/Zit. 353/S 194). Allerdings hat Savigny auch die übrigen Naturrechtskodifikationen, so das ALR, abgelehnt - vgl. Savigny, Vom Beruf unserer Zeit für Gesetzgebung und Rechtswissenschaft (1814) S 81f.

355 So Manigk (Zit. 353) S 214-217; die anderslautenden Ansichten der Biographen Savignys von Landsberg bis Wolf werden als "schiefer Liberalismus" (S 212, 217, 220, 226), "jüdische Hetzer" (S 215) und "Vertreter der altjüdischen Rechtslehre" (S 224) abgetan. Dazu vgl. unten Anm. 640.

356 Nicolai auf dem Juristentag 1933 S 172.

357 Manigk (Zit. 353) S 190, 192.

358 Vgl. Savigny (Zit. 354) S 43.

359 Über die Versuche einer Verquickung von Jurisprudenz und Politik äußert sich Savigny (Zit. 309) S 35: "Der größte ist der von Thomasius, wodurch er das römische Recht anzufechten suchte".

360 Nicolai auf dem Juristentag 1933 S 172.

361 Savigny, Beitrag zur Rechtsgeschichte des Adels im neueren Europa in: Vermischte Schriften Bd IV S 1f. Allerdings ist dieses auch seine einzige deutschrechtliche Veröffentlichung.

362 Savigny (Zit. 354) S 118.

363 Savigny (Zit. 354) S 153.

364 v. Gierke (Zit. 310) S 11.

365 Wolf S 495 sieht die letzte Erklärung hierfür darin, "daß Savignys Denken über Recht und Welt nie die theoretische Geschlossenheit eines Systems erreicht hat".

366 Savigny (Zit. 344) S 120.

367 Savigny (Zit. 344) S 120.

368 Savigny (Zit. 354) S 27.

369 Vgl. Anm. 365

370 So hat z.B. Savigny, obgleich er es war, der sich kaum je um die juristische Praxis gekümmert, ja ihr öfter wenig Achtung bezeigte und damit die Hauptursache für die Trennung von Theorie und Praxis gegeben hat, doch an mehreren Stellen die wachsende Entfremdung beklagt ("Hauptübel unseres Rechtszustandes") - vgl. Savigny (Zit. 346) Bd I Vorwort S XXV; Bd VIII Vorwort S V; Brief an Eichhorn vom 7. 6. 1819 (bei Landsberg Noten Bd 3/2 S 105). Allerdings versuchte er - und nicht ohne Erfolg - durch seine Vorlesungen über das ALR Einfluß auf die Praxis zu nehmen (vgl. dazu unten S 73 Nr. 15).

371 Vgl. diese oben S 59 Anm. 340.

372 Vgl. z.B. das jede Auseinandersetzung vermeidende Hinübergleiten über die Angriffe des Thomasius (Savigny Zit. 309 S 35)

373 Savigny (Zit. 346) Bd I S 78f.

374 Savigny (Zit. 354) S 35

375 Vgl. die unter Anm. 68 wiedergegebene Äußerung Melanchthons, die Savigny teilweise anführt.

376 Wolf S 497.

377 Dieses, obgleich auch Eichhorns Vorlesung über deutsche Staats- und Rechtsgeschichte eine für die damalige Zeit außergewöhnliche

377 Hörerzahl erreichte (dazu mit Zahlenangaben Frensdorff/Zit. 128/ S 9, 10)

378 Dazu Landsberg Bd 3/2 S 254f.; Frensdorff (Zit. 128) S 7; Jelusic, Die historische Methode Karl Friedrich Eichhorns (1936) S 19.

379 Eichhorn, Deutsche Staats- und Rechtsgeschichte (2.Aufl. 1818) Bd III § 444 (= S 341). Die hier interessierende Stelle ist bereits aus der ersten Auflage unverändert übernommen und auch in den späteren nicht abgeändert worden. Die beherrschende Stellung, die das römische Recht zu seiner eigenen Zeit einnahm, hat Eichhorn nie kritisiert (Landsberg Bd 3/2 S 276)

380 Jelusic (Zit. 378) S 128.

381 Jelusic (Zit. 378) S 162, 164; Landsberg Bd 3/2 S 276.

382 Jelusic (Zit. 378) S 30f., 35f., 145f.; hierzu Thieme, Besprechung zu Jelusic a.a.O. in: ZSS(G) Bd 57 S 700.

383 Landsberg Bd 3/2 S 258.

384 Landsberg Bd 3/2 S 276 präzisiert noch weiter: "Wie man sieht, steht Eichhorn eigentlich Hugo weit näher, als Savigny je zu Hugo stand".

385 Conrad (Zit. 304) S 261f.

386 Grimm, Brief an Savigny vom 29.10.1814 (Savigny hatte gerade seinen "Beruf" Grimm zur Stellungnahme zugeschickt) in: Briefe der Brüder Grimm an Savigny (herausgegeben von Schnack/Schoof 1953) S 175. Dazu Wieacker, ZSS(G) Bd 72 S 323f.

387 Grimm, Das Wort des Besitzes (Savigny zum 50jährigen Doktorjubiläum gewidmet) in: Kleinere Schriften Bd I S 114.

388 Grimm, Über die wechselseitigen Beziehungen und Verbindungen der drei in der Versammlung vertretenen Wissenschaften (Vortrag auf dem Germanistentag zu Frankfurt (1846) in: Kleinere Schriften Bd VII S 556.

389 Grimm, Berliner Antrittsvorlesung in: Kleinere Schriften Bd VIII S 549.

390 Grimm, Deutsche Rechtsaltertümer (3.Aufl. 1881) Vorwort S XVI.

391 Grimm, (Zit. 389) S 550.

392 Grimm, Die Poesie im Recht in: Kleinere Schriften Bd VI S 153.

393 Grimm (Zit. 389) S 550.

394 Grimm (Zit. 389) S 548.

395 Grimm (Zit. 388) S 561.

396 Grimm (Zit. 388) S 560.

397 Wolf S 546.

398 Feuerbach, Gesetzgebung und Historische Rechtswissenschaft (abgedruckt bei Wolf (Zit. 102) S 285f., 289)

399 Dazu v. Moeller (Zit. 246) S 50.

400 Feuerbach, Blick auf die teutsche Rechtswissenschaft in: Kleinere Schriften S 155.

401 Feuerbach (Zit. 400) S 162.

402 Feuerbach (Zit. 398) S 287.
403 Feuerbach (Zit. 398) S 293.
404 Schildener, Über die Behandlung des deutschen Rechts (1827) S 24.
405 Schildener, Versuch einer wissenschaftlichen Anordnung des altgotländischen Rechts (1827) Vorwort S XVII.
406 Vgl. oben S 57 Anm. 323, 324.
407 Puchta, Das Gewohnheitsrecht (1828) Teil I S 128.
408 Puchta, (Zit. 407) S 203.
409 Puchta, (Zit. 407) S 202.
410 Puchta, (Zit. 407) S 199.
411 Puchta, (Zit. 407) S 205.
412 Puchta, Pandekten (8. Aufl. 1856) S 1; ähnlich Puchta, Vorlesungen über das heutige römische Recht (herausgegeben von Rudorff 1847) Bd I S 5, 7.
413 Puchta (Zit. 412, 1) S 5.
414 Puchta (Zit. 412, 1) S 1.
415 Puchta, Cursus der Institutionen (2. Aufl. 1845) Bd I S 107.
416 Puchta (Zit. 412, 2) S 13.
417 Puchta (Zit. 412, 2) S 12.
418 Vgl. diese oben S 24 Anm. 71.
419 Puchta (Zit. 407) S 200.
420 Vgl. oben S 63 Anm. 375.
421 Thieme (Zit. 298) S 62.
422 z.B. Bluntschli, Deutsches Privatrecht (1853)
423 Beseler auf dem Juristentag zu Lübeck (1847) S 235.
424 Beseler, System des gemeinen deutschen Privatrechts (4. Aufl. 1885) Bd I S 5.
425 Beseler (Zit. 424) S 30.
426 Beseler, Volksrecht und Juristenrecht (1843) S 41.
427 Beseler auf dem Germanistentag zu Lübeck S 235.
428 vgl. u. Anm. 447 (v. d. Pfordten) und Anm. 448 (Wächter)
429 v. Rotteck, Staatslexikon (3. Aufl. 1865 bearbeitet von Welcker) Bd XII S 687f., 693.
430 Landsberg Bd 3/2 S 552, 554.
431 Bluntschli, Brief an Savigny vom 10. 2. 1840 in: Briefwechsel J.C. Bluntschli - Savigny (herausgegeben von Oechsli 1915) S 74.
432 Bluntschli, Deutsches Privatrecht (1833) Bd I Vorwort S XIII. Vgl. auch Bluntschli, Die neueren Rechtsschulen der deutschen Juristen, 2. Aufl. 1862.
433 Bluntschli (Zit. 189) S 215f.
434 Bluntschli (Zit. 189) S 216f., 223, 224.
435 Bluntschli, Staats- und Rechtsgeschichte der Stadt und Landschaft Zürich (1838) Bd I S 319.
436 Bluntschli (Zit. 435) Bd II S 46, 47.
437 Reyscher, Dasein und Natur des deutschen Rechts in: Zeitschrift für deutsches Recht Bd I S 23.

438 Reyscher auf dem Germanistentag zu Frankfurt (1846), Verhandlungen S 189.
439 Reyscher (Zit. 438) S 89.
440 Reyscher (Zit. 438) S 188.
441 Nämlich die Äußerungen von
Christ (oben S 57 - Anm. 323, 324)
J. Grimm (oben S 65f. - Anm. 388, 395, 396)
Beseler (oben S 70f. - Anm. 423, 427)
Reyscher (oben S 72f. - Anm. 438, 439, 440)
442 Heffter auf dem Germanistentag zu Frankfurt S 82.
443 Mittermaier auf dem Germanistentag zu Frankfurt S 65.
444 Mittermaier (Zit. 443) S 70.
445 Mittermaier (Zit. 443) S 64.
446 Mittermaier (Zit. 443) S 70.
447 v. d. Pfordten auf dem Germanistentag zu Lübeck S 228.
448 Wächter auf dem Germanistentag zu Lübeck S 237.
449 Dazu näher Sinzheimer (Zit. 322) S 9f.
450 Stahl, Philosophie des Rechts (2. Aufl. 1845) Bd II S 404.
451 Bornemann, Von Rechtsgeschäften überhaupt und von Verträgen insbesondere (1825) S 6. Von dieser Schrift behauptet Thöne, Fundamentallehren des Preußischen Privatrechts (1833) Bd I S 68, daß darin "mehr wissenschaftlicher Geist als in der gesamten übrigen Literatur des Preußischen Rechts" zu finden sei. Hierzu Thieme (Zit. 235) S 409f., 413 mit Hinweisen.
452 Koch, Die Lehre von dem Übergang der Forderungsrechte durch Universal- und Singularsukzession (1837; Zit. nach Landsberg Bd 3/2 S 611)
453 Landsberg Bd 3/2 S 611.
454 Bornemann, Systematische Darstellung des preußischen Zivilrechts (1842) Bd I S 2.
455 Thieme (Zit. 235) S 413, 416.
456 Rudorff, Römische Rechtsgeschichte (1857) Bd I S 337.
457 Dieses konnten wir bereits bei Pütter (s. o. S 48f.) einerseits und bei Hugo (s. o. S 58f.) und Eichhorn (s. o. S 64f.) andererseits feststellen.
458 Hugo, Beiträge zur zivilistischen Bücherkenntnis (Zit. nach Thieme, Naturrecht und Historische Schule in: Forschungen und Fortschritte Nr. 18/1937/S 221)
459 Koschaker S 269. Hierzu vgl. auch: Koschaker S 275; Thieme (Zit. 457); Mitteis (Zit. 3) S 40; Wieacker (Zit. 99) S 270 mit Hinweis auf Bergbohm.
460 Zoepfl, Deutsche Rechtsgeschichte (4. Aufl. 1871) § 27 (= S 113). In der ersten Auflage von 1836 findet sich aaO dieses Lob des römischen Rechts noch nicht. Eine Reaktion auf zu heftige Angriffe germanistischer Kollegen?

461 Vgl. oben S 34 Anm. 141.

462 Eine völlig neuartige Theorie über den Geltungsgrund des römischen Rechts in Deutschland hatte z.B. Kierulff (Theorie des gemeinen Zivilrechts 1839 Bd I Vorwort S XXVII) aufgestellt: "Derjenige Quelleninhalt, welchen diese auf praktischem Fundament gegründete theoretische Operation als gemeines praktisches Recht deduziert, hat eben wegen dieses inneren Charakters der Universalität, wovon die äußere gemeine Gültigkeit eine Folge ist, die Natur eines lebenden deutschen Rechts, ist kein Fremdrecht. Römisches Recht ist nur dasjenige, welches auf eigentümlich römischen Dogmen beruht, und dessen Bestimmungen den besonderen Charakter der römischen Nation im Gebiet des Rechts repräsentieren. Nur dieses wirklich römische Recht, worin der Geist der Nation ausgeprägt ist, ist das uns fremde, und eben deshalb auch unpraktische ungültige Recht".

463 Vangerow, Lehrbuch der Pandekten (7. Aufl. 1865) S 15.

464 Vangerow (Zit. 463) S 14.

465 v. Gierke bei Wolf S 665: "Dieser eigenartige Arzt tötete mit seiner Pandektenkur die deutsche Seele im deutschen Recht" - vgl. auch Koschaker S 148.

466 Gerber, System des deutschen Privatrechts (1. Aufl. 1848) § 2 (= S 2, 4)

467 Gerber, System des deutschen Privatrechts (10. Aufl. 1870) § 2 (= S 4, 5)

468 Gerber, System des deutschen Privatrechts (17. Aufl. 1895) in der Neubearbeitung von Cosack) § 2 (= S 1, 2, 3). Die Bearbeitung Cosacks diente der Berücksichtigung des BGB, die hier zitierte Stelle stammt noch aus der Feder von Gerber (vgl. Vorwort zur 17. Aufl). Den Beschuldigungen der Juristen des 16. Jahrhunderts fügt Cosack eine zustimmende Anmerkung bei.

469 Dazu Dahm S 154f.; Wieacker S 253f. mit Hinweisen.

470 Wieacker S 253.

471 Windscheid, Die Aufgaben der Rechtswissenschaft (1884) in: Reden und Abhandlungen (herausgegeben von Oertmann 1904) S 112.

472 Windscheid, Recht und Rechtswissenschaft (1854) in: Reden und Abhandlungen (Zit. 471) S 9.

473 Dahm S 157.

474 Vgl. oben S 56.

475 Koschaker S 290f., 294.

476 Koschaker S 308.

477 v. Gierke (Zit. 310) S 22; vgl. auch Wolf S 694.

478 Vgl. insbesondere: v. Gierke, Der Entwurf des BGB und das deutsche Recht (1889)

479 Vgl. unten S 81 = Anm. 483.

480 v. Moeller, Die Augenbinde der Justitia, Zeitschrift für christliche Kunst XVIII (1905) S 148.

481 Wieacker S 117; Wesenberg S 167.
482 Wolf S 588f., 590.
483 Windscheid (Zit. 472) S 21, 22.
484 Vgl. oben S 62 Anm. 366, 368.
485 oben S 74 Anm. 456.
486 Windscheid, Das römische Recht in Deutschland S 43, 44.
487 Windscheid (Zit. 486) S 46.
488 Wolf S 628.
489 Windscheid (Zit. 486) S 27, 28.
490 Windscheid (Zit. 486) S 28, 32; Windscheid (Zit. 472) S 20.
491 Windscheid (Zit. 486) S 29.
492 Windscheid, Pandekten (8. Aufl. bearb. von Kipp) S 3.
493 Windscheid (Zit. 486) S 32.
494 Windscheid (Zit. 486) S 34.
495 Windscheid (Zit. 486) S 35.
496 Windscheid (Zit. 472) S 20.
497 v. Schwerin, Germanische Rechtsgeschichte (1936) S 231. In der 2. Auflage dieses Buches (1943) ist der Abschnitt über die Neuzeit mit dieser Äußerung weggelassen worden.
498 Windscheid (Zit. 486) S 43.
499 Eine kurze und treffende Darstellung der Stellung v. Jherings zur Rezeption gibt Moddermann (Zit. 14) S 7.
500 v. Jhering, Der Geist des römischen Rechts (1878) Bd I S 3.
501 vgl. v. Jhering (Zit. 500) Bd I S 11.
502 v. Jhering (Zit. 500) Bd I S 8.
503 v. Jhering, Der Kampf ums Recht (14. Aufl. 1900) S 74f.
504 v. Jhering (Zit. 503) S 74.
505 v. Jhering (Zit. 500) Bd I S 10.
506 Moddermann (Zit. 14) S 7.
507 Landsberg Bd 3/2 S 894.
508 Stobbe Bd II S 136.
509 Stobbe, Handbuch des deutschen Privatrechts (3. Aufl. 1893) Bd I S 9.
510 Stobbe Bd II S 137.
511 Stintzing Bd I S 57.
512 Stintzing Bd I S 60.
513 Stintzing Bd I S 40.
514 Diese Behauptung hatten vertreten: v. Rotteck (Anm. 429) und Wächter (Anm. 448).
515 Mommsen, Die Aufgaben der Historischen Rechtswissenschaft in: Gesammelte Schriften (1907) Bd III S 582.
516 Mommsen (Zit. 515) S 592.
517 Mommsen (Zit. 515) S 583, 584.
518 Sohm, Fränkisches Recht und römisches Recht in: ZSS(G) Bd 1 S 1f., 76; vgl. auch S 20: Die "unentwickelten Rechte Deutschlands" seien "von dem Strom des geistig überlegenen fremden Rechts hinweggerissen" worden.

519 An dieser Stelle ist die Feststellung Koschakers (S 148) erwähnenswert, daß ein noch heute bei den deutschen Studenten beliebtes Lehrbuch des römischen Rechts auf die Institutionen von Rudolf Sohm zurückgeht.
520 Leonhard, Institutionen des römischen Rechts (1894) S 40.
521 Regelsberger, Pandekten (1893) Bd I S 10.
522 Schwartz, 400 Jahre deutsche Zvilprozeßgesetzgebung (1898) S 64.
523 Wolf S 670, 687.
524 Wieacker S 268; vgl. insb. oben S 80 Anm. 477.
525 Wolf S 694.
526 v. Gierke, Soziale Aufgaben des Privatrechts (1889) S 46.
527 v. Gierke (Zit. 478) S 11.
528 Wolf S 686.
529 v. Gierke (Zit. 478) S 3, 9.
530 Wolf S 686; vgl. dazu v. Gierke, Deutsches Privatrecht Bd I (1895) S 13, Bd III (1917) S 4.
531 v. Gierke, Das deutsche Genossenschaftsrecht Bd III (1881) S 646.
532 v. Gierke (Zit. 531) Bd II (1873) S 21.
533 v. Gierke (Zit. 531) Bd II S 22.
534 v. Gierke (Zit. 530) Bd I S 9.
535 v. Gierke (Zit. 170) S 20.
536 v. Gierke (Zit. 530) Bd I S 8.
537 v. Gierke (Zit. 170) S 25.
538 v. Gierke (Zit. 530) Bd I S 13.
539 v. Gierke (Zit. 170) S 16.
540 so v. Gierke (Zit. 530) Bd I S 12.
541 Brunner, Grundzüge der deutschen Rechtsgeschichte (7. Aufl. 1921 herausgegeben von Heymann) S 265; ebenso schreibt Brunner in Kohlers Enzyklopädie der Rechtswissenschaft (1904) "Quellen und Geschichte des deutschen Rechts" Bd I S 270.
542 Brunner, Die Rechtseinheit (1887) in: Abhandl. zur Rechtsgeschichte (herausg. von Rauch 1931) Bd II S 365.
543 Sie findet sich zuletzt noch bei Mitteis, Deutsches Privatrecht (1950) - vgl. unten S 119 Anm. 760.
544 z.B. von Eichhorn (Anm. 379); Beseler (Anm. 426, 427); Vangerow (Anm. 464; Gerber (Anm. 468); Windscheid (Anm. 486); v. Gierke (Anm. 532)
545 Brunner (Zit. 541) S 264.
546 Vgl. dieses unten S 92f. Anm. 566f.
547 Fuchs, Die Gemeinschädlichkeit der konstruktiven Jurisprudenz (1909) S 156.
548 Fuchs, Juristischer Kulturkampf (1912) S 89.
549 Fuchs (Zit. 547) S 203.
550 Fuchs (Zit. 547) S 171.
551 Fuchs (Zit. 547) S 169, 170.

552 Fuchs (Zit. 547) S 194.
553 Fuchs, Recht und Wahrheit in unserer heutigen Justiz (1908) S 171.
554 Fuchs, Was will die Freirechtsschule? (1929) S 9.
555 Kaser, Wege und Ziele der modernen Zivilrechtswissenschaft in: Koschaker-Gedächtnisschrift (1953) S 562.
556 Kaser (Zit. 555) S 562; Koschaker S 309, der aber sonst Fuchs und die Freirechtsbewegung etwas zu einseitig sieht. Insbesondere war Fuchs kein Vorläufer des Nationalsozialismus, vielmehr war er selbst Jude. Auch erscheint es nicht glücklich, H. U. Kantorowicz mit in diesen Zusammenhang zu ziehen, hatte sich dieser doch noch kaum zehn Jahre davor die Beschimpfung "Vertreter der altjüdischen Rechtslehre" (Manigk/Zit. 353/S 224) gefallen lassen müssen.
557 So Koschaker S 309.
558 Koschaker S 315, 335f.
559 Fuchs (Zit. 548) S 98.
560 v. Below, Der deutsche Staat des Mittelalters (1914) Bd I S 291.
561 Vgl. Radbruch unten zu Anm. 567. Die von v. Below vertretene Ansicht ist vor allem durch Gustav Aubin "Der Einfluß der Rezeption des römischen Rechts auf den deutschen Bauernstand" in: Conrads Jahrbuch für Nat. Ökonomie Bd 44, 1912, gestützt worden. Aubin kommt zu dem Ergebnis, daß die Rezeption die Herabdrückung des Bauernstandes weder veranlaßt noch beeinflußt habe. Erst später sei dieses durch die Art der Anwendung des römischen Rechts geschehen. Das römische Recht sei an sich eine neutrale Macht. - Vgl. ähnlich Koschaker unten S 188 Anm. 732.
562 v. Below, Territorium und Staat (2. Aufl. 1923) S 54.
563 v. Below (Zit. 14) S 66.
564 v. Below (Zit. 14) S 151, 152.
565 v. Below, Probleme der Wirtschaftsgeschichte (2. Aufl. 1926) S 604.
566 Radbruch, Einführung in die Rechtswissenschaft (4. Aufl. 1919) S 65.
567 Radbruch (Zit. 566) S 62, 63.
568 Radbruch (Zit. 566) S 65, 66.
569 Radbruch (Zit. 566) S 65.
570 Radbruch (Zit. 566) S 66.
571 Schröder-Künßberg, Lehrbuch der deutschen Rechtsgeschichte (7. Aufl. 1932) S 874. Die hier wiedergegebene Stelle stammt noch unverändert von Schröder.
572 Fehr, Volk und Recht in Mittelalter und Neuzeit (1925) S 26.
573 Fehr, Deutsche Rechtsgeschichte (2. Aufl. 1925) S 265 (unverändert in der 4. Aufl. 1948 S 195).
574 Vgl. Mommsen Anm. 515.
575 Vgl. v. Below Anm. 560, 562.
576 Fehr (Zit. 572) S 27.
577 Fehr (Zit. 572) S 24.

578 Fehr (Zit.572) S 26.
579 Fehr (Zit.573) S 265 (unverändert in der 4.Aufl.1948 S 196)
580 Vgl. unten S 96.
581 Fehr (Zit.573) S 211 (unverändert in der 4.Aufl.1948 S 159)
582 v.Schwerin, Grundzüge der deutschen Rechtsgeschichte (1934) S 235.
583 v.Schwerin, Rechtsgeschichte und Rechtserneuerung in: Schriften der Akademie für deutsches Recht, Gruppe Rechtsgrundlagen und Rechtsphilosophie Nr.7 S 38.
584 v.Schwerin, Der Geist des altgermanischen Rechts, das Eindringen fremden Rechts, und die neuerliche Wiedererstarkung germanischer Rechtsgrundsätze (1926) in: H.Nollau, Germanische Wiedererstehung S 250.
585 v.Schwerin (Zit.584) S 254.
586 v.Schwerin (Zit.584) S 256.
587 v.Schwerin, Besprechung zu Koschaker "Die Krise des römischen Rechts und die romanistische Rechtswissenschaft" in: Deutsche Rechtswissenschaft Bd IV (1939) S 182f., 184.
588 v.Schwerin (Zit.584) S 250.
589 v.Schwerin (Zit.582) S 240.
590 Merk, Vom Wesen und Werden des deutschen Rechts (3.Aufl.1935) S 8.
591 Merk (Zit.590) S 39.
592 Merk, Deutsche Rechtserneuerung in: Süddeutsche Monatshefte 31. Jahrg. S 258f., 259.
593 Merk (Zit.590) S 35.
594 Der Gedanke, daß das spätklassische römische Recht entartet sei (vgl. auch v.Schwerin Anm.585) ist, wie ersichtlich, nicht erst durch den Nationalsozialismus geprägt worden. Populär wurde er vor allem durch Oswald Spengler, Der Untergang des Abendlandes Bd II S 77f., 82; vgl. auch schon Kohler in: ACP Bd 91 (1901) S 357 N 73. Den Anlaß dafür, daß diese Gedanken auch in die Wissenschaft eindrangen, gab wohl nicht zuletzt die von der Romanistik selbst aufgestellte These von der Orientalisierung des spätrömischen Rechts (vgl. Koschaker S 158 N 2, 297 N 1; H.Siber, Römische Rechtsgeschichte 1925 S 58). Im Gegensatz zur nationalsozialistischen Fortführung dieses Arguments, die aus "entartet" sofort "jüdisch" machte, bedeutet hier "entartet", "artfremd" o.ä. nichts weiter als "germanischem Wesen nicht gemäß" oder allenfalls "nichtarisch" (hierzu vgl. unten S 163f.). Die Verwendung des rassischen Arguments in den 20er Jahren hat also mit der allgemeinen antisemitischen Bewegung, die sich nach dem ersten Weltkrieg stärker als früher im deutschen Volk bemerkbar machte (hierzu vgl. Frank, Im Angesicht des Galgens 1953 S 33f.), nichts zu tun und ist für sich allein noch kein Indiz für eine nationalsozialistische Gesinnung des Autors. Was speziell wieder Merk anbetrifft,

594 so war er wohl ein stark "völkischer" Germanist Gierkescher Observanz, hat sich aber von der absolutistisch-autoritären Richtung des Nationalsozialismus ferngehalten; vgl. Merk (Zit.592) S 260: "Auch heute laufen manche Vorschläge von Schriftstellern im Ergebnis darauf hinaus, mit dem liberalen Badewasser zugleich das Kind des deutschen Rechts- und Staatsgedankens auszuschütten und dafür einen mit einem Hakenkreuz geschmückten Römerknaben an Kindesstatt anzunehmen".

595 Vgl. oben S 79, 80.

596 Vgl. Fehr Anm.579.

597 Als klassisches Werk für diese Betrachtungsweise kann v.Belows "Ursachen der Rezeption" (1905) gelten. Typisch sind auch die Urteile von Radbruch und Schröder (Vgl. oben Anm.566ff., 571)

598 So besonders deutlich Radbruch (Zit.566) S 65.

599 Vgl. Mommsen Anm.515 und v.Below Anm.560, 562.

600 Vgl. oben S 9, 10.

601 Wieacker S 131.

602 Barth auf dem Juristentag 1936 S 142.

603 Barth auf dem Juristentag 1936 S 145; ebenso Barth, "Das Werden des deutschen Gemeinrechts" in: Schulungsbrief VI (1939) S 198.

604 Barth auf dem Juristentag 1936 S 139; dazu auch Heinrich Lange, Vom Gesetzesstaat zum Rechtsstaat in: Recht und Staat Nr. 114 (1934)

605 Rosenberg, Der Mythos des 20.Jahrhunderts (27./28.Aufl. 1939) S 572.

606 Statt vieler: Frank, Nationalsozialistisches Handbuch für Recht und Gesetzgebung (1935) Einl. S XIV und im Schulungsbrief VI (1939) S 186; Freisler, Nationalsozialistisches Recht und Rechtsdenken (1938) S 55.

607 Frick auf dem Juristentag 1933 S 30. Urheber dieses Wortes ist allerdings Frank, der es auch bei jeder Gelegenheit verkündete (vgl. Anm.606)

608 Freisler (Zit.606) S 57; vgl. hierzu auch Höhn, Die Wandlung im staatsrechtlichen Denken (1934) und bes. Frank, Punkt 19 des Parteiprogrammes in: Schulungsbrief VI (1939) S 182.

609 Dazu mit völlig neuen Argumenten Dahm, Verrat und Verbrechen in: ZStW Bd 95 (1935) S 283f.

610 Freisler auf dem Juristentag 1936 S 149.

611 Gaeb, Die deutsche Rechtsfront (1935) S 5; dazu auch v.Leers, Geschichte auf rassischer Grundlage (1934) S 8; Rosenberg, Das Wesensgefüge des Nationalsozialismus (1933) S 12; Nicolai, Die rassegesetzliche Rechtslehre (1932) S 3f.

612 Hitler, Reichstagrede vom 23.März 1933.

613 Hitler, Mein Kampf S 446; zu dieser Frage auch Heinrich Lange (Zit.604) S 20f., 27f., 32.

614 Frank auf dem Juristentag 1933 S 41.

615 v. Filseck, Die Unabhängigkeit des Richters und seine Bindung an die Gesetze (Juristentag 1936 S 306f.); Noack, Der freie Anwalt im Dritten Reich (Juristentag 1936 S 321f.); Gauweiler, Vom Juristen zum Rechtswahrer in: Schulungsbrief VI (1939) S 199f.

616 Schultze auf dem Juristentag 1933 S 56.

617 Schultze auf dem Juristentag 1933 S 57.

618 Durch die Gesetze zur Wiederherstellung des Berufsbeamtentums und über die Zulassung zur Rechtsanwaltschaft (beide vom 7. April 1933)

619 Wacker, Wissenschaftspolitik und Nachwuchs (Rede auf der Rektorenkonferenz 1939) S 10, 20.

620 Wacker (Zit. 619) S 39; dazu vgl. auch Frank auf dem Juristentag 1933 S 184, 188.

621 Koschaker S 311.

622 z.B. Frank (Zit. 606, 1) Einl. S XII.

623 Koschaker S 312.

624 Hierzu Schmelzeisen, Das Recht im nationalsozialistischen Weltbild (1934) S 8; Schlegelberger, Abschied vom BGB (1937) und besonders Frank, Punkt 19 des Parteiprogramms in: Schulungsbrief VI (1939) S 182f., 184: "Durch Punkt 19 des Parteiprogramms wird der Idee eines universalistischen Weltrechts der Kampf angesagt und ihr der Gedanke einer nationalsozialistischen Rechtsordnung, die aus eigener völkischer Art erwachsen ist, eben die Idee des "deutschen Gemeinrechts", entgegengesetzt". Weiter gibt Frank zwar zu (S 185), daß 1920 römisches Recht in Deutschland nicht mehr gegolten habe, "geblieben ist aber jener unselige Geist der Abstraktheit, des Formalismus, der Lebensfremdheit, der das ganze Volk von vornherein mit größtem Mißtrauen erfüllte gegen alles, was mit dem Recht zusammenhing".

625 Dieses alles nach Frank (Zit. 594) S 31.

626 Wieacker, Über "Aktualisierung" der Ausbildung im römischen Recht in: Koschaker-Gedächtnisschrift (1953) S 519.

626a Gegen die Annahme, Punkt 19 habe ein politisches Schlagwort sein sollen, spricht auch seine Unklarheit und Unverständlichkeit, so daß die Auslegung dieser Bestimmung selbst Leuten, die es wissen mußten, Kopfzerbrechen machte - vgl. hierzu mit eigenen Beobachtungen Koschaker S 313.

627 Koschaker S 312.

628 Koschaker S 157, 313; vgl. hierzu S 108.

629 Koschaker, Die Krise des römischen Rechts und die romanistische Rechtswissenschaft (1938) S 62f., 75.

630 Koschaker S 311.

631 Koschaker S 335; zu dem gleichen Ergebnis hinsichtlich der Entwicklung in Österreich nach dem Anschluß kommt Koschaker in seiner Abhandlung "Probleme der heutigen romanistischen Rechtswissenschaft" in: Deutsche Rechtswissenschaft Bd 5 (1940) S 116.

632 Bedenken daher bei Genzmer (Zit. 22) S 698 mit dem Bemerken, daß in Berlin die Verhältnisse besonders ungünstig gewesen seien.
633 Pringsheim, Freiburger Studienplan für Juristen (1950)
634 Vergleiche Fuchs oben Anm. 559.
635 Koschaker S 346; vgl. auch Wieacker (Zit. 626) S 537f.
636 Vgl. oben S 6, 7.
637 Vgl. v. Schwerin Anm. 585; Merk Anm. 593.
638 Vgl. oben Anm. 594.
639 vgl. Schönbauer unten Anm. 698.
640 Dem entspricht umgekehrt das Bestreben, hervorragende Geister nachträglich als Vertreter der eigenen Ideologie zu gewinnen. So erhielt selbst Savigny posthum noch das Parteibuch, indem Nicolai auf dem Juristentag 1933 S 172 von ihm behauptete, daß "seine Lehre die nationalsozialistische und im Grunde auch die deutsch-rechtliche" gewesen sei. Bedenklich allerdings ist es, wenn in einer Zeitschrift wie der ZSS ein Aufsatz erschien (Manigk. /Zit. 353), der Savigny als Antisemit u. ä. hinstellt und 18mal das Wort "Jude" oder "jüdisch" zur Erledigung der Ansichten der übrigen Savignyforscher verwendet, wobei diese als "jüdische Hetzer" u. ä. abgetan werden. - Vgl. oben S 91, 92 und Anm. 355-357, 360.
641 Diese nicht am wenigsten von Carl Schmitt auf der Tagung über das Judentum in der Rechtswissenschaft 1936 (vgl. hierzu auch Sinzheimer/Zit. 322/S 4)
642 Koschaker S 158 N 2.
643 Koschaker S 159, 160.
644 Freisler, Die Wiedergeburt strafrechtlichen Denkens (1940) S 5.
645 Frank (Zit. 624) S 185.
646 Nicolai (Zit. 611) S 6; ähnlich Markull, Der deutsche und der römische Rechtsgedanke (1935) S 51.
647 Schmelzeisen, Deutsches Recht (1938) S 137, 138; ähnlich Schmelzeisen, Deutsches Privatrecht (bei Schäffer 1935) S 9, wo er vom "faustischen, heldischen Zug des deutschen Rechts" spricht.
648 Berneker bei Reinhardt, Deutsches Recht (2. Aufl. 1944) S 209; hierzu vgl. unten Anm. 701.
649 Frank auf dem Juristentag 1933 S 19.
650 Die aus der zweiten Hälfte der nationalsozialistischen Ära stammenden, auf einen gewissen Wandel der nationalsozialistischen Auffassung zurückzuführenden Urteile werden hier noch nicht erörtert (vgl. hierzu unten S 108f.)
651 Stuckart, Nationalsozialistische Rechtserziehung (1935) S 16.
652 Schmelzeisen (Zit. 647, 1) S 141.
653 Schmelzeisen (Zit. 647, 2) S 9.
654 Frank (Zit. 624) S 185.
655 Nicolai (Zit. 611) S 7.
656 v. Leers (Zit. 611) S 58.

657 Schmelzeisen (Zit. 647, 1) S 150. Hier allerdings ergibt sich aus dem Zusammenhang, daß der Autor mit "artfremd" nicht mehr als "undeutsch" sagen wollte.
658 Berneker (Zit. 648) S 209.
659 Nicolai (Zit. 611) S 3.
660 Heinrich Lange, Deutsche Romanistik? in: DJZ 1934 S 1495.
661 Heinrich Lange (Zit. 660) S 1494.
662 Heinrich Lange, Lage und Aufgabe der deutschen Privatrechtswissenschaft in: Recht und Staat Nr. 121 (1937) S 28.
663 Frank (Zit. 624) S 184, 185.
664 Eine bemerkenswerte Variante des nationalsozialistischen Rassenarguments: nicht das römische Recht selbst erscheint als verjudet, sondern die Einführung des rassisch indifferenten römischen Rechts habe die Verjudung des deutschen Rechtslebens ermöglicht.
665 Schmelzeisen (Zit. 647, 1) S 158.
666 Gaeb (Zit. 611) S 8.
667 Nicolai (Zit. 611) S 6; vgl. auch S 10f., 39f., aaO.
668 Vgl. Brunner oben Anm. 545.
669 Heinrich Lange (Zit. 660) S 1494.
670 Luetgebrune auf dem Juristentag 1933 S 110.
671 Stuckart (Zit. 651) S 19.
672 Herbert Meyer, Recht und Volkstum (Vortrag 1929, in 2. Aufl. gedruckt 1933) S 7, 9.
673 Schmelzeisen (Zit. 647, 1) S 158.
674 Nicolai auf dem Juristentag 1933 S 161.
675 Coblitz im Nationalsozialistischen Handbuch für Recht und Gesetzgebung (1935) Einl. S VII.
676 Stuckart (Zit. 651) S 18.
677 Heinrich Lange, Justizreform und Richter (Vortrag auf dem Juristentag 1933) S 181.
678 Frank auf dem Juristentag 1936 S 33.
679 Brons, Die Macht des Wortes im Recht (1937) S 4.
680 Gaeb (Zit. 611) S 8.
681 Herbert Meyer, Germanisch-deutsches Recht. Ein geschichtlicher Überblick in: Zeitschrift für Deutschkunde 51. Jahrg. (1937) S 471f., 484.
682 Schmelzeisen (Zit. 647, 1) S 152.
683 Schmelzeisen (Zit. 647, 1) S 149.
684 Freisler, Zur Studienreform (Juristentag 1933) S 236.
685 Die Akademie für deutsches Recht hatte sich gerade die Rezeptionsgeschichte als Gegenstand wissenschaftlicher Pflege ausgesucht. Sie brachte u.a. eine hektographierte Bibliographie zur Rezeptionsgeschichte heraus. Auch wurden damals zahlreiche zeitgenössische Äußerungen aus der Rezeptionszeit veröffentlicht, vgl. Anm. 50b, 51, 58, 80.

685a Vgl. Aubin Anm.561.
686 Vgl. Mommsen Anm.515.
687 Vgl. v.Below Anm.560, 562.
688 Koschaker S 154 N 2; hierzu vgl. unten S 116 Anm.732, 733.
689 Frick auf dem Juristentag 1933 S 30.
690 Markull (Zit.646) S 71.
691 Schmelzeisen (Zit.647, 1) S 154, 156.
692 Koschaker S 157.
693 Gaeb (Zit.611) S 10.
694 Siebert, Arbeit und Gemeinschaft (1935) S 187. Daß der Nationalsozialismus volkstümliche Gesetze schaffen will, betonen auch besonders: Frank auf dem Juristentag 1936 S 94; Herschel, Recht und Volk (1934). Bis dahin sollte wenigstens die Bezeichnung "volksgenössisches Recht" das sehr im Kurse gesunkene, mit dem Beigeschmack einer "juristischen Arterienverkalkung" behaftete bürgerliche oder Privatrecht ersetzen (Huber in: Grundfragen der neuen Rechtswissenschaft 1935 S 154)
695 Vgl. Koschaker S 157 mit Anm.1 und Hinweis auf Rauschning. Ausführlich hierzu Frank (Zit.594) S 228, 265, 385 mit Anm.64.
696 Selbst der nationalsozialistische Reichsminister Frank konnte schließlich die Rechtsfeindschaft Hitlers nicht mehr ertragen und trat für die Erhaltung der Würde des Rechts und der Juristen ein, weshalb er schließlich Redeverbot erhielt und ihm alle Ämter und Würden aberkannt wurden (vgl. Frank/Zit.594/S 265, 420 und Frank, Das Recht als Grundlage der Volksgemeinschaft 1942 - im Anhang aaO auszugweise abgedruckt)
697 Bechert, Rechtsgeschichte der Neuzeit (bei Schaeffer 1939) S 18f., 20.
698 Schönbauer, Zur Krise des römischen Rechts in: Festgabe für Koschaker (1939) Bd I S 385, 388.
699 Schönbauer (Zit.698) S 388.
700 Koschaker (Zit.631) S 114.
701 Berneker (Zit.648) S 209.
702 Schönbauer, Die actio aquae pluviae arcendae in: ZSS(R) Bd 54 S 233.
703 Kaser, Römisches Recht als Gemeinschaftsordnung in: Recht und Staat Nr.126 (1939) S 6.
704 Kaser (Zit.703) S 37.
705 Kaser (Zit.703) S 38.
706 Kaser (Zit.703) S 41.
707 Wieacker (Zit.99) S 274. Hierzu vgl. auch Steinwenter, Utilitas publica - utilitas singulorum in: Festgabe für Koschaker (1939) Bd I S 84 und Dahm, Zur Rezeption des römisch-italienischen Rechts in: Hist.Zeitschr.Bd 167 S 241, 142.
708 Schlegelberger, Vom Beruf unserer Zeit für Gesetzgebung (1934) S 13.

709 Lange (Zit. 662) S 3, 4.
710 Wieacker, Der Standort der römischen Rechtsgeschichte in der deutschen Gegenwart in: Deutsches Recht 1942 S 52.
711 Wieacker (Zit. 710) S 54.
712 Wieacker (Zit. 99) S 284.
713 Wieacker (Zit. 710) S 55.
714 Kaser (Zit. 555) S 572.
715 Koschaker S 341.
716 Wieacker (Zit. 626) S 528: "Unter diesen Umständen ist heute die Autorität des römischen Rechts für den deutschen, ich wage zu sagen für den europäischen Juristen und Sozialwissenschaftler auf einen schwer zu überbietenden Tiefstand gesunken".
717 Vgl. Wieacker Anm. 711, 712.
718 Koschaker (Zit. 629) S 65.
719 Koschaker S 341f., 343f., 346.
720 Wieacker (Zit. 626) S 533, 537f.
721 Koschaker S 315 N 1. Ob daher v. Schwerin nicht einer Täuschung unterlag, wenn er (Zit. 587 S 188) 1939 meinte, die deutsche Rechtsgeschichte befinde sich nicht in einer Krise wie die römische?
722 Dazu besonders: Wenger, Der heutige Stand der römischen Rechtswissenschaft (1927)
723 Thieme, Ideengeschichte und Rechtsgeschichte in: Festschrift für v. Gierke (1950) S 266f., 268.
724 Statt vieler: Mitteis, Rechtsgeschichte und Gegenwart in: NJ 1947 S 27f.
725 Die Anregung hierzu dürfte nicht zuletzt auch von der Germanistik ausgegangen sein. 1939 machte v. Schwerin (Zit. 587 S 189) zur Behebung der Krise des römischen Rechts den Vorschlag, römischrechtliche Fragen in stärkerem Maße in der Vorlesung über Privatrechtsgeschichte der Neuzeit zu erörtern. - Vgl. auch Anm. 773.
726 Koschaker S 152, 153.
727 Koschaker S 153-157.
728 Koschaker S 155.
729 Koschaker S 157; zustimmend Feenstra (Zit. 178) S 250.
730 Vgl. aber die Urteile einiger dieser Zeitgenossen oben Anm. 50b, 51, 58-60.
731 Wie wir ja auch die Urteile aus dieser Zeit als "ohne subjektiven Tatbestand" mit besonderer Vorsicht aufnehmen wollten - vgl. oben S 10, 11.
732 Koschaker S 154 N 2.
733 Die Auffassung Koschakers, daß das römische Recht eine neutrale Macht sei, entspricht der von Aubin (vgl. Anm. 561) begründeten und von v. Below (vgl. Anm. 560) bestätigten Meinung. Sie kann, obgleich von Radbruch (vgl. Anm. 567) und im Dritten Reich von Schmelzeisen (vgl. Anm. 691) bestritten, heute als herrschend angesehen werden.

734 Als Vorläufer kann angesehen werden das einflußreiche Buch von Winogradow, Roman Law in Medieval Europa (2.Aufl.1929)
735 Vgl. Koschaker Vorwort S VII, 347f. Dieses würdigt insbesondere auch Genzmer (Zit.22)
736 Koschaker S 152.
737 Das erkannte vor allem auch Windscheid an (vgl. oben Anm.494)
738 Vgl. Protokolle S 224f.
739 Koschaker S 155.
740 Zycha, Deutsche Rechtsgeschichte der Neuzeit (2.Aufl.1948, die gegenüber der 1.Aufl.1937 nicht geändert ist) S 165f.
741 Zycha (Zit.740) S 165.
742 Zycha (Zit.740) S 177-179.
743 Die Überfremdung durch die Rezeption hat in neuerer Zeit auch Franz Beyerle wieder stärker hervorgehoben in seinem Vortrag "Rezeptionsreife und Überwindung" auf der Magdeburger Historikertagung 1942 (unveröffentlicht)
744 Zycha (Zit.740) S 177.
745 Zycha (Zit.740) S 178.
746 Zycha (Zit.740) S 179.
747 Dahm, Deutsches Recht (1944) S 43 (unverändert in der 2.Aufl. 1951; vgl. diese S 121)
748 Dahm, Zur Rezeption des römisch-italienischen Rechts in: Hist. Zeitschr.Bd 167 S 256.
749 Dahm (Zit.748) S 239.
750 Vgl. v.Schwerin oben Anm.588, 589.
751 Dahm (Zit.747) S 45 (in der 2.Aufl.1951 S 123). Wörtlich der gleiche Satz auch bei Dahm (Zit.748) S 249.
752 Dahm (Zit.748) S 251, 257.
753 Vgl. Wieacker unten Anm.785, 795.
754 Schwerin-Thieme S 253.
755 Vgl. v.Schwerin oben S 148f.; Fehr oben S 146f.
756 Thieme (Zit.723) S 267.
757 Thieme (Zit.723) S 266f.
758 Allerdings muß bezüglich Schwerin-Thieme darauf hingewiesen werden, daß der Herausgeber das Buch v.Schwerins möglichst unverändert lassen wollte (vgl. Vorwort S VII)
759 Mitteis (Zit.3) S 130.
760 Mitteis, Deutsches Privatrecht (1950) S 10, 11; ebenso 2.Aufl.1953.
761 Planitz, Deutsche Rechtsgeschichte (1950) S 255. In seiner Germanischen Rechtsgeschichte (2.Aufl.1941) befaßt sich Planitz nicht mit Fragen der Rezeption; dieses Buch schließt vor dem "bereits von fremder Ideenwelt ergriffenen" 15.Jahrhundert (S 2) ab.
762 Planitz (Zit.761) S 256.
763 Vgl. v.Below oben Anm.564, 565.
764 Besonders eindringlich betont von v.Schwerin (vgl. oben Anm.588, 589)

765 Zur Entstehung und Fortführung dieses Arguments vgl. unten Anm. 778.

765a Coing, Die Rezeption des römischen Rechts in Frankfurt am Main (1939) S 185.

765b Coing (Zit. 765a) S 186.

765c Coing (Zit. 765a) S 191.

765d Coing, Die Frankfurter Reformation von 1578 (1935) S 107.

766 Schönfeld, Grundlegung der Rechtswissenschaft (1951) S 250, 251. In der ersten Auflage dieses Buches, "Die Geschichte der Rechtswissenschaft im Spiegel der Metaphysik (1943) erörtert Schönfeld das Rezeptionszeitalter nicht und fällt auch kein Urteil über die Rezeption.

767 Dulckeit, Römische Rechtsgeschichte (1952) S 258.

768 Daß dieses in den ersten Jahren des Nationalsozialismus in einigen Fällen geschehen ist, wurde von germanistischer Seite bereits vor einiger Zeit zugegeben und bedauert: "Der Kundige weiß, wie manches auch unser Schrifttum enthält, was wir heute lieber ungeschrieben sähen" (Thieme/Zit. 723/S 267, vgl. auch S 268). Es dürfte daher wünschenswert sein, Polemik in diesem Punkte künftig zu unterlassen.

769 Vgl. neben der zu Anm. 770 wiedergegebenen Äußerung von Genzmer besonders Koschaker S 309 (hierzu vgl. oben Anm. 556). Wenn Koschaker die Gleichung "artfremd=jüdisch=römisch" als Leitsatz der nationalsozialistischen Äußerungen zur Rezeption nachweist (Koschaker S 159, 160), so scheint von diesen romanistischen Äußerungen der Weg zu einer Gleichung "germanistisch=rezeptionsfeindlich=nationalsozialistisch" nicht weit.

770 Genzmer (Zit. 24) S 529.

771 Den Zusammenhang zwischen Germanistik des 19. Jahrhunderts und Punkt 19 des Parteiprogrammes hatten wir schon oben (S 99f.) eingehend untersucht und für fragwürdig befunden.

772 Genzmer (Zit. 22) S 603.

773 Dieses, obgleich es in erster Linie ein Germanist, F. Beyerle, war, der durch Anregung der Herausgabe von "Quellen zur neueren Privatrechtsgeschichte Deutschlands" eine der Grundlagen für die systematische Darstellung dieses Gebietes schuf. - Vgl. Schultze - v. Lasaulx, Besprechung von Wieacker, Privatrechtsgeschichte der Neuzeit in: Zeitschr. f. ausl. und internat. Privatrecht (20. Jahrg. 1955) S 536f., 539 mit einer Schilderung der Entwicklung der Wissenschaft von der Neueren Privatrechtsgeschichte. Auch die Vorlesung über die Privatrechtsgeschichte der Neuzeit ist durch einen Germanisten, K.A. Eckhardt, eingeführt worden.

774 Vgl. oben S 119.

775 Molitor, Grundzüge der neueren Privatrechtsgeschichte (1949) S 26.

776 Molitor (Zit. 775) S 25.

777 Molitor (Zit. 775) S 27.

778 Wieacker Vorwort S 3. Das Stichwort der Verwissenschaftlichung taucht bei Wieacker schon in früheren Schriften häufig auf; das gleiche gilt für seine gesamte Stellungnahme zum Rezeptionsproblem. Seine Privatrechtsgeschichte der Neuzeit erscheint daher in diesem Punkt bereits als eine abschließende Vertiefung, nicht als eine erste Begründung. - Vgl. Wieacker, Das römische Recht und das deutsche Rechtsbewußtsein (1945) S 10f., 18f. Der Gedanke, daß durch die Rezeption erst eine Rechtswissenschaft in Deutschland geschaffen worden sei, ist als solcher eines der ältesten Argumente in der Legende der Rezeption überhaupt; vgl. hierzu bereits recht eingehend Melanchthon (Anm. 63f.). Bisweilen wurde jedoch die Verwissenschaftlichung gerade auch als Nachteil empfunden; vgl. insb. Thomasius (S 54), Beseler (S 106) sowie neuerdings - und wohl gerade als Entgegnung auf Wieacker-Weinkauff (unten Anm. 799). Zustimmend zur Betrachtungsweise Wieackers "Rezeption=Verwissenschaftlichung" Schultze-v. Lasaulx (Zit. 773) S 540.

779 Wieacker S 63f.

780 Wieacker S 64, 65; Wieacker (Zit. 99) S 241.

781 Wieacker S 66.

782 Vgl. schon die Überschrift zum 2. Teil seiner "Privatrechtsgeschichte"; hierzu Schultze-v. Lasaulx (Zit. 773) S 541.

783 Wieacker, Besprechung zu Koschaker, Europa und das römische Recht in: Gnomon Bd 21 (1949) S 187f., 188.

784 Wieacker S 120f., 125.

785 Wieacker S 126.

786 Wieacker S 127.

787 Wieacker S 128. Diese Gedanken auch schon mit aller Deutlichkeit bei Wieacker (Zit. 99) S 246; Wieacker (Zit. 778) S 36, 40.

788 In der Tat ist dieses auch getan worden (vgl. Anm. 778)

789 Wieacker S 128, 129. Die Tatsache der Entfremdung von Volk und Recht auch schon bei Wieacker (Zit. 99) S 246.

790 Wieacker S 129.

791 Wieacker S 130f. Zu den im folgenden vorgetragenen Argumenten vgl. bereits Wieacker (Zit. 99) S 246f., 250; Wieacker (Zit. 778) S 36f., 40, 45.

792 Wieacker S 131, 132.

793 Vgl. oben S 120 mit Anm. 763-765.

794 Wieacker S 119.

795 Wieacker S 126.

796 Wieacker S 128.

797 Schultze-v. Lasaulx (Zit. 773) S 540: "Wieacker hat nicht als Romanist gewertet und geschrieben..."

798 Vgl. Wieackers Urteil über Engelmann (oben Anm. 23)

799 Schon melden sich Stimmen, die auch auf die Schwächen der "Verwissenschaftlichung" hinweisen. So betonte Weinkauff (Ansprache anläßlich der Gründungsversammlung der deutschen Sektion der Internationalen Juristen-Kommission in Baden-Baden am 28.4.1955) die Notwendigkeit einer Intensivierung des Verhältnisses zwischen Volk und Recht und bemerkte hierzu: "Aber steht dem nicht die sogenannte Verwissenschaftlichung, die technische Perfektionierung des Rechts entgegen, in der es besonders wir deutschen Juristen weit gebracht zu haben glauben, und auf die wir manchmal in einer etwas naiven Weise stolz zu sein pflegen?"

800 Vgl. Koschaker oben S 186, 187.

801 Wesenberg S 79.

802 Eberhard Schmidt, Einführung in die Geschichte der deutschen Strafrechtspflege (2.Aufl.1951) § 88 (= S 105) Die hier wiedergegebenen Äußerungen sind gegenüber der 1.Aufl.1947 nicht verändert worden.

803 Eberhard Schmidt, Vom Juristenstande, seiner historischen Entwicklung und seiner Verantwortung (Rede 1945) in: Justitia Fundamentum Regnorum (1947) S 11f., 13, 14.

804 Schmidt (Zit.802) § 87 (= S 104)

805 Schmidt (Zit.802) § 87 (= S 103, 104). Ein eindruckvolles Bild Schwarzenbergs und eine ähnliche Schilderung des Rechtszustandes vor der Rezeption gibt Eberhard Schmidt in seinem Vortrag "Gerechtigkeit und Zweckmäßigkeit" in "Justitia fundamentum regnorum" (Zit.803) S 75f., 80f. - Vgl. auch Wolf S 99.

806 Schmidt (Zit.802) § 88 (= S 104, 105)

807 Schmidt (Zit.802) §§ 92f. (= S 108f.)

808 Schmidt (Zit.802) § 95 (= S 111)

809 Schmidt (Zit.802) §§ 119, 120 (= S 128f.)

810 Schmidt (Zit.803) S 19.

ALPHABETISCHES AUTORENVERZEICHNIS

Alphabetisches Verzeichnis der Autoren, deren Urteile über die Rezeption in dieser Arbeit berücksichtigt sind.

FSC
www.fsc.org
MIX
Papier | Fördert gute Waldnutzung
FSC® C083411

Kolibri 360 GmbH
Ferdinand-Jühlke-Straße 7
99095 Erfurt, Deutschland
produktsicherheit@kolibri360.de

Druck:
CPI Druckdienstleistungen GmbH
im Auftrag der
Kolibri 360 GmbH
Ferdinand-Jühlke-Str. 7
99095 Erfurt